卓越教师
教学主张丛书

厦门市卓越教师培育项目成果
西南大学教育学“双一流”学科建设实践成果
总主编　陈　珍　朱德全

2023年度福建省中青年教师教育科研项目基础教育研究专项“引领学习经历重构的小学育人模式变革研究”成果（课题批准号：JSZJ23102）
福建省教育科学“十四五”规划2023年度课题“指向教—学—评一致性的小学课堂即时评价模型建构与应用研究”成果（课题批准号：FJJKZX23-623）

经历赋能心育

小学心理健康教育校本化实施新探

肖　珩　著

西南大學出版社
SWUP　国家一级出版社　全国百佳图书出版单位
·重庆·

图书在版编目(CIP)数据

经历赋能心育：小学心理健康教育校本化实施新探 / 肖珩著. -- 重庆：西南大学出版社, 2024. 8. -- (卓越教师教学主张丛书). -- ISBN 978-7-5697-2660-2

Ⅰ. G444

中国国家版本馆 CIP 数据核字第 20247LZ407 号

经历赋能心育：小学心理健康教育校本化实施新探

JINGLI FUNENG XINYU:XIAOXUE XINLI JIANKANG JIAOYU XIAOBENHUA SHISHI XINTAN

肖 珩 著

责任编辑：曹园妹
责任校对：邓 慧
封面设计：闰江文化
版式设计：散点设计
排 版：黄金红
出版发行：西南大学出版社（原西南师范大学出版社）
地址：重庆市北碚区天生路2号
邮编：400715
市场营销部电话：023-68868624
印 刷：重庆市国丰印务有限责任公司
成品尺寸：170 mm × 240 mm
印 张：17.75
字 数：322千字
版 次：2024年8月 第1版
印 次：2024年8月 第1次印刷
书 号：ISBN 978-7-5697-2660-2
定 价：58.00元

编委会

总序

习近平总书记在2024年全国教育大会上指出，要实施教育家精神铸魂强师行动，加强师德师风建设，提高教师培养培训质量，培养造就新时代高水平教师队伍。《中共中央 国务院关于弘扬教育家精神加强新时代高素质专业化教师队伍建设的意见》指出，要加强中小学学科领军教师培训，培育一批引领基础教育学科教学改革的骨干。强化中小学名师名校长培养。

厦门市历来重视名师队伍的培育培养工作，根据教师专业成长规律，经二十年探索，逐步形成了“骨干教师—学科带头人—专家型教师—卓越教师”的金字塔式名师阶梯成长体系。自2021年起，厦门市教育局与西南大学开展战略合作，共同推进厦门教育高质量发展和教师队伍建设。“厦门市首期卓越教师培育项目”是由厦门市教育局与西南大学教育学部联合倾力打造的精品培训项目，也是厦门市迄今为止最高层次的教师培训项目。该项目旨在打造一支具有教育情怀、高尚师德，富有创新精神，具有鲜明教育教学思想和教学主张，在教育教学和教育科研上发挥领军作用的高层次教育人才队伍。项目以产出导向为理念，坚持任务驱动，通过个人自学、高端访学、课题研究、讲学辐射、挂钩帮扶、发表论文、出版专著、提炼教育思想、推广教学主张等方式优化培育过程。

三年琢磨，美玉渐成。通过三年的探索，围绕成为“有实践的思想者”这一核心目标，每一位卓越教师培育对象形成了特色鲜明、理念前沿的教学主张，并以教学主张为中心形成了一本专著，从而汇集成目前呈现在大家面前的“卓越教师教学主张丛书”。本丛书，既是“厦门市首期卓越教师培育项目”三年实施成果的沉淀，是每一位卓越教师培育对象思想的结晶，也是西南大学教育学“双一流”学科建设的实践成果。

仔细阅读本丛书，可以欣喜地看到，卓越教师培育对象们不仅能敏锐地捕捉到教育教学领域的难点、热点问题，揭示其中的本质规律，还能结合本地教学实际智慧地提出解决方案。总体来说，本丛书有以下三个方面的特点。

一是有较浓厚的学术气息。29位培育对象中有获得国家、省级基础教育教学成果奖的教师，有正高级教师，有省特级教师，但他们还在不断突破，追寻对教育教学本质的理解，追寻从实践到思想的蝶变，追寻高水平的专业表达。他们从实践中提炼出主张，再用主张引领实践，他们在书稿中融入了理论的阐释，学会了建构模型，并借助模型简洁地表述自己的教育教学思想，读起来不生涩也不单调。

二是有较强的系列探索味道。《义务教育课程方案（2022年版）》提出，应做好学段间的教育教学衔接。29位培育对象中，既有教育科研专职人员和学校的管理者，也有班主任、一线教师等，研究成果覆盖了小学、初中和高中的大部分学科，最终形成了29本培育对象教学主张的专著和1本全景式呈现卓越教师培育的经验和初步成效的论著。因此，本丛书既有基于教育者几十年教学实践的思想提炼，又有深入课堂的案例剖析，可以“用眼睛来读”，作为教师专业发展的自读文选；也可以“用行动去做”，作为教学范例直接进入课堂实践，在行动研究中孵化、创生；也适合专门研究者或管理人员参阅，从中窥探从小学到高中的教育教学重点与发展脉络。

三是有鲜明的课程育人特色。本丛书的撰写以学科课程为载体，以学科课程核心素养为目标，积极探索新时代背景下的育人方式变革，寻求育人最佳路径，以德施教，立德树人。因此，单看每本专著，已能感受到其中鲜明的课程育人特色，综合丛书来看，这一特色更加明显。

期盼厦门市首批卓越教师培育对象大力弘扬践行教育家精神，追求卓越的步伐永不停留，不断完善、应用和推广自己的教学主张和教学成果，为厦门教育做出更多更大的贡献。也期盼本丛书能为广大中小学教师深化教学改革提供参考，为教育学"双一流"学科服务教育实践提供借鉴。

是为序。

陈　珍

（中共厦门市委教育工委书记、厦门市教育局局长）

朱德全

（西南大学教育学部部长、西南大学教育学一流学科建设"首席责任专家"、国家重大人才工程特聘教授、国务院学位委员会学科评议组成员）

序言

在全球教育不断变革和创新的时代，心理健康教育日益成为各国教育改革的重要议题。学生的心理健康状况不仅直接影响其学业发展，更对其全面发展和未来幸福产生深远影响。《经历赋能心育：小学心理健康教育校本化实施新探》一书以独特的视角和创新的理念，为心理健康教育提供了一条全新的路径，值得教育工作者和研究人员深入阅读。

本书提出的“经历赋能心育”理念，强调通过学生的亲身经历和实际体验来促进其心理健康成长。这一理念打破了传统教育模式过于注重智力发展的局限，更加关注学生的情感和心理需求，致力于培养学生健全的人格和适应新时代挑战的能力。在国际教育界，这一理念体现了高度的前瞻性和先进性。例如，芬兰的个性化教育体系强调通过丰富多样的课外活动和实践课程促进学生在真实情境中的学习和成长；美国的积极心理学通过幸福感教育，培养学生的积极情绪、正面心理品质和人际关系。本书不仅在理论上具有深厚的基础，还提出了一套完整的实施框架和具体的操作策略。通过游戏、角色扮演、情景活动等多种方式，激发学生的参与感和体验感，使心理健康教育更加生动、有趣和有效。这些实践策略为教师提供了详细的指导，也为学校管理者和政策制定者提供了宝贵的参考。特别是在校本化实施方面，本书通过对环境、学科和教学三个维度的介绍，详细阐述了如何在学校有效地实施心理健康教育。

在理论基础方面，本书结合了人本主义、自然主义教育理论、积极心理学和生态发展理论，形成了多元且坚实的理论支撑。这些理论强调尊重学生的主体地位,重视个体差异,关注学生的全面发展,强调通过实际体验和积极情感来促进学生的心理健康。这些理论为“经历赋能心育”提供了有力的科学依据和理论支持。

值得注意的是,丹尼尔·西格尔(Daniel Siegel)的人际神经生物学(Interpersonal Neurobiology,简称IPNB)框架与本书的“经历赋能心育”理念高度契合,为本书所提出的创新教育方法提供了坚实的神经科学基础。西格尔的IPNB框架强调经验对大脑的塑造作用,以及大脑、心智和人际关系之间的相互影响。这一理论不仅能强化“经历赋能心育”理念的科学性,还能为本书倡导的实践策略提供更深刻的见解和更有力的支持。

IPNB框架提出,大脑具有高度的可塑性,即神经可塑性,意味着大脑能通过经验和环境的影响进行结构和功能上的改变。个体的经历不仅能改变大脑的物理结构,还能影响情绪、思维和行为模式。通过实际体验和积极关系的培养,学生能建立健康的心理模式和行为习惯。这与“经历赋能心育”通过实际体验来促进心理健康成长的核心理念高度契合。西格尔的IPNB框架强调,学生在实际体验中可以通过感知和互动,增强对情绪和行为的调节能力。这是因为大脑在体验和互动过程中,会形成和强化神经连接,从而影响心理和行为模式。镜像神经元系统、情绪调节网络和大脑的整合功能等科学地解释了为什么以及如何通过体验和互动增强情绪和行为的调节能力。本书提出的具体操作策略,如情景模拟、角色扮演和互动游戏,正是通过这些科学原理来实现情绪和行为调节的目标。例如,通过情景模拟,学生可以在安全的环境中体验和处理不同的情绪情境;通过角色扮演,学生可以培养同理心和社交技能;通过互动游戏,学生可以学习团队合作和社交技能。此外,西格尔的IPNB框架还强调,人际关系对大脑和心智的影响是双向的。积极的社会互动能促进大脑的健康发展,而大脑的健康发展又能进一步提高社会互动的质量。这一观点与本书所提出的学校、家庭和社会共同支持心理健康教育的理念高度一致。

本书在教师培训、课程设计以及学校、家庭和社区的连接方面，提出了详细而有效的策略，展示了其与国际先进实践的一致性和独特性。在教师培训方面，本书强调通过集中培训和实践指导，帮助教师掌握“经历赋能心育”的理念和方法。这与芬兰教育体系的持续专业发展模式相似，即通过定期培训和研讨会，提升教师在心理健康教育方面的专业能力。在课程设计方面，本书提出通过设计多样化的课程活动，如情景模拟、角色扮演和互动游戏，使学生在实际体验中学习和应用心理健康知识。这与芬兰和加拿大等国家的学校普遍采用的灵活课程结构类似，允许教师根据学生的兴趣和需求调整教学内容。这种课程设计不仅能激发学生的学习兴趣，还能帮助他们在真实情境中培养和应用心理健康技能。在连接学校、家庭和社区方面，本书提出了学校、家庭和社会共同支持心理健康教育的理念。这与英国的SEAL（Social and Emotional Aspects of Learning）项目和加拿大的“学校心理健康”（School Mental Health）项目相契合。通过建立家校合作机制和组织社区活动，本书强调在多方协作中，全面提升学生的心理健康水平。

总而言之，《经历赋能心育：小学心理健康教育校本化实施新探》是一部理论扎实、实践丰富的教育著作。它不仅为心理健康教育提供了充满创新性的理念和方法，也为教育工作者和研究人员提供了丰富的资源和灵感。在全球教育界日益重视学生心理健康的背景下，这本书的出版必将对推动我国心理健康教育的发展产生重要影响。我诚挚地推荐这本书，希望广大研究者、教育工作者和管理者都能从中汲取营养，为我国青少年学生的心理健康和全面成长贡献力量。

尹　莉

2024年7月20日于清华园

前言

习近平总书记在党的二十大报告中提出:“重视心理健康和精神卫生。”党中央、国务院长期以来始终高度重视学生的身心健康,并为促进学生健康成长做出了一系列战略部署,各级教育部门和学校全面贯彻党的教育方针,深入贯彻落实立德树人根本任务,把心理健康作为学生全面发展的重要基础,开展了一系列扎实有效的工作。

“经历赋能心育”教育理念的提出,源于多年来我对学校办学理念的思考与我的心理健康教育教学实践。为了更好地对工作的阶段性成果进行系统梳理和总结,为后续实践研究提供借鉴,我在领导们的鼓励下、导师们的指导下、同事们的帮助下完成了本书的撰写。

本书依据国家对学校心理健康教育的最新政策要求,遵循《中小学心理健康教育指导纲要(2012年修订)》的总体要求,紧紧围绕心理健康教育的总目标(提高全体学生的心理素质,培养他们积极乐观、健康向上的心理品质,充分开发他们的心理潜能,促进学生身心和谐可持续发展,为他们健康成长和幸福生活奠定基础),结合一线教学工作的实际,以服务教师教学和促进学生学习为宗旨,以易读、实用、可借鉴为出发点,全面讲述了研究实践的整体思路、研究框架、研究内容和研究案例,突出了理论与实践相结合,注重为教师课堂教学实践操作提供有意义的指导,体现了经历赋能的基本要求。

“经历赋能心育”是指在新时代背景下,从学生的个体经历入手,注重心理健康教育与五育的有机融合,通过书本知识、生活世界、经验世界的相互协同与有机融合，形成有效的心理赋能机制，让学生在已有经历的基础上实现心灵的成长，培养健全人格，成为积极适应、主动发展的时代新人。《经历赋能心育：小学心理健康教育校本化实施新探》一书共有八个章节。第一章，从社会发展的需要、教育发展的需要以及学生发展的需要提出“经历赋能心育”的实施背景，从“实践、生活、成长”三个方面阐述其价值意蕴；第二章，结合相关理论，揭示“经历赋能心育”的内涵特征；第三章，指出“经历赋能心育”特定的内容建构与基本流程，具有实践操作价值；第四章，围绕“经历赋能心育”校本化实践的基本原则，在实践中反思、总结、完善，设计出相对适切的实施载体；第五章，从“环境创设、学科渗透、教学实施”三个维度介绍“经历赋能心育”的校本化实施；第六章，采取融入学生经历的课程学习评价的方式，保证学校心理健康教育的有效开展；第七章，从“学校支持、家庭支持、社会支持”三个方面提出“经历赋能心育”的支持条件，让学生健康快乐成长；第八章，提出“经历赋能心育”的成效以及后续思考。总之，我力求从理念、环境、教师、评价等方面对“经历赋能心育”进行系统的阐释，希望借此对前期工作加以总结和反思，有效提升学校心理健康教育水平，进一步提升学校育人品质，实现学校教育高质量发展的目标。

鉴于本人学识与水平有限，书中难免存在很多不足之处，恳请专家和读者提出宝贵意见和建议。

肖　珩

2024年5月18日

目录

第一章　经历赋能心育的实施背景与价值意蕴

第一节　经历赋能心育的实施背景…………………………003

第二节　经历赋能心育的价值意蕴…………………………010

第二章　经历赋能心育的理论基础与内涵特征

第一节　经历赋能心育的理论基础…………………………023

第二节　经历赋能心育的内涵特征…………………………041

第三章　经历赋能心育的操作要义与基本构架

第一节　经历赋能心育的操作要义…………………………069

第二节　经历赋能心育的基本构架…………………………075

第四章　经历赋能心育校本化实施的基本原则与载体操作

第一节　经历赋能心育校本化实施的基本原则……………103

第二节　经历赋能心育校本化实施的载体操作……………108

第五章　经历赋能心育的校本化实施

第一节　基于经历的环境创设……………………………129
第二节　基于经历的学科渗透……………………………138
第三节　基于经历的教学实施……………………………149

第六章　融入学生经历的心育课程学习评价

第一节　融入学生经历的心育课程学习评价特点和原则……189
第二节　融入学生经历的心育课程学习评价功能和方法……196
第三节　融入学生经历的心育课程学习评价的校本化实施…200

第七章　经历赋能心育的支持条件

第一节　经历赋能心育的学校支持…………………………211
第二节　经历赋能心育的家庭支持…………………………220
第三节　经历赋能心育的社会支持…………………………228

第八章　经历赋能心育的成效思考

第一节　经历赋能心育带来的显著成效……………………237
第二节　经历赋能心育带来的未来思考……………………249

参考文献……………………………………………………259

后记…………………………………………………………267

第一章

经历赋能心育的实施背景与价值意蕴

为进一步全方位高质量地促进学生身心健康成长，2023年4月，教育部等十七部门联合印发《全面加强和改进新时代学生心理健康工作专项行动计划（2023—2025年）》，对学生心理健康工作做出了全面部署，明确“五育并举促进心理健康”，标志着加强学生心理健康工作上升为国家战略，摆在更加突出、更加重要的位置。我们也应看到，随着经济社会发展，学生成长环境不断变化，学生的心理健康问题越来越凸显，心理健康教育、师资队伍和家校社协同育人机制等还有待加强。

在人的学习和生活中，经历有着举足轻重的作用。经历为人们的学习提供可遵循的规则和标准，赋予人们具有价值意义的选择和判断。“经历赋能心育”是指学生在亲身参与和体验某件事情的过程中获得知识经验，获取情感能力，促进其身心健康成长的过程。在教学实践中，我们发现学生的学习需要有意义的经历，它能最大化激发学生健康心理的形成。“经历赋能心育”这一理念能极大地满足社会发展的需要、教育发展的需要以及学生成长的需要。

第一节 经历赋能心育的实施背景

《中小学心理健康教育指导纲要(2012年修订)》指出心理健康教育的总目标是:“提高全体学生的心理素质,培养他们积极乐观、健康向上的心理品质,充分开发他们的心理潜能,促进学生身心和谐可持续发展,为他们健康成长和幸福生活奠定基础。”由此,我们从社会发展、教育发展和学生发展的需要出发,立足“社会发展的需要、教育发展的需要、学生发展的需要”这三个层面,进一步了解心理健康教育和“五育”一起肩负着“为党育人、为国育才”的使命和任务。

一 社会发展的需要

《中共中央关于构建社会主义和谐社会若干重大问题的决定》明确提出,在构建和谐社会时要注重促进人的心理和谐,加强人文关怀和心理疏导,引导人们正确对待自己、他人和社会,正确对待困难、挫折和荣誉。加强心理健康教育和保健,健全心理咨询网络,塑造自尊自信、理性平和、积极向上的社会心态。可见心理健康在和谐社会建设中的重要作用。据世界卫生组织(WHO)估计,个体50%的心理健康问题出现在青少年阶段,青少年正处在身心发展的重要时期,容易在学习、生活、人际交往和自我意识等方面遇到或产生心理问题。青少年的健康成长,需要有一个和谐的社会环境,需要教师指导他们掌握自我调控、自我发展的方法与能力。

(一)和谐社会需要人的心理和谐

构建和谐社会根植于每一位公民内心的健康与和谐。在这个理想的社会里,“民主法治、公平正义、诚信友爱、充满活力、安定有序、人与自然和谐相处”[①]不仅是和谐社会外在的标志,更是每个人内心平衡和谐的反映。“民主法治”鼓励社会成员尊重个体的尊严,接纳和协调差异,倾听不同的声音,遵守法律和规

① 闫立金.从和谐中国到和谐世界[M].北京:五洲传播出版社,2011:55.

则，这一切都基于一个和谐的内心世界。“公平正义”要求社会成员在社会的每一个角落都能感受到平等和正义的气息，每个社会成员都拥有公正的心态和品质，内心的和谐在这里扮演了感应器的角色。“诚信友爱”是和谐社会中人际关系的基石，培养社会成员以和为贵的心理，实践互助、诚信、平等和友好的相处之道，学会消除和化解冲突，这不仅与人格健康关系密切，更是内心和谐的重要纽带。“充满活力”要求社会成员拥有自尊自信、自强自立以及乐观向上的态度，用内心的和谐为自身的发展提供源源不断的动力。“安定有序”要求社会成员具备自我调控和自律的能力，强化心理素质，为社会稳定奠定基础。“人与自然的和谐相处”要求社会成员秉持尊重、欣赏的精神保护并融入自然，承担起保护环境的责任，这种内在的和谐激发其对自然的深厚情感。显而易见，构建和谐社会不仅仅是实现社会结构的稳定与和谐，还是促进社会成员内心的健康与和谐。每个人都是社会组织的基本单元，只有个体的内心实现和谐，才能在行为上展现出和谐，人际关系才能和谐，最终推动整个社会向着和谐发展。

（二）深化心理健康教育可以推动社会和谐发展

在构建和谐社会的宏伟蓝图中，心理健康教育扮演着不可或缺的角色。和谐社会的三个空间是自我关系、个人与他人关系和个人与社会关系。[①]心理和谐与和谐社会的三个空间维度相对应，也有三个层次：个体内心自我和谐、人际心理和谐、社会心理和谐。[②]心理和谐的基本要求是心理健康。现阶段，深入开展心理健康教育无疑是促进学生心理和谐的有效途径，进而推动社会的和谐发展。

随着时代的发展，心理健康教育的重要性日益凸显。深入开展心理健康教育，不仅能有效预防心理疾病，筑牢心理防线，还能促进人际关系的和谐，进而推动社会的和谐发展。这不仅是教育领域的重要任务，更是构建和谐社会赋予我们的时代使命。基础教育阶段是学生人格形成和发展的重要时期，也是心理健康教育不可或缺的黄金时期。我们必须高度重视并切实推进心理健康教育

① 林崇德．我的心理学观——聚焦思维结构的智力理论[M]．北京：商务印书馆，2008：512.

② 吴远，曹芸．心理和谐对构建和谐社会的重要意义[J]．毛泽东邓小平理论研究，2008(03)：22-25+84.

工作，促进学生身心的和谐发展与综合素质的全面提升。通过心理健康教育的深入实施，引导学生树立正确的自我认知，养成积极向上的生活态度和坚韧不拔的意志品质，帮助他们建立积极、健康、和谐的心理状态。这样的教育目标，不仅有助于个体在自我关系层面实现内心和谐，还能在人际关系中实现和谐互动，最终推动个人与社会关系的和谐发展。

二 教育发展的需要

长久以来，中国教育偏重于学生的智力发展，焦点过度集中于分数之上。学生深陷机械记忆与低效重复的课业之中，承受着繁重的学业压力，精神负担日益沉重。传统教育范式以课堂、课本和教师为中心，无形中压抑了学生个性，削弱了其学习主体性，知识学习变得孤立无联，学生的多种能力遭受削弱。这一系列因素交织，使得学生学习动力不足，兴趣减退，学习意志薄弱，同伴交往受阻，环境适应能力明显不足，引发了不同程度的心理不适与偏差。

（一）教育改革背景下的心理健康教育

教育改革致力于学生综合素质的全面提升，既注重对学生知识与技能学习能力的培养，又高度关注其心理健康的培育。随着社会飞速发展与竞争的加剧，学生所承受的学习与心理压力也随之增强，这就要求教育系统必须将心理健康教育纳入教育改革的重要内容之中。

首先，心理健康教育能帮助学生树立正确的世界观、人生观和价值观，这是教育改革的根本目标之一。通过心理健康教育，学生能更好地认识自我，理解和尊重他人，从而在社会中更好地定位自己，实现自我价值。

其次，心理健康教育有助于提高学生的适应能力。在教育改革的过程中，新的教学理念、教学方法和学习内容不断引入，要求学生不断适应新的学习环境和要求。心理健康教育通过向学生传授情绪管理与压力应对的策略，帮助他们更从容地面对教育改革带来的各种挑战。

再次，心理健康教育对预防和减少学生心理问题具有重要作用。教育改革过程中，学生可能因为学习压力、人际关系等问题出现焦虑、抑郁等心理问题，通过开展心理健康教育，可以及时发现和干预这些问题，防止它们发展成更严重的心理障碍。

最后，心理健康教育是提高教育质量的重要途径。一个心理健康的学生更能集中注意力、积极参与学习，从而在学业上取得更好的成绩。此外，心理健康的学生也更能积极参与社会活动，为社会的发展做出应有的贡献。

（二）心理健康教育与素质教育的融合

在当今社会，教育的目标不仅仅是向学生传授知识和技能，更重要的是培养全面发展的人。心理健康教育与素质教育的融合，是现代教育发展的重要趋势，它强调在培养学生掌握知识和技能学习能力的同时，也要关注学生的心理健康和情感发展。

首先，心理健康教育能帮助学生建立正确的自我认知，提高自我价值感和自信心。通过心理健康教育，学生能更好地认识自己，了解自己的情感和需求，学会正面看待自己的长处和短处，从而增强自我效能感，为个人的全面发展奠定基础。

其次，心理健康教育有助于学生建立良好的人际关系。在素质教育的框架下，心理健康教育可以帮助学生学习如何有效地沟通和解决冲突，如何理解和尊重他人，以及如何建立和维护健康的人际关系。这些能力对学生未来的社会适应能力和职业发展至关重要。

再次，心理健康教育能提高学生的抗压能力和适应能力。在快速变化的社会中，学生面临着各种压力和挑战。心理健康教育通过教授学生应对压力和挑战的策略，帮助他们发展积极的应对机制，从而提高他们的抗压能力和适应能力。

最后，心理健康教育与素质教育的融合，有助于培养学生的终身学习能力。心理健康教育不仅仅关注学生的当前状态，更重要的是教会学生如何进行自我反思和自我成长。这种能力对学生在不断变化的世界中进行终身学习至关重要。

由此可见，心理健康教育与素质教育的融合，是实现教育全面发展目标的重要途径。通过心理健康教育，学生不仅能获得必要的知识和技能，更重要的是能发展健全的人格，形成积极的生活态度，为其未来的个人发展和为社会做贡献打下坚实的基础。

三 学生发展的需要

埃里克森认为,人的心理发展具有阶段性,每一阶段都有其特殊的目标、任务和冲突。学生在成长过程中不断探索,综合运用知识解决实际问题,在实践中试错,在实践中创造,在实践中交流,这期间需要别人帮助他们处理种种危机,协助他们正确认识自我、他人及所承担的任务。需要发挥学生的自主性,把选择的权利交给学生,从而使绝大多数学生顺利地度过这些危机。

现有教育未能充分满足学生的自我认知需求,学生反而因过重负担、高期望及不当教育方式,扭曲了自我认知,导致不良的自我观念形成,进而引发个性偏差与人际适应问题,反噬学习与生活。当我们一味追求分数的同时,恰恰忽视了学生的内心需求——他们渴望认识自我、得到尊重,希望遇到冲突时有人可以帮助他们、理解他们,为他们提供实际指导。因此,心理健康教育活动要融入学生的学习和生活,满足其成长阶段的各项需求,成为他们不可或缺的良师益友。

(一)促进学生的自我和谐

自我和谐是指一个人自我观念中没有自我冲突的心理现象。[①]全面认识自我,客观评价自我;欣然接受自我,恰当展示自我;努力塑造自我,积极超越自我,是自我和谐的内涵。自我和谐的人具有六个方面的特点:①动机和需要与过去的历史、对现实的认识以及对未来的期望密切相关;②妥善处理冲突和选择;③了解和接受自我;④接受他人,善与人处;⑤正视现实,接受现实;⑥人格完整和谐。[②]自我和谐是社会和谐的人本基础。

深化心理健康教育的实践,对促进学生的自我和谐统一具有重要意义。学校作为心理健康教育的主阵地,正以独特的优势与责任,为学生的健康成长提供坚实的支持与保障。

深入开展学校心理健康教育,就是让学生学会生涯规划,学会从自己的成长经历与经验中平衡过去、现在和未来,学会在人生的任何阶段都能满意地对

---

① 陈苗苗.初中生心理一致感、自我和谐和心理健康的关系研究[D].南昌:江西师范大学,2014.

② 王登峰,黄希庭.自我和谐与社会和谐——构建和谐社会的心理学解读[J].西南大学学报(人文社会科学版),2007(01):1-7.

待过去、幸福地感受现在、乐观地面对未来，从而更好地享受生命；就是让学生学会处理学习、生活中的各种冲突，提高选择能力，以降低各种冲突、困扰对自己造成的负面影响；就是让学生客观、全面地认识自己，认识自己的优缺点，保持对自我的接纳态度，努力挖掘自己的潜力；就是让学生认识他人存在的价值和意义，认识到他人对自己很重要，做到合群、乐群，学会客观地评价他人；就是让学生学会处理“理想我”与“现实我”的关系，学会在动机与需求萌芽之际，结合现实与自身情况，分层次地达成自己的目标，并在这一过程中学会应对各种挫折与挑战；就是让学生在人格的各方面获得均衡发展，以实现人格的完整、健康与统一。因此，进一步深化学生心理健康教育，把心理健康教育工作做实，无疑会有效促进学生的心理和谐与心理健康，进而在小学阶段就为他们打下与他人、与自然、与社会和谐相处的良好基础。

（二）促进学生的人际和谐

所谓人际和谐，指的是个体与他人相处融洽，其本质是一种良好情感的社会交换状态。人际和谐是一个人可以依赖的最重要的外在资源，也是社会和谐的基石。人际和谐的特点包括：①乐于与他人交往；②善于与他人交往；③在与他人相处时，积极的态度（如同情、友善、信任、尊敬等）总是多于消极的态度（如猜疑、嫉妒、畏惧、敌视等）。[①]因此，人际和谐的人在社会生活中有较强的自尊、自信，有较充足的安全感与幸福感，也有较强的适应能力。

学校深入开展心理健康教育，能有效增进学生间的人际和谐。学校是学生学习和生活的重要场所，学校教育的任务之一就是让学生在校园中学习人际交往，发展和谐的人际关系，包括与同学的关系、与老师的关系、与父母的关系。学校心理健康教育有意识、有计划、有组织地通过各种途径对学生的人际交往与人际关系施加正面影响，以有效促进他们的人际和谐。因此，学校深化心理健康教育工作的任务之一就是通过各种形式和途径开展对学生的人际辅导与咨询，让学生明白：第一，积极主动地与人交往是很重要的。在新的学校、新的年级、新的环境里与人交往时，只有积极主动才能拥有朋友。在学校乃至今后走入社会，若不主动与人交流，别人可能也不愿与他们交往。第二，公平原则是

① 王登峰，黄希庭．自我和谐与社会和谐——构建和谐社会的心理学解读［J］．西南大学学报（人文社会科学版），2007（01）：1-7.

人际交往的基石，坚持人格平等是构建和谐关系的前提。与他人交往时，无论哪种情况，都应一视同仁，以平等之心相待。第三，做到诚信友爱。一定要让学生明白，诚信友爱不仅是社会交往的准则，更是我们行事的指南针。缺乏诚信与爱心，和谐的人际关系便如空中楼阁。因此，在心理健康教育中，应着重培养学生的诚信友爱精神，鼓励他们建立基于团结、诚实、平等和友爱的同学关系。第四，学会宽容，学会化解人际矛盾。在日常生活与学习中，矛盾和冲突难以避免，要学会以宽容的心态去理解和接纳他人，以同理心去化解冲突。第五，要懂得双赢、互利。要让学生明白，只有双赢、互利的交往才是长久之计，才能促进个人与集体的共同发展。因此，要学会处理自己与他人、与集体的利益关系。

（三）促进学生与环境的和谐

人与自然和谐共生的本质，在于促进人类与自然环境的协调并进，核心是坚持可持续发展的理念。人与自然的和谐，包括亲近自然和关怀自然两大内容。学校深入开展心理健康教育，就是要教育与辅导学生真正做到：第一，走进大自然，亲近大自然。天性使然，孩子对大自然充满无限向往，那些不知名的花草、形态各异的昆虫，皆能触动他们探索的好奇心和求知欲。贴近大自然，可以让孩子热爱大自然，与大自然同呼吸，让孩子保持一种自由的心态，增强尊重生命、善待生命的意识。第二，感受大自然。心理健康教育可以通过类似“美丽的大自然”或“哭泣的大自然”等多种形式的主题活动让学生感受大自然的美丽、神奇，充分挖掘大自然中的心理健康教育资源，让学生真正体验到大自然给自己身心健康带来的影响，以唤起学生对大自然的敬畏之情、感激之情和审美之情，进而唤醒学生心中的环境保护意识。第三，保护大自然。心理健康教育就是要让学生真正具有从我做起的环保意识，让“我们只有一个地球”的呐喊深深植入学生的心灵，让学生一起行动起来，自觉保护环境，自觉爱护环境，自觉美化环境，从小树立起对待环境的可持续发展理念，为达到人与环境和谐发展的最终目的奠定个人可持续发展的良好基础。

第二节 经历赋能心育的价值意蕴

经历赋能心育,从学生的自身感知出发,再现经历,创设情境,引导学生亲身体验,注重亲身实践,改造自身经验,从而产生新的知识经验,链接生活,提升经历,最终实现心理健康教育的总目标,即“提高全体学生的心理素质,培养他们积极乐观、健康向上的心理品质,充分开发他们的心理潜能,促进学生身心和谐可持续发展,为他们健康成长和幸福生活奠定基础”。

一 实践:经历赋能心育的价值基石

学生的学习过程始于他们对世界的初步理解,而这一过程与他们的亲身经历紧密相连。在不断探索与实践中,学生将自己亲身经历的和通过其他途径获得的知识进行融合,从而为学习增添动力。正是通过这样的实践,学生能掌握更精邃、更丰富的知识,并开拓多样化的学习路径。同时,学生在将新知识应用于实践的过程中,也在不断检验这些知识与现实世界的一致性,从而促进学与行的和谐统一。

(一)实践是学生经历的重要来源

学生对客观世界的了解,根植于他们的亲身体验。要深刻理解和累积知识,就必须亲历探索,因为只有通过动手实践,世界的奥秘才能一一揭晓。那么,学生是如何逐渐深化对世界的认识的呢?从婴儿时期开始,孩子便利用他们的感官去触摸、去感受这个五彩缤纷的世界,这个过程本身就是实践的体现。他们对周遭环境的感知和理解,都是通过一次次地亲身体验慢慢积累起来的。这些珍贵的经历,构成了学生认识世界的基石。

“实践是学生经历的重要来源”这一观点与马克思和恩格斯认识论中的“实践观”不谋而合。马克思主张实践是获取知识的根本途径。他强调,通过实践,人类的认识才得以启动，它是知识真正诞生和发源的地方。[①]学生是感知世界的主体，他们通过参与各种实践活动，乃至生活的方方面面，来深化自己的理解和认识。举一个简单的例子，虽然每个婴儿天生具有味觉，但其味觉的发展和成熟却依赖于后天的不断尝试和练习，正如这里所强调的“实践”的重要性。在味觉成长的过程中，学生需要品尝各种不同味道的食物，这些食物通过味蕾向大脑发送信号，引发其对酸、甜、苦、辣等味道的深刻体验和认识，从而产生对味道的经历。

我们之所以倡导经历赋能心育，是因为我们深刻认识到实践的价值所在。要知道，实践不仅是学生获取经历的主要途径，也是学生积累宝贵经验的重要方式。换言之，实践与经历紧密相连，是学习过程中不可或缺的一环。基于这样的认识，我们提倡“学以致用”，鼓励学生在实践中学习，在学习中实践，让每一次经历都充满意义。

（二）实践是融合学生经历与学习的桥梁

实践是学习的根基、源泉和驱动力，它贯穿于包括学习在内的一切活动之中。在学习的旅程中，学生通过掌握现有的知识来拓展对世界的理解。通常情况下，学生的学习之旅始于直接经验，这些经验多半来源于他们的日常生活实践。我们深信，实践是学生经历与学习融合的桥梁，对书本知识的学习和吸收来说也是不可或缺的。除了直接经验的学习，通过实践将书本知识转化为自己的认识同样至关重要。实践的融入，是学生将个人经历与所学知识完美结合的关键。

“从做中学”是实用主义教育家杜威教育理论体系中一个极其重要的理论，它强调学习源自实际经验。杜威认为，所有的知识获取均根植于“经验”之中，他所提倡的“从做中学”实际上就是“从经验中学”，鼓励从实际操作和体验中学习。他所强调的“经验”，是指人与环境互动的过程及其结果，这既包括了具体的操作，也涵盖了个人的经历和感悟。[②]在杜威的教育思想指导下，学校教育开

① 于丽媛.马克思主义唯物史观认识论——浅析《关于费尔巴哈的提纲》[J].郑州航空工业管理学院学报(社会科学版),2013,32(01):14-17.

② 孙玉花.杜威“做中学”课程思想及其对中小学课程改革的启示[D].哈尔滨:哈尔滨师范大学,2016.

始转向“以学生为中心”的模式,通过设计各种贴近生活的场景,让学生在亲身实践中获得经验,并在此过程中完成知识的学习和内化。

中国古代留存有丰富的文化遗产,其教育思想深刻强调了实践学习的重要性。“书到用时方恨少,事非经过不知难。”宋代诗人陆游在教导子女时,强调不能仅仅满足于书本上的知识,而应通过亲身实践,将知识内化为自己的东西,进而在实践中加以巩固和提升。这种“身体力行”的教学法,不仅能加深对知识的理解,还能将知识应用于实际生活中,使之生动而深刻。

显而易见,经历的获得源于实践,而学习亦不能脱离实践。我们倡导将实践与学习相结合,正是因为我们深刻认识到了实践在教育过程中的关键作用。我们期望学生能在实践中探索和学习,通过实践这一桥梁,将他们的亲身经历与知识学习完美融合,做到有效学习。

(三)实践是检验学生经历的最佳途径

实践是学生经历的根基。在这个过程中,学生通过不断地实际操作来获取知识、感受、体验,并进行反思,最终获得深刻的见解。这一切始于他们对周遭世界的初步感知,经由深入地理解和感悟,促使他们通过实践来丰富自己的经历。正是这样的过程,为学生打开了一个积极探索和发现的空间,在这里,他们的思维得以自由展开,通过交流和辨析,浅层的知识与个人的生活经验相链接,有效地检验了他们对客观世界的理解。这不仅深化了学生的知识层次,也加深了他们全面而深刻的学习体验。

杜威强调“从做中学”,即通过活动和经验来学习。这种理念强调将学校教育与生活实践紧密相连,让学生通过参与富有启发性和自己感兴趣的活动获得知识,从而促进他们的全面成长。杜威批评传统教学方法过于依赖教科书、课堂讲授和教师主导,这种方式与社会现实生活脱节,抑制了学生展现个性、主动性和能力的空间。[①]从马克思的辩证唯物主义视角看,杜威的教学理念的优点在于它鼓励学习者通过实践活动,从自身的经验中积累知识,探索世界。杜威认为教育的关键是给学生提供充分的行动机会,让他们在实际活动中探索和学习。杜威的“从做中学”不仅是一种教学理论,更是一种教育革命,它呼吁学校

---

① 刘广利,汤慧丽.杜威的“从做中学”教学理论及对我国基础教育的启示[J].继续教育研究,2008(05):84-86.

和教师将学习过程与实际生活紧密相连,激发学生的探索精神,促进他们成为有主动性、有创新精神的学习者。

在“经历赋能心育”这一教育理念中,我们致力于激发学生通过实践活动深化自身的体验。这一过程不仅涉及学生对已有经历的积累与提炼,还包括对这些经历的有效运用,以此来检验他们的学习方法。这种以经历为基础的学习模式强调实践与反思的重要性,旨在帮助学生形成对学习经历的深刻理解。通过明确目标、自我调整和知识建构,学生能在实践和反思的过程中逐渐掌握探索新知和学习的能力。

二　生活:经历赋能心育的价值取向

生活,是指人类日常活动和经历的集合体,本质上也是学生实践的场所和来源。经历赋能心育就是将学生心理品质的培养与生活、学习经历紧密联系,让良好心理品质的形成不仅仅靠掌握一定的知识,还要让学生在生活中、在学校中、在社会上学会适应,掌握在现实世界中生存与合作的能力。我们强调通过已有经历来丰富和优化心理过程,实现知识的唤醒与链接,确保学生能在校园内外乃至未来的社会中,更加自如地生活与学习。

(一)生活是塑造和丰富学生经历的舞台

生活是学生实践的丰富源泉,它不仅是学生经历的起点,更是学生每日直接或间接经历的舞台。脱离了生活的土壤,学生将无法孕育出属于自己的经历。这些经历,深植于现实之中,拥有书本知识所不及的生动和活泼。通过观察和探索日常生活,教师得以挖掘课程资源,学生则能在这个过程中感知世界的美好,追寻心之所向的乐趣。对学生而言,生活的旅程便是学习的历程,他们在参与各种活动时,不断地丰富和拓展着自己的经历。①

瑞士教育家裴斯泰洛奇率先在其著作中提出了一个充满智慧的理念:“生活具有教育作用”。他倡导人与自然和谐共处,这便是所谓的“生活教育”。这一观点被杜威继承与发展,他提出了著名的“教育即生活”理论。杜威认为,儿

---

① 韩琳琳.杜威实用主义教育思想对我国基础教育的启示[J].东方企业文化,2013(17):280.

童在日常生活中不仅要学会“做”，更要理解“为什么要做”，每一个行为背后的概念都应该能在实际经历中找到其应用，并对生活产生积极的影响。他力图平衡技能培养与知识传授的重要性，并强调了动手操作的重要性。[①]在杜威的影响下，作为他的学生，陶行知先生将这一教育思想融入中国的国情中，提出了“生活即教育”的理念。陶行知先生的教育哲学基础是“知行合一”观。[②]他认为，将教育与丰富多彩的生活割裂开来，就像是将教育锁在学校的围墙之内，或是将一只鸟囚禁在笼中。通过这一理论，陶行知先生强调了教育应当是无处不在、与生活紧密相连的。

“经历赋能心育”理念深信，学生的成长来自实践，根植于生活的真实土壤。这一过程不局限于书本或课堂，而是在日常生活和学习的过程中逐渐累积。通过与人和环境的互动，学生在生活中探索未知，体验各种情绪、情感，面对并解决问题。这样的经历，加深了他们对世界的理解，使他们积累了宝贵的经验。我们坚信，只有在“生活”的广阔舞台上，学生的经历才能得以真正形成，从而赋能他们的心灵成长。

（二）生活是发展学生经历的条件

学生经历的发展与生活紧密相连。任何照本宣科式的教育方式，都无法触及学生心灵的深处，更谈不上促进他们的全面发展，这样的教育方式不仅违背了学习的本质和教育的基本规律，而且无法实现教育的根本目的——帮助学生真正成长。生活，这个广阔的舞台，为学生提供了无限的机遇与挑战，让学生在探索未知的过程中不断丰富自己的经历。教育与生活是不可分割的，无论我们是身处家庭、学校还是工作场所，我们的存在本身就是生活的一部分。

杜威主张“教育即生活”。他批评传统教育过分依赖于传授知识，而忽略了培养学生参与社会实践的重要性。传统教育看似为学生准备好承担未来的责任和迎接成功的能力，实则将他们视为待填充的知识容器，这种教育方式牺牲了学生的当下，忽视了培养他们的创新精神和责任感，导致学生只懂得顺从和

---

① 王建平，杨秀平．教育的原点：生活——一种基于陶行知生活教育理论的解读[J]．宁夏社会科学，2010(05)：132-137.

② 王瑜，邱群．浅析杜威与陶行知德育思想之异同[J]．科教文汇(上旬刊)，2016(01)：67-68.

合作，而缺乏主动性和创造力。“生活教育”的概念，正是基于这样的批判而提出的，它主张教育应当融入生活。以生活为教育的资源和目标，旨在满足生活不断进步的需求。“生活教育”，不仅是对传统教育模式的一种反思和挑战，更是一种全新的教育理念探索，旨在让学生在真实的生活中学习、成长，培养他们的创新能力和责任感，为他们未来的生活和工作奠定坚实的基础。

学习过程不仅应顺应学生的身心发展规律，更应丰富其生命体验，链接学生的过去与未来，为学生铺设通往明天的桥梁。当融入“生活”的元素时，教育方显其真正的完整与深度。这样的教育能孕育出全面发展的人格，塑造出心智与身体均衡成长的学生。“经历赋能心育”把“生活”作为一种自然而然的教育资源，旨在培养出不仅掌握知识和技能，而且身心健康、全面发展的学生。

（三）生活是丰富学生经历的源泉

生活不仅是学生体验和认识世界的渠道，也是他们感受生命的丰富舞台。在英语中，“life”既代表“生命”，也指“生活”。这个概念让我们明白，生活不只是日常的存在，它还给予了我们具体而真切的体验，让我们对生存具有直观感受。通过与世界的这种充满情感的互动，我们能触摸到生命意义的源泉。[①]生活激发了学生的思维，开阔了他们的想象空间，增强了他们的创造力，为他们创造、形成和验证自己的经历提供了无限可能。总之，生活是学生不断探索、学习和成长的不竭动力和源泉。

陶行知先生曾经深刻批评过一种对“生活教育”的误解，并强调了其真正含义：“生活教育是生活所原有，生活所自营，生活所必需的教育。教育的根本意义是生活之变化，生活无时不变即生活无时不含有教育的意义。”[②]而杜威则从另一个角度出发，认为学生的兴趣、思维等能力绝非凭空出现，它们必须植根于真实、具体的生活经历中。教育要取得成功，就必须立足于学生的实际生活，这样的教育才能生动、有效，而不是死板和强制的。[③]由此，杜威特别强调生活本身所包含的“当下性”和“社会性”的教育价值，认为教育的深层意义必须体现在

① 郭大俊，袁霖．何为现实[J]．江汉论坛，2015(08)：30-34.

② 谌安荣．陶行知生活教育理论的内涵及其意义[J]．广西社会科学，2004(09)：189-191.

③ 唐斌．教育的经验诠释：杜威教育哲学疏论[D]．苏州：苏州大学，2011.

这两个层面上。陶行知先生在他的《生活与教育》中提出了三个著名观点："生活即教育""社会即学校""教学做合一"，其中"生活即教育"的核心思想，就着重强调了教育与生活的密不可分。教育不是空洞的理念，而是植根于丰富的生活实践之中，旨在引导学生更好地生活。这里的"生活"，不仅仅指狭义的日常生活，还广泛包含人的交往、与自然的互动等一切实践活动。简而言之，教育与生活是相辅相成的，二者缺一不可。

生活的不断变化为儿童提供了丰富的经历，这些经历是培育他们身心健康成长的宝贵资源。"经历赋能心育"不仅为学生提供了选择和验证知识的重要基础，还为他们带来了丰富的备选资源，助力他们身心全面发展。

三 成长：经历赋能心育的价值目标

经历赋能心育旨在将学生的有效经历转化为内在动力，其中蕴含着深远的价值目标追求。所谓的价值目标，对个人而言，涉及个人的道德觉悟和行为；从社会层面来看，我国的发展集中体现了人民的根本利益、国家的意识形态和治国纲领三个方面的价值目标追求。[①]本书以经历赋能心灵成长的方式，通过设定明确的价值目标来实践这一理念，让这些目标指导我们的行动，并带来预期的积极效果。从宏观层面看，我们追求的是解决教育领域面临的关键问题，实现学校教育的根本宗旨，从而达到教育的理想境界。

（一）基于生本，实现学生发展

随着教育公平和教育民主的深入推进，学校教育正逐渐形成"以学生发展为本"的教育理念。这一理念的核心，无疑是如何更好地促进学生的全面发展。然而，观察当前的学校教育，我们不难发现，仍有相当一部分学校在实现这一目标上存在欠缺。首先，学校在制定发展目标时，往往对学生的全面发展与个性化发展重视不足，缺乏针对性。其次，在课堂教学过程中，学生往往处于被动接受知识的地位，其作为教育主体的潜能并未得到充分发掘。再次，学校对学生的个性化和差异化需求给予的尊重和满足远远不够。最后，要实现学生的全面发展，学校教育无疑是最关键也是最基础的途径。因此，为了更好地贯彻"以学

① 李锴钜.当前我国意识形态教育研究[D].成都：四川师范大学，2015.

生发展为本”的教育理念，学校必须在制定发展目标、教育实践、尊重学生差异等方面进行积极的改变和调整，将促进学生身心健康全面发展作为教育工作的重心。

在我国当前的教育环境下，学生往往被定位为学校规章制度的执行者，这种对秩序和规则的过分强调，无形中忽略了他们个性化成长的需求。这不仅揭示了学生全面发展中的问题，而且强调了对“教育的重要理论”进行深入研究的紧迫性和重要性。然而，在探索学生全面发展的道路上，我们面临着概念模糊、分析浅显和解释不足等难题。尽管学术界对此持续关注，提出了包括“德智体美劳全面发展”和“身心全面发展”等多种观点，但相关研究成果往往缺乏实操性。[①]针对这一问题，我们提倡以学生的成长为中心，将学生的全面发展置于教育工作的中心位置。我们期待通过富有启发性的教育实践，不仅赋予学生知识，还赋予他们成长的力量，以此来解决学生全面发展中所面临的挑战。

借鉴加涅的学习成果分类理论，我们致力于全面提升学生在智慧技能、认知策略、言语信息、动作技能以及态度等五个关键领域的能力。[②]通过激发学生的已有经历，我们采用全脑学习和全身参与的方法，实现对学生能力的精细化培养，努力唤醒学生的内在学习动力，引导其以最有效的方式获得最佳的学习成效。

（二）基于均衡，激发学生潜质

近年来，教育界正悄然见证一场关于学生教育评价的改革。传统的以学习成果为唯一评价标准的做法正逐渐被发展性评价和可持续性评价所取代。这种转变标志着我们不再仅仅关注成绩“结果”，而是开始重视“过程与结果”并重的评价方式。这种新的评价理念不只是衡量学生当前的学习水平，更重要的是，它着眼于学生的成长潜能——那些尚未被完全挖掘出来的天赋与能力。事实上，每位学生都拥有独一无二的潜力，只要给予恰当的引导和培养，他们就有可能实现显著的进步。因此，我们相信，挖掘并激发学生的内在潜能，不仅是教

① 张艺耀.人性视野下学生全面发展观构建及其教学运作策略研究[D].赣州：赣南师范学院，2011.

② 廖婷婷.加涅的教学设计思想及其对我国教学设计的启示——《学习的条件和教学论》读后感[J].现代教育科学（小学教师），2014(04)：27-28.

育的核心任务之一，更是学校肩负的一项重要使命。

为了充分挖掘和激发学生的潜能，我们应采取以下策略：首先，对学生的潜能进行识别和分类。通过设计个性化的活动，我们不仅能发现学生各自的兴趣特长，还能对他们进行专门的激励和培养。其次，学校应当开发个性化的课程，以这些课程为平台，探索和培育学生的个人潜能。再次，将学生的个人潜能与日常教学内容相融合，这就意味着要激发学生的学习热情，培养学生良好的学习习惯，并指导他们掌握有效的学习方法。最后，通过组织一系列能激发学生潜能的个性化活动，对学生进行一对一的诊断和指导，以实现潜能的最大化发挥。[①]这种全方位、个性化的方法不仅能激发学生的内在潜力，还能帮助他们在学习和生活中取得更好的成就。

我们认为，学生的已有经历与学习行为之间存在差异。教师要设计不同类型的教学方案，以充分挖掘每位学生的潜能。通过一系列精心策划的步骤，包括进行经历的前测分析、设定具体经历目标、明确任务分工、监测学习进程以及评估最终结果等，我们期望引导学生不断丰富知识体系和经历视角，激活他们的无限可能，帮助他们实现个人潜力的最大化，这正是我们追求“经历赋能心育”教育理念的核心要义。

（三）基于差异，发展学生个性

“教学的个性化”是学校教育的重要体现。学生的家庭环境、智力水平和教育背景各不相同，这种差异性是不可避免的。然而，传统的教育模式往往采取“一刀切”的方法，强调学生间的共性，忽略了个体差异，不能满足个体的学习需求。事实上，每个孩子都是独一无二的个体，他们掌握知识的路径、理解能力以及兴趣点都有所不同，每个人的成长路径都充满了无限可能。因此，学校和教师应当更加重视学生的个性化发展，尊重每个学生的独特性，让每个学生都能找到适合自己的成长轨迹。我们希望通过不断地努力与探索，达到教育的理想境界——让学生的个性化发展不再是空谈，而是能够实现的目标。

为了促进学生个性化成长，需要深入了解他们的个体差异。个体差异主要涉及学生的认知水平、学习兴趣和认知风格等方面。只有充分认识到每个学生的差异，我们才能准确地把握他们的学习需求，实现教育的精准指导。进而，教

① 孔凡哲．重视学生潜质的开掘与激发[J]．教育测量与评价(理论版)，2015(05)：1.

育的重心应当放在尊重和满足学生的个性化需求上，帮助他们发现最适合自己的学习方式，促使他们获得最佳的个人成长——让每一个孩子都能成为最好的自己。[①]在学校办学中，我们需要做到：首先，认可每个学生的差异性，并以正确的态度面对这些差异；其次，悉心对待这些差异，尊重每个学生的个性，激发他们的学习热情；最后，根据学生的不同需求采取因材施教的方法，合理实施分层次的教学策略。这样，学校教育才能为每个学生提供更加个性化、更能满足他们需求的教育，让每个孩子身心健康、向阳生长，发挥出自己最大的潜能。

“经历赋能心育”旨在挖掘和促进学生的个性化发展，通过优化学习过程，让每个学生的成长经历更加丰富而独特。学校的教学环境能深刻体现出对学生个性和成长需求的尊重。我们从学生的个人经历出发，巧妙地将传统的教育方法与学生的个性化经历相融合，创造出一种更加贴合学生需求的学习氛围。这种做法不仅为学生提供了更宽广的心理空间和心灵自由，而且鼓励学生成为自己成长道路上的主体，拥有自主选择、规划和发展的能力。总之，“经历赋能心育”的核心价值在于推动每个学生的个性化发展，从而达成教育的终极目的。

① 吴娟．低年级语文课堂如何进行差异性教学[J]．快乐阅读（上旬刊），2012(01)：80.

第二章

经历赋能心育的理论基础与内涵特征

任何理论的产生,无外乎两种途径:一是继承先贤的成果,并在继承的基础上予以发展;二是在实践的基础上,不断地总结、提炼、创新,形成自己的主张。经历赋能心育这一教育理念是笔者在学习并吸收一些先进理论的基础上,基于个人从教三十多年的教育教学实践的沉淀,顺应当今学校心理健康教育的总体要求,不断凝练而来。

第一节 经历赋能心育的理论基础

没有理论指导的实践是盲目的实践，脱离实际的理论是空洞的理论。[①]经历赋能心育的研究也是如此，它必须有可支撑的理论基础，同时又要在实践中丰富和发展。经历赋能心育的理论基础包括哲学基础、教育学基础、心理学基础和生态学基础等多个方面。

一 人本主义理论

人本主义作为哲学、心理学、教育学等多个学科领域的重要思潮，其核心宗旨是强调人的主体性、自由和发展的可能性。在现代社会，人本主义理念对促进个人全面发展、改善人际关系以及推进社会进步具有重要意义。

(一)代表人物

1.亚伯拉罕·H.马斯洛

亚伯拉罕·H.马斯洛(1908—1970)，美国社会心理学家和比较心理学家，人本主义心理学创始人之一。1933年获威斯康星大学博士学位。曾任美国人格与社会心理学会会长和美国心理学会会长。提出了“马斯洛动机论”，亦称“需要层次论”。还提出了自我实现者的十六条人格特征。代表作：《动机与人格》《存在心理学探索》《科学心理学》《人性能达到的境界》等。

2.卡尔·R.罗杰斯

卡尔·R.罗杰斯(1902—1987)，美国心理学家。人本主义心理学的开创者之一。1931年获哥伦比亚大学哲学博士学位。后任芝加哥大学、威斯康星大学教授，美国应用心理学会、美国心理学会会长等。倡导以学生为中心的教学改

① 石俊田.科学社会主义理论与实践案例教材[M].沈阳：东北大学出版社，2003:61.

革模式,创立了一种人本主义心理治疗的体系。代表作:《咨询与心理治疗:实践中的新概念》《患者中心治疗:它目前的实施、含义和理论》《成为一个人:一个治疗者的心理治疗观点》等。

(二)主要特征

人本主义的主要特征可以从以下几个方面进行概述。

1.强调个体的主体性

人本主义认为,每个人都是一个独立的个体,具有自己的需求和目标。每个人都应成为自己生命的主人,对自己的行为负责。

人本主义强烈主张个体的自我实现,认为每个人都有潜力和能力去实现自己的最高价值和目标。在这个过程中,个人的自由意志和选择扮演了至关重要的角色。人不应仅被视为社会的一部分或实现某种目的的手段,还应被视为目的本身。因此,个体的幸福和发展成为衡量社会进步的一个重要指标。人本主义进一步强调了个体之间的关系,认为人与人之间的真诚交流和深层次的理解是实现自我和他人发展的关键。这种观点鼓励人们以开放、真诚的态度去理解和接纳他人,认识到每个人都有其独特性,都值得尊重和理解。

在此框架下,教育和心理健康被赋予了新的意义。教育不再仅仅是传递知识,还是对个体内在潜力的挖掘和个性的培养。心理健康是个体实现自我潜力、维持积极人际关系和对生活的积极态度的表现。

在实践中,人本主义促进了对个体权利的尊重,推动了各个领域的发展和进步。它鼓励社会制度和文化环境的建设,以支持个体的自由发展和自我实现,从而创造一个更加人性化的世界。人本主义的这些观点提供了一种全新的视角来看待人的存在和发展,强调了个体的主体性和自我价值。通过促进个体的自我实现,人本主义不仅为个人带来了成长和满足,也为社会的整体进步与和谐发展提供了基础。

2.重视个体的自由意志

人本主义强调人的自由意志,认为个人有选择自己生活方式的自由。这种自由不仅是外在的,更是内在的,即个体内心对自我实现的追求。

人本主义认为,每个人都有根据自己的意愿选择生活方式的权利,无论是在职业、信仰还是在日常行为上。这种自由不局限于对外部行为的自由选择，更重要的是，它涉及个体内心深处对自我实现和个人成长的渴望。人本主义强调，每个人都是独一无二的存在，拥有自己的思想、情感和愿望。因此，个人的自由意志是实现自我价值和潜能的关键。在这个框架下，个体被鼓励去探索自己的内心世界，寻找真正的兴趣和激情，以便能做出真正符合自己内在需求的选择。这种对自由意志的重视，不仅仅是对个体权利的肯定，也是对个体责任的强调。人本主义认为，每个人都有能力也有责任去塑造自己的生活，而不是被动地接受外部环境的安排。这种自主性是个体发展的核心，它促使人们去追求自我实现，去创造一种充满意义和满足感的生活。在实践中，人本主义鼓励个体通过自我反思和自我表达来认识自己，通过设定目标和制订计划来实现自己的梦想。这种自我驱动的过程不仅能帮助个体更好地理解自己，还能激发他们去积极地影响周围的世界，与他人建立真诚和有意义的关系。

总之，人本主义将个体的自由意志视为人类经验的核心，认为个人的自由不仅是行使选择的权利，更是实现个人潜能和追求幸福生活的基础。通过重视和实践自由意志，个体能在生活中找到真正的方向和满足，实现自我价值和社会责任的和谐统一。

3.追求自我实现

马斯洛的需求理论告诉我们，人的最高需求是自我实现，也就是自我的管理。[①]自我实现是一个持续的过程，需要个体不断地进行自我挑战和自我超越。

人本主义心理学派提出人类需求层次的理论，其中最为重要的便是自我实现的需求。这一理论认为，每个人都有一个内在的驱动力，推动着他们去追求自我实现，即达到个人潜能的最大化和价值的最高峰。自我实现不仅仅是一个目标或者一个终点，还是一个动态的、持续的过程，它要求个体在生活中不断地进行自我挑战，不断地突破现有的限制，实现自我超越。在这个过程中，个体需要不断地探索自己的内心世界，了解自己的强项和弱点，明确自己的兴趣和激情所在。通过这样的自我探索和自我认知，个体能更好地制订适合自己的生活目标和职业规划，从而在实现这些目标的过程中，逐步发掘和实现自己的最大潜能。

---

① 王雄.别输在不懂管理上[M].北京：中译出版社，2023：103.

自我实现的过程也是个体不断成长和发展的过程。它涉及个体对自我价值的认识,对生命意义的探索,以及对社会角色的适应。在这个过程中,个体可能会遇到各种挑战和困难,但正是这些挑战和困难,为个体提供了成长的机会,使个体能在克服它们的过程中,不断提升自己,实现自我超越。

因此,自我实现是一个涉及个体全面发展的过程,它不仅仅关乎个人的职业成功或社会地位的提升,更关乎个人内在价值的实现和精神层面的满足。人本主义强调,只有当个体实现了自我实现,才能感到真正的幸福和满足,这也是人类最高层次的需求。

4.关注人的成长和发展

人本主义不仅关注人的现状,更关注人的成长和发展潜力。它倡导为个体提供支持和帮助,让个体在接纳和理解中成长。

人本主义对人的成长和发展给予极高的重视。这一理念不仅仅停留在对个体当前状态的关注,也在于对每个人的成长轨迹和内在潜力的挖掘。人本主义强调,每个人都拥有自我实现的潜能,即实现自己最大可能性的能力。在人本主义的视角下,个体的成长被视为一个持续的过程,个体在这个过程中不断地探索自我、认识自我,并在这一过程中发现自身的价值和意义。为了促进个体的健康成长,人本主义倡导为个体提供一个充满支持和帮助的环境。在这样的环境中,个体能感受到被接纳和理解,这对他们的自我发展和自我价值的确立至关重要。通过提供这样的环境,个体能在安全和自由的氛围中探索自己的感受、想法和行为,从而更好地理解自己的需求和愿望。这种理解和接纳不仅有助于个体建立积极的自我形象,还能激发他们的内在动力,鼓励他们去追求个人的目标和梦想。人本主义还强调,个体的成长和发展是一个自然而然的过程,应当尊重个体的自我导向性。当个体感到自己的选择和决定被尊重时,他们更有可能积极参与到自我发展的过程中,从而更全面地实现自我潜能。

总之,人本主义不仅关注人的当前状态,更关注人的成长和发展。它通过提供支持和帮助,以及创造一个接纳和理解的环境,鼓励个体去探索、去成长,最终实现自我潜能的最大化。

5.强调人际关系的重要性

人本主义认为,良好的人际关系对个体的心理健康和成长至关重要。通过建立平等、真诚的人际关系，可以促进个体的自我开放和自我实现。

人本主义强调人际关系在个体生活中的核心地位，认为它们对一个人的心理健康和整体成长具有不可估量的价值。人类天生渴望与他人建立深刻的联系，这种联系不仅能提供情感上的支持和安慰，还能促进个体的自我认知和个人发展。在人际交往中，平等和真诚是构建健康关系的基石。当人们在相互交往时能保持平等的态度，不因社会地位、财富或其他外在因素而有所偏见，这样的关系更容易培养出信任和尊重。真诚则是人际交往的另一重要元素，它要求我们展现真实的自我，不做作、不虚伪。在这样的关系中，个体能感受到被接纳和理解，这种感觉对他们的自尊心和自我价值感的实现是极其重要的。良好的人际关系能为个体提供一个安全的环境，使他们愿意敞开心扉，分享自己的思想和感受。这种自我开放的过程，不仅有助于减轻心理压力，还能让个体更加深入地了解自己，认识到自己的需求和愿望。在这个过程中，个体能更好地探索自己的身份和人生目标，从而推动自我实现的旅程。

自我实现是指个体达到其潜能的最大化，实现个人才能和兴趣的全面发展。人本主义认为，只有在充满爱和尊重的环境中，个体才能自由地追求自我实现，发挥自己的最大潜力。因此，建立和维护良好的人际关系，既是个体获得幸福感和满足感的关键路径，也是他们实现个人成长和心理健康的关键途径。

综上所述，人本主义理论通过强调人际关系的重要性，提醒人们在日常生活中应当努力营造一个充满平等和真诚的社会环境，这不仅有助于个体的心理健康，还能促进个体的自我成长和发展。通过这样的人际关系，个体能获得必要的支持和鼓励，进而勇敢地追求自我实现，活出更加充实和有意义的人生。

（三）人本主义理论对经历赋能心育理念的启示

人本主义理论作为一种强调人的价值、尊严和发展潜力的思想，对现代社会有着重要的启示。它不仅为个体的自我理解和自我成长提供指导，也为改善人际关系、推动社会进步提供理论基础。在这个快速变化的时代，人本主义理论提醒我们，只有尊重和关爱每一个个体，支持他们的成长和发展，才能共同构建一个更加和谐、包容的社会。

在当代教育理念的演进中，人本主义理论以其关注个体内在需求和发展潜能的特征，对心理健康教育理念产生了深刻的影响。人本主义理论认为，教育的核心在于尊重和满足个体的内在需求，强调个体自我实现的重要性。它倡导以学生为中心,注重学生情感、自我认识与创造力的发展,这些理念对经历赋能心育这一教育理念具有重大意义。

首先,人本主义理论强调个性化教育,这对心育理念的形成和实践提出了要求。在人本主义视角下,每个学生都被视为独特的个体,拥有不同的需求和能力。因此,教育应当根据每一个学生的特点和兴趣,为其提供适宜的学习环境和体验,以促进其全面发展。这种个性化的教育方式,鼓励学生通过自我探索和实践经历,了解自己,发现自己的潜能,从而实现自我增值和成长。个体的经历在这个过程中起着至关重要的作用,它通过丰富多样的实践活动和体验,为学生的自我探索和自我实现提供广阔的舞台。

其次,人本主义理论认为情感和理性同样重要,这为心育理念注入了新的内涵。在人本主义教育中,学生的情感体验和心理健康被高度重视。教育不仅仅是知识的传授,更是情感的交流和心灵的触动。通过倾听学生内心的声音,理解和关注他们的情感体验,教育者可以帮助学生处理好人际关系,培养他们良好的情感调节能力和社会适应能力。经历赋能心育正是在这一理念指导下,通过提供情感支持和心理引导,帮助学生建立积极的自我认知,促进其全面发展。

再次,人本主义理论倡导自主学习和批判性思维,这对经历赋能心育提出了新的挑战。在人本主义的视角下,教育的目的不仅是传授知识,更重要的是激发学生的学习兴趣,培养其自主学习和批判性思维的能力。这要求教育者在教育实践中,创造开放、自由的学习环境,鼓励学生提出问题,进行探索和实践,从而形成独立思考能力和创新能力。学生的经历在这一过程中发挥着关键作用,它通过设计有意义的学习项目和挑战性任务,激发学生的好奇心和探索欲,引导学生进行自主探索和批判性思考,从而促进学生综合素养的提升。

最后,人本主义理论的实践对教师提出了更高要求。在人本主义的视角下,教师不仅是知识的传授者,更是学生成长的引导者和伙伴。这要求教师具备高度的专业素养和深厚的人文关怀,能理解和尊重学生的个性差异,关心学生的情感需求和心理健康,为学生提供个性化的指导和支持。

总之,人本主义理论对经历赋能心育理念产生了深刻的影响,它强调以学生为中心,关注学生的个性化需求和全面发展,为心育实践提供了指导和灵感。在人本主义理论指导下,教师要尊重学生的个性差异,坚持因材施教,以对学生个体经历的了解与研究为前提,以学生健康发展为根本,通过丰富的实践经历和体验，促进学生的个性发展、情感体验和综合素质的提升，落实立德树人根本任务。

二　自然主义教育理论

（一）代表人物

自然主义教育理论是一种近代西方资产阶级的教育理论和教育思潮，主张遵循儿童的自然发展顺序进行教育。这一理念源于古希腊，酝酿于欧洲文艺复兴时期，并在18世纪形成。自然主义教育领域的代表人物有：亚里士多德、夸美纽斯、卢梭、裴斯泰洛齐和杜威等。

1.亚里士多德

亚里士多德（前384—前322），古希腊思想家、哲学家。他首次提出了“教育遵循自然”的思想，强调教育应该与儿童的自然发展相适应。他的代表作是《政治学》等。

2.扬·阿姆斯·夸美纽斯

扬·阿姆斯·夸美纽斯（1592—1670），捷克教育家，西方教育史上一位里程碑式的人物。他明确提出了“教育适应自然”的原则，并使其成为论述教育教学的根本性原则。他的代表作是《大教学论》等。

3.让-雅克·卢梭

让-雅克·卢梭（1712—1778），法国启蒙思想家、哲学家、教育学家，被誉为自然主义教育的典型代表人物。他提倡教育应该顺应自然，尊重儿童的天性。他的代表作是《爱弥儿》，其中包含了著名的言论：“出自造物主之手的都是好的，到了人手里就变坏了。”

4.约翰·亨利赫·裴斯泰洛齐

约翰·亨利赫·裴斯泰洛齐（1746—1827），瑞士著名的教育思想家和教育改革家。他在教育史上首次明确提出“教育心理学化”的口号，主张教育要遵循儿童本性和发展规律。他的代表作是《林哈德与葛笃德》等。

5.约翰·杜威

约翰·杜威(1859—1952),美国著名哲学家、教育学家、心理学家,实用主义的集大成者,也是机能主义心理学和现代教育学的创始人之一。他曾经任教于美国芝加哥大学、哥伦比亚大学等多所著名大学,他的工作和理论对20世纪的教育实践产生了深远的影响。他的代表作是《哲学的改造》等。

(二)主要观点

自然主义教育理论起源于古希腊哲学家柏拉图和亚里士多德的思想,他们认为知识的种子存在于每个人的心灵之中,教师的作用是帮助学生自己去发现真理。[①]此后,这一理念在捷克教育理论家夸美纽斯的工作中得到了进一步发展。

18世纪,法国启蒙思想家卢梭进一步推动了自然主义教育理论的发展。他主张教育应当顺应儿童的天性,尊重他们的身心发展规律,不能与这些规律对抗。他强调,“我们只主张我们的学生从实践中去学习,我们宁可让他们为人忠厚而不愿他们有一肚子的学问”[②]。可见,卢梭的教育思想重视的是孩子在自然的体验中学习。此外,卢梭还提出了一些具体的教育原则和方法,例如反对过早对儿童进行理性教育,以及应对儿童进行“依赖于物”的教育。

杜威的自然主义教育思想根植于经验自然主义理论,视经验为个体与环境互动的连续过程,具有延续性。他深刻揭示了经验产生的过程与教育实践有着紧密联系,由此提出教育有三个中心:儿童、经验和活动。经验是人的主动尝试行为与结果之间连续不断地融合。儿童是教学的中心,要关注儿童的天性、兴趣与习惯,并将其作为教学的起点,教师作为引导者要遵循儿童身心成长规律,组织开展活动,引导并促进其内在能力的发展与实现。

总体来说,自然主义教育理论强调个体的自然成长和发展,重视儿童的天性和个性,反对过早的、强制性的教育。这一理论对后世的教育实践和教育思想产生了深远的影响。

---

① 王健.教学实践理性及其合理化[M].南京:南京师范大学出版社,2010:64.

② 卢梭.爱弥儿 论教育 上册[M].李平沤,译.北京:人民教育出版社,1985:103.

（三）自然主义教育理论对经历赋能心育的启示

自然主义教育理论是一种强调顺应自然、尊重儿童自然发展规律的教育理论，它主张在教育过程中模仿自然界的生长方式，让儿童在最为自然的环境中成长和学习。自然主义教育理论的提出，为现代教育实践与心理健康发展提供了新的视角。

首先，自然主义教育理论通过提供一个开放、自由的学习环境，为学生的健康成长提供了肥沃的土壤。在这样的环境中，学生可以自由探索、自主学习，通过与自然的直接接触和互动，体验生活、感知世界，从而获得丰富的经历。这种基于经历的学习方式，能激发学生的好奇心和探索欲，促使他们的创造力和想象力得到发展。同时，这种经历还能帮助学生建立起对世界的正确认识和价值判断，为他们的人格发展和社会适应能力提供重要的基础。

其次，自然主义教育理论强调个体差异，尊重每个学生的独特性。这一理论在心理健康教育中的应用，有助于培养学生的自信心和自尊心。在自然主义教育的实践中，教师不再是知识传授者，而是学生成长的引导者和伙伴。他们鼓励学生根据自己的兴趣和能力选择学习内容和方式，这种个性化的教学方法能让学生感受到自己的价值，增强他们的自我效能感。学生在这样的教育环境中，能更加自信地面对挑战，勇于表达自我，这对健康心理的形成具有重要的意义。

再次，自然主义教育理论倡导的是一种整体性的教育。它不仅关注学生的智力发展，更重视情感、社会、道德等方面的培养。这种全面的教育观念，使心育成为教育过程中不可或缺的一部分。通过与自然的亲密接触，学生能体验到生命的美好，感受到与自然界的和谐共生，这对培养他们的环保意识、责任感以及对生命的尊重都有积极的作用。同时，自然环境中的社会互动也为他们提供了学习合作、解决冲突的机会，有助于他们社会性情感的发展。

最后，实施自然主义教育理论对经历赋能心育的影响，还体现在其能帮助学生建立积极的生活态度和价值观。在自然的教育环境中，通过亲身经历、观察实践等活动，学生能学会坚持，这对培养他们面对困难和挑战时的积极态度具有重要作用。此外，通过对自然界的观察和思考，学生还能逐渐形成对生命、对世界的深刻理解和敬畏之心，这对他们形成正确的人生观和价值观至关重要。

综上所述，自然主义教育理论对经历赋能心育的影响是多方面的。它不仅为学生提供一个自由、开放的学习环境，激发他们的学习兴趣和创造力，还通过尊重个体差异、倡导整体性教育，促进学生心理的健康发展，帮助他们建立积极的生活态度和价值观。因此，在实践中应用自然主义教育理论，对促进学生全面健康的成长具有重要意义。

三 积极心理学

美国前总统肯尼迪在堪萨斯州大学的演讲中指出，要关注有意义的人生经历。这指引心理学家们从思考“人类有什么毛病”，转向思考“人类有什么优势”。这个问题促进了积极心理学的蓬勃发展。

积极心理学，作为心理学的一个分支，主要研究人类的积极特质、积极情感以及积极机制。它关注如何帮助人们活得更加幸福和有意义。

（一）代表人物

1. 马丁·塞利格曼

马丁·塞利格曼（1942—　），被誉为“积极心理学之父”。他的研究彻底改变了心理学界对人类幸福和健康的认识。塞利格曼最初以“习得性无助”理论闻名于世，后来他的研究重点转向了积极心理学。他认为，心理学不仅仅是治疗心理疾病，更重要的是促进人们的幸福感和生活满意度。塞利格曼提出了“幸福的三个维度”：积极情感、投入以及意义。他认为，真正的幸福来自这三个维度的结合。此外，他还开发了“积极心理学干预”，这是一系列经过实验证实的可以提高人们幸福感的活动和练习。

2. 米哈伊·契克森米哈赖

米哈伊·契克森米哈赖（1934—2021），匈牙利籍心理学家，积极心理学奠基人之一。他最著名的贡献是“心流”理论。心流是一种完全沉浸在某项活动中的体验，此时人会忘记时间、疲劳，甚至忘记自我，体验到极致的快乐和满足。契克森米哈赖通过大量的研究发现，当人们在自己擅长且感兴趣的领域中挑战自我时，最容易体验到心流。他认为，追求心流体验是提高个人幸福感的重要途径。他的研究不仅对个人生活有着深远的影响,也为教育、管理等领域提供了宝贵的启示。

3.芭芭拉·弗莱德里克森

芭芭拉·弗莱德里克森(生卒不详),国际积极心理学会主席。弗莱德里克森以"宽广——建构理论"在积极心理学领域占据重要地位。该理论认为,积极情感能扩展人们的思维和行为模式,从而帮助人们构建长期的心理资源,如韧性、社交网络和身体健康等。弗莱德里克森通过实验研究证明,积极情感不仅能即时提升人的幸福感,还能带来长期的生活满意度和心理健康。她的研究强调了培养积极情感在个人发展和幸福追求中的重要性。

积极心理学的代表人物通过他们的理论和研究,为我们揭示了幸福和积极生活的科学。他们的工作不仅提高了人们对幸福的认识,也为个人追求更加美好的生活提供了实践的途径。在忙碌和压力不断的现代生活中,积极心理学的理念和方法为人类指明了提升幸福感和生活质量的方向。

(二)主要特征

积极心理学的主要研究领域涉及积极情绪、积极心理品质、积极人际关系等主题。

1.积极情绪

积极情绪是我们在生活和工作中感受到的、比较持久的正性情绪,包括喜悦、感激、宁静、兴趣、希望、自豪、逗趣、激励、敬佩和爱等。如何提升积极情绪呢?弗莱德里克森从十个方面给出了一些建议。包括:真诚最重要、找到生命的意义、品味美好、数数你的福气、计算善意、追随激情、梦想未来、利用优势、与他人在一起、享受自然的美好和保持开放。情绪情感是心理健康教育的标志性内容,无论是课程的设计还是教学,教师都要关注学生在活动中的情绪体验,努力引导学生增强自我的积极情绪。

2.积极心理品质

积极心理品质是积极心理学的研究重点之一,涉及幸福感、满足感、希望、自我决定、建构未来的乐观主义态度和对生活的忠诚等内容。《中小学心理健康教育指导纲要(2012年修订)》明确提出要“培养学生积极心理品质”。南京师范大学班华教授认为,心理教育主要是指主动的、积极的、发展性的心理教育。这是与现代教育精神一致的心理教育,是以人的发展为本,旨在优化人的心理素质,提高人的心理机能,进而促进人的整体素质发展,形成健全人格的心理教育。[①]心理健康教育致力于培养学生的这些积极心理品质,增强学生的适应性,使之拥有更多的心理资本。

3.积极人际关系

人际关系是心理健康教育课的重要内容之一,我们不仅要教授学生如何巧妙解决人际冲突,更重要的是,要引导他们塑造积极的个性和品格,提升与人交往和沟通的技巧,从而在同伴间建立起一种支持性的友谊。积极心理学领域涵盖了丰富的关于建立积极人际关系的主题,其中以感恩和宽恕为核心。通过对这些主题的学习,我们希望学生能在人际互动中实践这些美德,促进彼此之间的理解与和谐。

感恩是个体对他人的善行表达感谢的积极心理品质。我们身边有很多一直帮助和支持我们的人——父母、老师、朋友和同学,我们却很少正式地对他们表达感恩之情。研究发现,感恩与心理健康水平、抑郁和焦虑等情绪显著相关,表达感谢能给人带来美好、幸福的感觉,而且能增进同伴之间的友谊,提升社会支持水平。

运用感恩增进学生积极的人际关系,途径有很多。例如:写感恩日记,每周不定期记录自己对他人的感恩之情;撰写一封心意满满的感谢信,向那些曾经给自己提供过帮助的人表达谢意;亲自拜访那些在关键时刻向自己伸出援手的人,面对面地分享自己的感恩之心。这些方法不仅能加深彼此之间的联系,还能让感恩的力量在学生群体中流动,营造出一种更加和谐与积极的人际环境。

宽恕是一种深沉的力量,它源自个体的内心深处,让我们能从心底释放对那些误解或伤害我们的人的不满,拥抱理解与和解的光辉。研究揭示,宽恕不仅能扫清愤怒的阴霾,减轻心灵的苦楚,还能修补情感上的裂痕。心怀宽恕之人,拥有更为宁静和谐的心境,更能体验到积极的力量。

---

① 班华.与中小学心理老师谈心理教育(之一)[J].中小学心理健康教育,2007(Z1):6-10.

我们可以进行必要的宽恕干预训练。训练旨在引领个体深入探索内心的防御机制,启发他们认识到怀抱愤怒是在进行自我伤害,对自己无益。通过这一过程,个体不仅能学会宽恕的深远意义,而且能领悟到宽恕是化解矛盾、解决问题的关键所在,进而勇敢地选择宽恕之路。干预训练还鼓励个体共情伤害者,承诺宽恕那些曾经伤害过他们的人,并且付诸实际行动,真正做到心存宽恕。同时,帮助个体意识到自己也非完人,也许在某个时间点也需要他人的宽恕。通过这样的自我反省与释放负面情绪,个体不仅能增添积极情绪,还能修复并恢复健康的人际关系。简而言之,宽恕干预训练不仅是一场心灵的洗礼,也是重塑人际和谐关系的重要一步。

(三)积极心理学对经历赋能心育的启示

在国内,应该说积极心理学的思想源远流长、由来已久,我国古代心理素质教育就特别注重开发潜能、发展智能、鼓励立志、调控情感、磨炼意志与健全人格等。[①]而积极心理学在当今时代的兴起则是基于对心理教育目标与功能的理性反思与重新认识。南京师范大学班华教授提出“心育”概念,认为“心育即心理教育,是有目的地培养受教育者良好的心理素质,提高其心理机能,充分发挥其心理潜能,进而促进整体素质提高和个性发展的教育”[②]。这是国内理论界从积极的视野与层面最早对心理教育做出的明确界定,突出强调心理教育的发展性功能和积极意义,在教育界和心理学界产生了深远的影响。

积极心理学是揭示人类的优势和促进其积极机能的应用科学。[③]积极心理学对经历赋能心育理念的启示主要体现在几个关键方面,这些方面共同构筑了一座桥梁,将个体的内在潜能与外在实践经历有效地连接起来,促使学生更为全面和深刻地学习与发展。

1.积极心理学与经历赋能心育的理论融合

积极心理学通过研究人类的优势、幸福感、韧性等正面特质,探索促进个体

---

① 崔丽莹,黄忆春.心理素质教育论[M].广州:广东教育出版社,2002:3-7.

② 班华.心育论[M].合肥:安徽教育出版社,1994:9.

③ C.R.斯奈德,沙恩·洛佩斯.积极心理学——探索人类优势的科学与实践[M].王彦,席居哲,王艳梅,译.北京:人民邮电出版社,2013:内容提要.

心理健康和幸福的途径。在经历赋能心育中,这一理念被转化为通过积极的教育经历激发学生的内在潜能,培养其正面品质和应对挑战的能力。这种融合不仅强调了个体的主观幸福感和积极情绪的培养,也注重了如何通过积极的教育经验促进学生全面发展。

2.积极心理学对心育实践的具体影响

一是培养正面情绪和优势意识。积极心理学认为,积极情绪能拓宽个体的思维视野,促进创造性思维和问题解决能力的提升。在心育实践中,教育者可以通过设计积极的学习经历,如成功体验、团队合作等,促进学生体验成就感和归属感,从而培养正面情绪和优势意识。

二是增强学生的自我效能感和韧性。自我效能感是个体对自己完成特定任务的能力信心。积极心理学通过强调挑战性任务的成功经历和积极反馈,帮助学生建立和提升自我效能感。同时,通过经历和克服困难的过程,学生的韧性能得到增强,这对学生面对未来的挑战具有重要意义。

三是促进学生的人际关系和社会支持。良好的人际关系和社会支持是个体幸福感的重要来源。积极心理学在心育实践中强调合作学习、小组讨论等形式,通过这些积极的社交经历,促进学生之间的相互理解和支持,增强团队协作能力,从而构建积极的社会支持系统。

四是发展学生的目标设定和追求意义的能力。积极心理学认为,有意义的目标追求是个体幸福的重要组成部分。在心育实践中,教育者可以引导学生探索和发现自己的兴趣、热情和价值,帮助他们设定个人目标,并学会制定实现目标的计划和策略,从而激发学生的内在动力和生活的意义感。

积极心理学对经历赋能心育的影响深远,它不仅为学生的积极发展提供了理论支持,也为心育实践提供了丰富的方法和途径。通过积极的教育经历,可以有效地激发学生的内在潜能,培养他们的正面品质和应对生活挑战的能力,从而促进其全面发展和幸福生活。未来,积极心理学在心育领域的应用将更加广泛和深入,为构建更加人性化、积极向上的教育环境做出更大贡献。

四　生态发展理论

心理健康教育要考虑学生的发展特点。发展在时间维度上是毕生的，包括一生的适应和成长，也包括衰退的阶段。发展在内容维度上是多样的，不同年龄段的学生会经历不同的生理、个性、社交情感、认知以及语言发展等关键阶段。而且，学生成长还受到特定文化背景的深刻影响，如家庭环境、同伴交往、学校生活以及所处的时代背景等。在与他人及社会文化的不断互动中，学生的心理发展逐步形成一个完整的历程。生态发展理论为我们提供了理解这一复杂过程的现代视角。

（一）代表人物

20世纪70年代，美国学者尤里·布朗芬布伦纳提出了人类生态发展学理论。他主张儿童的发展受到与其有直接或间接联系的生态环境的制约，这种生态环境由多个相互交织的系统构成，并形成一系列的同心圆结构。他着重强调了探究“环境中的发展”或“发展的生态学”的重要性。在此，“生态”一词指的是有机体或个人所经历的环境，或是与个体存在有着直接或间接联系的环境。

（二）基本观点

布朗芬布伦纳在其理论模型中将人生活于其中并与之相互作用的不断变化的环境称为行为系统。该系统分为5个层次，由小到大分别是：微观系统、中间系统、外部系统、宏观系统和时序系统。[①]这5个层次是以行为系统对儿童发展的影响程度分界的，从微观系统到宏观系统，对儿童的影响也从直接到间接。

1. 微观系统

微观系统包括学生自身的身心特征，以及家庭、同伴、学校和居住地等。这是学生投入大量时间的环境系统，是其父母、教师等与学生密切接触、频繁互动的空间，共同构成学生发展的微观系统。在微观系统中，学生不仅是环境的接受者，更是积极的参与者，他们的行为和成长受到周遭环境的影响，同时，他们的存在也塑造和调整着环境。例如，父母的养育方式会塑造孩子的成长轨迹，

---

① 桑切克.教育心理学[M].周冠英，王学成，译.北京：世界图书出版公司，2007:70.

而孩子的性格和反应又会反过来让父母调节其养育策略。同样,师生关系和同伴间的互动也遵循这样的双向互动机制。

2. 中间系统

中间系统涵盖了家庭、学校、社区乃至父母职场等多个领域的互动。这些领域如果能相互支持和补充,便能为学生的成长提供一个充满积极正面影响的环境;反之,若这些联系不紧密或存在不和谐,学生的发展便可能受到负面影响。家校关系就是一个典型的中间系统,它在塑造孩子的未来中扮演着至关重要的角色。

3. 外部系统

外部系统是指学生虽未直接参与或主导,但仍旧对他们产生影响的环境。包括大众传媒、社会福利、法律服务状况,以及健身中心和文化场馆等。从家庭层面看,父母的受教育程度、职业状态、经济状况和社会地位等因素构成了这一外部系统;从学校层面看,教师的专业背景、兴趣爱好和社交方式也是影响学生的外部因素;从社会层面看,该地区的经济发展水平、管理者的教育理念、居民的生活方式和人际交往方式等同样属于这个广泛的外部系统。这些因素虽然在日常生活中不显眼,但对学生的成长和发展有不可忽视的影响。

4. 宏观系统

宏观系统是指学生生活的文化环境,涵盖了学生的社会经济背景、群体的习俗与习惯、地区的价值观念以及整体的社会信念体系等。它为微观、中间和外部系统提供了一个广阔的存在场域。例如,埃里克森指出,青少年时期是积极探索不同身份角色、追求自我的完整性的关键时期,这一观点主要植根于以个人主义为导向的英美社会的教育和发展理念。相较之下,在许多亚洲国家,集体主义占据了主导地位,更强调个体顺应社会规范和传统,青少年则往往被期待扮演固定的角色,如模范学生、听话的孩子等。因此,在集体主义文化占主导地位的社会里,当面对自我完整性这一心理教育主题时,教师必须深刻理解宏观系统对个体成长的深远影响。

5.时序系统

时序系统深刻反映了学生成长的社会历史背景，涵盖了改革开放、互联网革命等关键时期。布朗芬布伦纳把这些影响力量细分为生涯轨迹因素和生涯意外因素。其中，生涯轨迹因素涉及生活中的标志性事件，如入学、就职、恋爱结婚、退休等；而生涯意外因素则包括生活中不可预见的突发状况，如家人的生老病死、离婚、搬家，甚至意外中彩等。这两类因素共同塑造了个体的成长轨迹，影响着个体的生活选择和发展方向。

布朗芬布伦纳进一步指出，每个系统都在儿童成长的生态画卷中扮演着复杂而关键的角色。这些系统相互连接、相互影响，任何一个系统的微小变动都能在其他系统中引起连锁反应。对儿童而言，成长就是不断拓展对周遭生态环境认知的旅程——从家庭的温暖怀抱到幼儿园的小小社会，再到更广阔的外部世界。在这一连串的生态转变中，儿童的发展受到了深远影响，每一步的生态过渡（即生态环境的变化）都至关重要。

（三）生态发展理论对经历赋能心育的启示

近年来，生态发展理论引发心理健康教育对多元文化的重视。一方面，让我们更为全面地考察一个人发展的各种影响因素；另一方面，生态发展理论提醒我们，心理健康教育的活动设计，不但要关注课堂中看得到的情况，还要关注学生的同伴群体、家庭社区发生的事情。教师要意识到学生个人经历、家庭和社会背景的差异性，了解各种环境对学生产生的影响，尊重学生群体具有的文化、信仰和价值。同时，反省自己如何受文化背景和信仰观念影响，形成特定的心理健康教育观和学生发展观。

首先，经历作为个体与外部世界互动的直接方式，对学生的认知、情感以及社会技能的发展具有重大影响。正面的学习和生活经历，如成功完成一个项目、与同伴愉快合作、克服困难等，不仅能增强学生的自信心和自我效能感，还能帮助他们建立积极的人际关系，从而在心理上形成支持网络。这与生态学理论中的微观系统层面相呼应，微观系统强调个体直接参与的活动和角色关系对其发展的影响。

其次，学校和家庭作为孩子成长的两大环境，其教育和育人方式直接影响到孩子的心理健康。生态发展理论中的外部系统和宏观系统，分别指出了社会结构与文化背景对个体发展的间接影响。因此，在心理健康教育的实践中，家庭和学校需要共同努力，为孩子创造一个既有挑战性也充满支持的成长环境。比如，通过组织多样化的活动，让孩子在参与中学习合作、解决问题的技能，这不仅能丰富他们的经历，也有助于他们更好地适应社会，形成健全的人格。

最后，随着信息技术的发展，媒体和网络环境对孩子的心理健康的影响不断扩大。这一点在生态发展理论的外部系统层面得到了体现，即那些不直接参与个体生活但能对其产生影响的因素。在这个层面上，家庭和学校需要共同作用，帮助孩子建立正确的网络使用观念，引导他们健康地利用网络资源，避免负面信息的侵扰，保护他们的心理健康。

生态发展理论的时序系统强调了个体生命历程中重大事件的影响，这对理解孩子在成长过程中遇到的困难和挑战具有重要意义。小学阶段作为孩子成长的关键期，各种经历对他们的影响尤为深远。因此，心理健康教育需要关注学生的个体经历，通过个性化的教育和指导，帮助他们正确理解和处理生活中的各种经历，促进其全面健康的发展。

第二节 经历赋能心育的内涵特征

经历赋能心育是学生自主、多方位探索知识，主动与外界沟通，在自我探索的过程中，去掌握相关的知识和技能以及发展各项能力。那么，什么是经历呢？经历又如何赋能心育呢？本节从经历的定义、经历赋能心育的内涵以及特征等方面进行基础性的解读。

一 经历赋能心育的内涵

（一）经历

著名的墨家著作《墨辩·经说上》："知。传受之，闻也。方不障，说也。身观焉，亲也。"具体来说，人类的知识分为"闻、说、亲"，即一是来自前辈的知识（闻），二是来自学伴之间的辩论与自己的推理反思（说），三是自己亲身经历经验获得的知识（亲）。

经历，在《说文解字》中指"过也"；在《辞海》中指"历时，经过，亲身见过、做过或遭遇过的事"。在《现代汉语词典》（第7版）中，"经历"，作为动词是"亲身见过、做过或遇到过"，作为名词是"亲身见过、做过或遇到过的事"。经历是一个过程，是在人的感觉器官和心理活动作用下的一种亲身参与过程。[①]可见，经历的主体是人，经历的方式是实践。学生受教育的"经历"，是统整的"经"，互动的"历"，以及深度的"经历"。

我们汲取了杜威与卢梭的学习经验观，并借鉴加涅的学习结果分类理论，将经历归纳为如下三层意思：一是指学生已有的直接遭遇过的事件，包括看到的、听到的等，可以是生活经历，也可以是学习经历，这类经历体现了学生对经验世界的已知；二是指学生的学习基础，它尊重和保留了学生已有的学习基础，为其提供了丰富的知识储备；三是指学生认识世界的方式，它能更好地帮助学

① 金永梅.核心素养下的自成课堂探索——数学篇[M].徐州：中国矿业大学出版社，2020：103.

生解决和认识问题，加深对周遭世界的理解。

杜威与陶行知都高度重视学生的生活经验在教育中的作用，但他们对此有着各自独到的见解。杜威倡导回归学生的实际生活体验，突出了直接经验的重要性。陶行知则提出教学做合一，不仅强调直接经验的作用，也看重间接经验的作用。在他们共同的教育观念中，“经验”一词承载着双重意义：作为动词，它关乎实际操作、行为、实践的过程；作为名词，则指涉了认知、知识和思维的结果等。因此，“一切学习源自经验”这一观点也有其双重解读，既指通过实际行动（即“做”）的方式进行学习，也指基于行动结果（即已获得的经验）来拓展思维、获取新的认识。

相较之下，有学者提出，经历主要包含两个层面的意义。第一，它指的是学生所直接经历的事件，如所见所闻，可以根据体验深度分为零经历、浅经历和深经历等。这些经历主要反映了学生的经验世界。第二，经历也指学生通过亲身体验的方式直接认识世界，即学生在成长过程中的主动参与和体验。这两个层次的经历是相连通的，它们互相作用与影响，共同促进学生的成长与发展。

关注学生的成长首先要关注他们的心理成长，经历是助推学生心理成长的关键要素。“经历赋能心育”中所说的经历不是随机遭遇的事件，而是教师为达成特定的教育目标而设计和开展的，具有明显教育价值的教育教学活动，它有方案、有内容、有路径、有评价，且融于生活之中。

（二）赋能

所谓赋能，简单来说就是赋予能力及能量。个人层面的赋能，就是心理赋能。[①]心理健康教育领域中的赋能是指增强个体的自我效能感、提升社会支持系统的维度，增进对生活环境的管理力和自我认知，助力其全面成长。这里的“赋能”是目的，旨在通过激发、挖掘并有效利用个体在学习、应对挑战以及适应变化中的内在潜能，将不利因素转化为心理能量，进而增强应对危机和挫折的本领，提升心理韧性。

“经历赋能心育”中的“赋能”是目的，通过调动、挖掘并利用自身在学习、应对、适应过程中的已有经验与内在潜能，将多种因素转化为学习资源，提升学生

① 李婷婷，贾林祥. 心理赋能及其对青少年健康成长的启示[J]. 黑龙江教育学院学报，2018，37(11)：98-101.

可迁移应对危机和挫折的能力,增强其心理韧性,获得全面发展。

“经历赋能心育”秉持以学生为中心的教学理念,杜绝教师在教学上唱“独角戏”。课堂上,学生不是被动地倾听,而是通过多样化的课堂活动主动汲取心理正能量,在平等、开放、和谐、包容的课堂氛围中主动学习。学生作为自己的主人,勇于试错,积极、主动地参与学习体验,发现问题的本质,持续收获情感的支持和积极的认知体验,整个学习过程充满乐趣与成就感。在这种真诚、温暖、接纳的课堂氛围下,学生释放消极负面情绪,增强对生活的控制感并获得赋能感。

(三)心育

小学心理健康教育,也就是我们本书中所指的“心育”,是指教师运用心理学、教育学和社会学的有关理论,根据小学教育的特点和学生身心发展的规律,通过课堂教育教学、游戏、活动辅导等各种教育途径,帮助学生解决成长过程中的心理问题,开发心理潜能,促进学生身心和谐发展和人格水平全面提高的教育活动。[①]理解小学心理健康教育这一概念时,必须明确以下几点。

1.以学生的全面发展为中心

我们要树立三种理念,确保学生身心全面发展。首先,小学心理健康教育应面向每一位学生,而不仅仅是那些已出现心理问题的学生。这意味着,我们的目标是覆盖所有学生,一个都不能少。其次,每一个学生都具有成长的潜力,每个人的内在本质都是向好的、积极向上的。正如罗杰斯所言,“人类有机体都有一种天生的‘自我实现’的动机”。因此,我们看待每一位学生时都充满了积极和乐观,相信他们每个人都是有价值、有潜力的。最后,我们的目标是最大化地激发和挖掘每位学生的潜能。小学心理健康教育并不仅仅关注学生当前的心理发展水平,还着眼于他们心理成长的“最近发展区”。

2.体现出新型的师生关系

心理健康教育是一种积极的人际互助过程,体现的是一种新型的人际关

① 刘凡荣.绿色的呼唤:心理健康教育校本模式研究[M].北京:光明日报出版社,2016:157.

系，强调师生间的真诚、亲密、尊重、理解、信任和支持。[①]其间，小学心理健康教师扮演着关键的角色，在大多数情况下，他们应该以一种平等友好的姿态，与学生建立亲密且深厚的联系，通过鼓励性的言语和及时的帮助，激励学生在成长的道路上积极探索，主动地获得发展。

3.呈现出合作式、自主式的学习过程

小学心理健康教育采取一种互助、他助、自助相结合的方法，在这个过程中，学生既是受助者，又是助人者，也是自助者。作为受助者，他们可以得到他人的帮助和支持；作为助人者，他们可以用自己的行动助人助己，更关键的是，在学生成长的历程中发挥了自身的主观能动性。[②]小学教师作为学生的引导者和合作伙伴，与学生是引导与合作关系，目的是引导学生掌握自我成长和解决问题的方法，而不是简单地代替学生解决问题。这些做法深刻体现了我们对学生能动性和主体性的高度重视。

4.要有专业知识技能的应用

小学心理健康教育是一项由具备专业素养的教师实施的工作。心理测评的精准实施、细致入微的诊断分析，以及科学有效的干预措施，需要辅导教师掌握特殊的专业技能。如在咨询辅导的过程中，辅导教师需要恰当运用关注、接纳、倾听、同感、澄清等技巧走进学生的内心世界。心理健康教育是一场融合了专业知识、人文关怀与创新实践的深刻变革，它让教育更加贴近学生，助力每位学生健康、快乐地成长。

因此，心理健康辅导教师不仅是传授知识的老师，更是经过专业训练，能全面关照学生心理发展的专业人士。他们的存在，为学生的成长和发展提供了宝贵的支持与帮助。

5.有自己独特的目标

小学心理健康教育在总目标上与小学的教育目标是一致的，此外它也有自

① 陈兰萍.大学生心理健康导论[M].西安：陕西人民出版社，2013：18.

② 项传军，叶一舵，赖建华.论学校心理健康教育的实质与主要原则[J].广西教育学院学报，2001(02)：6-7.

己独特的地方,总的来说就是提高全体小学生的心理素质。这一目标主要通过帮助小学生进行自主探索,帮助他们选择和制订人生计划,然后通过解决他们在成长过程中的一系列问题,帮助他们健康成长。在小学心理健康教育中发展性目标是主要的,而发展性目标中,我们特别重视的就是小学生潜能的开发。有学者认为,小学心理健康教育的最高目标或者说终极目标是开发小学生的潜能,这一点恰恰是我们以往的或者是传统的教育观念中比较忽视的。以往,家长或者教师总是主观地认为小学生没有什么太大问题,所以在出现问题时,由于准备不足,往往充当“消防队员”的角色,忙的都是“救火”的工作,很少考虑如何去开发小学生的潜能。

在理解小学心理健康教育概念时,还应该注意以下两点:第一,小学心理健康教育不仅仅是一种教学理念,它与追求素质教育和全面发展的教育目标不谋而合,已经超越了传统的纠正性教育活动的范畴。第二,它在教育活动中所采取的方式、方法,代表着一[illegible]想,与传统教育在本质上有所区别。传统教育模式重视以教师、[illegible]心。而心理健康教育则提倡全新的三个中心:以学生为中心,[illegible]为中心,以全体学生参与活动为中心。[1]这些新观念、新理念能[illegible]改革注入新的活力,成为推动小学教育教学改革的突破口。

(四)经历赋能心育

经历赋能心育来自对学生心理成长的再思考。从哲学认识论的角度来看,我们发现,个人成长过程中都会遇到各种不同的经历。这些经历,受家庭背景、个人经历等因素的影响,会呈现出各式各样、参差不齐的特点。简言之,学生的经历呈现出碎片化、情境化的特点,使这些具体的、生动的经历很难与抽象的知识概念或成长要素相互融合。由此,本书提出了“经历赋能心育”这一教育理念。

1.经历是体现学生对世界的已知

我们面临着一系列关于学生的问题:他们已经掌握了哪些知识?他们对哪些内容一无所知?他们已经具备了哪些技能?他们缺乏哪些能力?他们对哪

① 陈寒.小学生心理健康教育[M].长春:吉林出版集团股份有限公司,2022:8.

些学习内容抱有热情?他们对哪些内容表现出抗拒?他们有能力掌握哪些新知识,又在哪些领域感到力不从心?这些问题看似简单,实则复杂,要全面了解学生对这个世界的认知程度并非易事。然而,通过深入了解学生的过往经历,将这些经历作为评估其对世界认知程度的一个重要标准,并针对他们不熟悉或不了解的内容进行深入教学,是完全可行的。换句话说,教师应该着重关注学生对已知世界的理解和认识。

在17世纪,英国出现了一位杰出的唯物主义哲学家兼教育学家——约翰·洛克。在他的著作《人类理解论》中,他提出了一个著名学说——“白板说”。他把人的心灵比喻成一块未经涂画的白板,天生并无任何观念或原则,所有的知识和原则全都源于后天的积累和经验。这意味着,学生对这个世界的理解和认识,完全取决于他们所接触和经历的世界有多广阔。简而言之,我们对世界的认知,就像是一幅幅在白板上逐渐勾勒出的图画,每一次的经历和学习都会为这幅画增添新的色彩和细节。

每个适龄学生步入校园、坐在教室听课的那一刻,都携带着他们对这个世界的丰富洞察和经历。这些宝贵的经历和认知,构成了他们未来学习经历中不可或缺的一部分。学生的成长历程,就是他们个人背景与周遭环境互动、相互影响的结果,这些互动不仅塑造了他们的经历,也深刻映射了他们对世界的初步理解,并在学习过程中发挥着极其重要的作用。它们是学习的起点,在潜移默化地塑造并推动着学生的认知发展。教育家陶行知先生曾深刻指出:“人人都说小孩小,谁知人小心不小。您若小看小孩子,便比小孩还要小!”[①]新时代背景下,学生对自然界、社会现象、自我认知等已有自己的探索和独到见解。作为教师,我们的职责是激发学生去更深入地探寻、发现事物之间的差异和矛盾。通过这样的引导,学生将会更加乐于接受、主动反思并调整自己的看法,树立起更加精准和科学的新观念。

显而易见,在学生的成长过程中,他们对世界的理解经历了一系列转变,这不仅仅是被动地吸收外界传递知识的过程,还是一种充满主动探索和积极求知的过程。学生的学习体验逐步内化为记忆中丰富的信息,这些信息逐层叠加,逐渐形成深刻的长期记忆,成为他们解锁对世界认知的钥匙,形成自身的素养与能力。这一过程与美国知名教育心理学家加涅提出的学习分类理论不谋而

① 陶行知.陶行知文集[M].太原:山西教育出版社,2021:330.

合，彰显了学习既是一种内在的积累，也是一种对外界知识的主动探索和应用。

2.经历是学生学习的基础

学生天生拥有对这个广阔世界的无尽好奇和强烈的求知欲。作为学习者，在他们的童年时期，就已经对知识表现出了无比的渴望，驱使他们去经历、去学习这个世界的奥秘。这种以“经历学习”为核心的学习方式，不仅尊重并保留了学生与生俱来的学习本能，同时也悄然注入了滋养心灵的积极因素，应成为学生学习的基础模式。

“自然教育理论”是卢梭教育思想的主体。主要以儿童为中心，强调教育应顺应自然、基于实践经验。他认为，感官经验不仅是知识获取的途径，而且是理智教育的基石。卢梭的观点可谓深刻：“我们真正的老师是经验和感觉。”[①]他进一步阐释，人的思想和见解是通过与外界的互动获取的，知识的根源实际上是人内在的感觉。这一理论不仅颠覆了传统的教育观念，也为后来的教育实践提供了深远的启示。

在12岁之前，儿童的思维充满了色彩和形状，他们以图像为主导，而抽象思维则占据较小的空间。这一时期，他们的直觉特别强烈，但他们的逻辑思考能力尚未成熟。为了让他们在成长的下一阶段能发展出清晰的判断力和理性思考能力，我们必须重视对他们的感官进行全面的训练。通过对感官的锻炼——这一获取知识的关键途径，学生将逐步积累起更加丰富的感官体验。在卢梭看来，感觉不仅是开启知识之门的钥匙，更是儿童认识世界、逻辑思维发育的基石，其重要性不言而喻。因此，教师应当鼓励学生亲身体验和观察周围的世界，让他们在实践中构建对事物的深刻理解和个人见解。这种见解就是基于学生的感性认识的经过探索的、有价值的知识。

学生的感性经历，源自他们五彩斑斓的生活经历。正是这些丰富多样的经历，使学生在将其应用于日常学习时，能充分激发自身已有的感性经历，并将之转化为与课堂教学内容相融合的实用学习经验，从而实现直接学习。因此，经历是学生学习过程中不可或缺的因素，若缺少了这些学习、生活以及感官体验，学生掌握一些抽象或原理性的知识将面临极大困难。

---

① 卢梭.卢梭的民主哲学[M].刘烨，编译.长春：吉林出版集团有限责任公司，2014：164.

3.经历是学生认识世界的方式

我们的大脑通过思考、记忆、感知和想象等复杂的心理活动来探索和理解周遭世界。我们不仅把这些洞见通过语言等手段固化下来，还通过语言与他人交流，以达成共识，增进理解。心理学将这些过程及语言表达的行为统一称为“认识活动”。在我们的认知结构中，动作最初是主要的反应机制，直到出现了思维和语言（无论是内在的还是外在的）等心理现象。因此，在婴儿时期，感知系统是认知结构的核心，其依靠从外界获取的信息对刺激做出反应，这是一种从感知到动作的响应机制。然而，随着儿童的成长，到了两岁左右，思维和语言等其他心理活动开始涌现，认知结构也相应地发生了变化，尽管这些组成部分的结构并不完全均衡。感知能力因其惊人的发展速度而始终占据认知活动的主导地位，尽管它是最早发展的。与之相比，思维活动的发展显得较为缓慢，短期内难以摆脱感知的制约和影响。

智力的觉醒，是一个将模糊不清的感受转化为头脑中具体概念的过程。正如蒙台梭利所述，这一过程可以被称为“智力”的觉醒。智力不仅是从感觉到概念的转变，还是一个与个人经历和体验紧密相连的螺旋式上升过程，每个学生天生就拥有这种能力，但由于经历不同，他们认识世界的能力也有所不同。这意味着，如果儿童不依赖他们已有的经验，他们很难认识世界。这种智力的发展强调了个体经历的重要性，表明了经历对儿童认知世界能力的决定性作用。通过这种方式，智力成为连接感觉和概念的桥梁，是一种内在的能力，随着个人的成长而发展，与儿童的互动体验密切相关。这种理解不仅深化了我们对智力本质的认识，也为儿童的早期教育提供了重要的参考。

无疑，学生的成长离不开丰富的经历。正如卢梭在《爱弥儿》中所强调的：“显而易见，一个人亲自这样获得的对事物的观念，当然比从别人那儿学来的观念明白得多，而且，除了不使他自己的理智养成迷信权威的习惯之外，还能使自己更善于发现事物的关系，融会自己的思想以及创制仪器，不至于人家说什么就相信什么，从而在不动心思的状态中使自己的智力变得非常迟钝。”[①]具体地说，卢梭主张在教学过程中优先考虑直观的学习方式，比如在数学课上学习梯形内容时通过展示梯形本身而非仅仅依赖于公式和理论。他提倡让学生直接观察和接触他们要学习的对象，如在教授滑轮的知识时，鼓励学生亲身观察并

① 卢梭.爱弥儿 论教育 上卷[M].李平沤，译.北京：人民教育出版社，1985：204.

比较不同种类的滑轮。虽然这种方法可能更耗时，但它能使知识留存得更久且更深刻。这种教育观念突出了实践经历在学习过程中的价值。让学生亲身感受世界、拥抱世界、体验世界，他们将积累独特而宝贵的经验，这些经验将成为他们日后学习、解决问题和认识世界的坚实基础。

理解了上述概念后，我们相信，通过经历赋能心育，可以极大地优化学生的心理健康学习过程。这意味着将学生的生活体验和学习历程融入心理健康教育教学之中，具体方法包括使用情境创设、心理剧、情境表演等形式，来唤醒或再现学生的生活经历、学习经历，继而促进学生在认识和完善自我、尊重和珍爱生命、学会学习和创新、学会交往和合作、情绪和情感管理、生涯规划和升学择业、生活和社会适应七个主要内容上的成长，从而提升全体学生的心理健康素养。

二　经历赋能心育框架呈现

“经历赋能心育”是指在新时代背景下，从学生的个人经历入手，注重心理健康教育与德、智、体、美、劳的有机融合，通过书本知识、生活世界、经验世界的相互协同与有机融合，形成学生已有经历与所学知识的“再现、分享、践履、感悟”的动力机制，创造一个让经历赋能心灵成长的空间，培养积极适应、主动发展的时代新人。如图2-1。

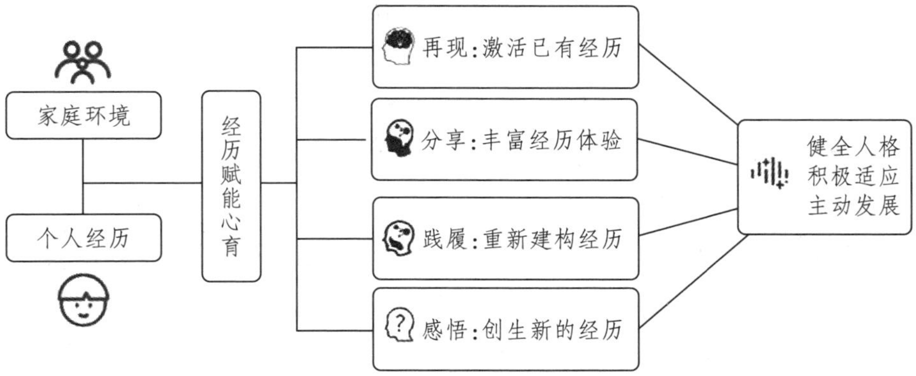

图2-1　“经历赋能心育”的基本框架

经历赋能心育来自对学生成长规律以及学习现状的再思考。从哲学认识论的视角来看，人在成长过程中不可避免地会遭遇各种不同的经历。这些经历受家庭背景、个人遭遇等众多因素的影响，呈现出丰富多彩而又不尽相同的特点。换言之,学生所经历的事物带有明显的碎片化和情境化特质,使他们的亲身经历难以与抽象的知识点或成长要素相结合。

经历赋能心育,让学生真切体验心理健康学习的乐趣和成长的喜悦,这一教育理念不仅根植于学生的内心感受,还激发了他们对知识学习的渴望。对教师而言,这一理念改变了他们传统的教学思维和设计,引领他们重新认识学生学习的真谛和儿童教育的根本意义。《厦门市中小学心理健康教育教学指导意见(试行)》指出,心理健康教育课的本质是发展性团体心理辅导,其课堂教学过程原则上应包含热身与导入、活动与体验、讨论与交流、总结与延伸等基本环节。基于此,我们将"经历赋能心育"课堂教学过程概括为四个环节:激活经历,让经历成为学生学习的出发点;丰富经历,让经历成为学生学习的着力点;建构经历,让经历成为学生学习的关键点;创生经历,让经历成为学生学习的突破点。

1.激活经历,让经历成为学生学习的出发点

教育学家斯普朗格指出:"教育之为教育,在于它是一个人格心灵的唤醒,这是教育的核心所在。"[①]经历是"经历赋能心育"理念下学生学习的出发点,也是新知识的源头和生长点。在这一理念指导下,教师的首要任务是激活学生原有的经历。显然,只有建立在学生的已有知识经验的基础上,这样鲜活而直观的教学才会深受学生喜欢,促使学生进行有效学习。在小学阶段,学生正处于性格和心理发展的关键期,如何将心理健康教育与学生的亲身经历相结合便显得尤为重要。心理健康教育的核心,在于帮助学生认识和理解自己的情感,学会管理情绪,建立积极的人际关系,以及培养解决问题的能力。而要实现这一目标,教师需要从学生的实际经历出发,让学生在亲身体验中学习和成长。

课前,为了激发学生的已有经历,教师引导学生通过记录"情感日记"来认识和表达自己的情绪。在日记中,学生不仅可以记录下自己每天的情感变化,也可以回顾当天发生的事情,分析是什么原因导致了这样的情感变化。这样的过程有助于学生更加深刻地理解自己的情绪,同时也训练了他们的自我观察和自我分析能力。课中,通过小组讨论或角色扮演的方式,引导学生分享自己的经历和感受,并学习倾听他人的经历和观点。这种互动不仅能增强学生之间的

① 武博.学校建筑教育价值研究[M].北京:北京理工大学出版社,2022:195.

理解和同理心，还能帮助他们学会从不同的角度看待问题，培养解决问题的多样化思维。同时，课上设置情景模拟活动，让学生在创设的安全情境中体验和学习如何应对各种情绪和挑战，尝试解决问题，增强他们的应对能力和自信心。

我们发现，激活学生的已有经历，将其作为心理健康教育的出发点，不仅能激发学生的学习兴趣，还能帮助他们在实际的体验中学会认识和管理自己的情感，培养解决问题的能力。这种教育方式，不仅有助于学生的心理健康成长，也为他们将来面对生活和工作中的挑战打下了坚实的基础。因此，作为教师，应当积极探索和实践如何将学生的经历和心理健康教育有效结合，让每个学生都能在成长的道路上更加自信、健康地前行。

2.丰富经历，让经历成为学生学习的着力点

托尼·巴赞在《完善记忆力》一书中指出："如果你想记住什么，你要做的就是将它与已知或已记住的东西联系起来。"这一学习策略的实质，在于先深入了解学生的个人经历，然后将这些经历转化为可以触发回忆的"启动键"。经历可以帮助理解新的知识，新知识又可以用来激活经历，一旦新旧知识成功链接，那么属于自己的知识框架也就形成了。拥有自身知识框架的学习者，伴随学习时间的日益增长，他们掌握的知识会像滚雪球一样越滚越大，而不是学一点忘一点。在《教师的挑战：宁静的课堂革命》一书中，佐藤学提出了对教育方法的深刻见解。他强调，教师在教学过程中的主要任务应集中于"倾听""串联"和"反刍"。[①]尽管这三个方面都至关重要，但佐藤学特别指出，教学的核心在于"串联"。这种串联，或者说链接，不仅仅是将经验与知识相互勾连，还包括把新旧知识以及知识与实际情境联系起来。通过采用符合学生学习特点的教学方法，这种链接能极大促进学生对新知识的理解和掌握。

因此，为了让学生已有的经历成为学生学习的着力点，教师要着重指导学生深度挖掘并丰富这些经历。这样，学生的已有经历与知识点之间可以建立起有意义的联系，极大促进学生对知识的深刻理解。这种基于链接的学习方法，有效激发了学生对知识的渴望，对意义学习有着不可小觑的促进作用。

作为独立的个体，每个学生的家庭背景、生活环境、个人兴趣和经历都不尽相同。这些经历在很大程度上塑造了他们的性格和心理状态。当心理健康教

① 佐藤学.教师的挑战：宁静的课堂革命[M].上海：华东师范大学出版社，2012：6.

育紧密关联学生的个人体验时,它不仅能激发学生的学习兴趣,还能促使他们更深刻地领悟并内化所学知识要点。同时还可以结合实践,将理论应用于实际操作中。譬如,利用角色扮演、心理短剧、情景模拟等互动方法,让学生在模拟情景中亲身体验如何辨识与表达情感、如何解决人际冲突、如何建立积极的自我形象等。这些活动不仅能让学生将理论知识应用到实际生活中,还能让他们在实践中体验和反思,从而加深对心理健康知识的理解和掌握。

教师在实施心理健康教育时,应当充分考虑每个学生的个人经历和特点,采取个性化的教学方法。例如,面对经历过家庭变故的学生,教师可以采取更为温和与包容的教学方式,逐步建立起他们的信任感,继而开放心扉;对于性格内向的学生,教师可设计小组合作活动,鼓励他们与同伴互动交流,增进自信,提升社交技能。个性化教学不仅能让每个学生感受到被重视和理解,还能更有效地促进他们的心理健康发展。

3.建构经历,让经历成为学生学习的关键点

建构经历的思想源于建构主义这一学习理论。建构主义是一种关于知识和学习的理论,强调学习者的主动性,认为学习是学习者基于原有知识经验生成意义建构的过程,而这一过程常常是在社会文化的互动中完成的。[①]瑞士著名心理学家、认知发展领域的权威皮亚杰是建构主义的鼻祖。通过深入研究儿童的心理发展,皮亚杰在他的著作《理解就是创造》一书中呼吁教师深入理解儿童心理发展的各个阶段,他坚信核心原则在于"理解即创造",强调了重新创造的过程对形成创新能力的重要性。皮亚杰的这些观点启示我们,教师应当深入了解学生的经历,并引导他们积极参与到课堂的互动中,通过探索和参与感兴趣的活动,帮助学生逐步构建对学习内容的理解,从而促进他们在每个学习阶段对概念的深刻理解。

那么,该如何建立这样一个载体去帮助学生建构经历呢?教师要依据教学内容,选取学生现实生活中的素材,让他们通过观察、猜想、体验、实践等学习活动,经历生活情景的过程,创设生活化的情境来构建关联,以此得到能力的提高和情感的升华。

首先,对小学生而言,通过亲身参与、体验,他们能更加直观、深刻地理解和

---

① 段烨,杨雪.建构主义7D精品课程开发[M].北京:北京联合出版公司,2021:4.

掌握心理健康知识。例如，在讨论“情绪管理”这一话题时，教师可以设计一系列角色扮演游戏，让学生在游戏中体验不同情绪的变化及其管理方法，而非仅仅通过讲授理论。这样的亲身经历，能让学生在真实情境中学习如何正确处理自己的情绪，增强他们的情绪调节能力。其次，以学生的个人经历为起点，可以更好地激发他们的学习兴趣。例如，小明是一名小学四年级的学生，他主动向老师倾诉他在学校学习时经常感到焦虑，并对此感到十分苦恼。于是，教师通过小组讨论的方式让小明和同学们分享自己的焦虑经历，并共同探讨解决方法。这样的教学方式不仅让小明感到自己的问题得到了关注和理解，也让他在与同学的互动中找到了减轻焦虑的有效方法。最后，将经历作为学习的关键点，有助于培养学生的同理心和社会责任感。在讨论“同伴支持”的课堂教学中，教师邀请一些学生分享他们在遇到困难时得到过的帮助，以及他们是如何帮助他人克服困难的经历。这样的分享增进了同学之间的情感联系，还让他们认识到作为社会成员应承担的责任，从而促进他们的社会适应能力和同理心的发展。

4.创生经历，让经历成为学生学习的突破点

创生新的经历是“经历赋能心育”这一理念下学习过程优化的终极追求，每一个主题活动设计都是为了使学生得到更好的发展。学生各种能力的习得依托于各个载体为学生建构起新的经历，以经历带动经历，经历成了学生持续学习的突破点。

怀特海认为：“教育的问题是——如何让学生借助树木来认识树林。”他极力主张根除科目间毫无关联的状态。以小学心理健康教育为例，如何让学生根据已有经历创生新的经历呢？

首先，了解和接纳自己的经历是创生新经历的基础。例如，在“情绪管理”主题教学中，教师可以通过组织分享会、让学生写情感日记等方式，引导学生认识并接受自己的情绪和经历。通过情感日记的书写，学生可以记录自己一天中的不同情绪和遇到的挑战，这不仅能帮助他们更好地了解自己，也能为之后的情绪调整和行为改变奠定基础。

其次，教师要引导学生学会从不同角度审视问题。在面对挑战或不愉快的经历时，学生往往容易陷入消极情绪中。此时，教师可以通过角色扮演、情景模拟等方法，帮助学生从不同的视角看问题，从而发现问题的另一面。例如，面对

同学间的矛盾，教师可以指导学生尝试站在对方的立场上考虑问题，这样不仅有助于缓和冲突，也能让学生学会换位思考，促进情感的成长。

再次，鼓励学生将已有经历转化为行动的动力。教师应鼓励学生将遇到的挑战视为成长的机会。例如，面对考试失败的经历，教师可以引导学生分析失败的原因，并将其转化为未来努力的方向，从而将消极的经历转化为积极的行动计划。

最后，创造机会让学生在新的环境中实践和体验。小学阶段是学生心理和行为习惯形成的关键时期，教师可以通过组织户外教学、社会实践等活动，让学生在新的环境中尝试不同的角色，面对新的挑战。这样不仅有助于学生将之前的经历转化为处理新情况的能力，也为他们创造了更多的经历，促进了学生的全面发展。

总之，创生经历在小学心理健康教育中的应用，能让学生通过亲身体验学习到宝贵的知识和技能，更重要的是，它能让学生在成长的道路上学会自我认识、自我管理，以及如何与人和谐相处。这样的经历，无疑将成为他们一生中宝贵的财富。因此，让经历成为学生学习的突破点，不仅是一种教育方法的革新，更是一种对学生负责的态度，值得我们每一位教育工作者深入思考和实践。

三　经历赋能心育的特征

（一）体验性

"体验"涉及个人在进行特定活动时的全身心投入和该活动的整体性。虽然许多心理健康教育课程设计在一定程度上注重课堂活动的重要性，但它们的侧重点仍旧是知识的获得与掌握。我们深知，心理健康教育教学活动更强调通过多样化的课堂活动，促使学生进行深入体验和感悟，这也是心理辅导中的一个重要原则。可以毫不夸张地说，没有深刻的体验和感悟，心理健康教育就失去了其本质特征。这里，体验性包括情感体验、实践体验、反思体验和互动体验，这些都是构成心理健康教育学习过程的关键要素。

1.情感体验

心理健康教育不仅仅是知识的学习分享，它还触动心灵，引发学生的情感共鸣。这种教育深入人心，它通过富有互动性和体验性的学习方式，引导学生在情感深处获得启发和成长。它突破了传统教学的边界，更加注重培养学生的内心体验和个人发展。

例如，在课堂上，教师让学生进行角色扮演，创建了一个真实的学习场景。学生模仿各种社会角色，亲身体验角色的情感波动和心理状态。这种体验式的学习方法不仅让学生深刻理解了不同角色可能遭遇的心理挑战和压力，还教会了他们如何有效管理和调整自己的情绪。这样的教学方式，让知识的传授更加生动，也让学生的学习体验更加丰富和真实。

情景模拟则是另一种有效的教学手段。通过营造一个接近现实的模拟情景，让学生经历各种各样的生活场景，学生不仅能亲身体验和表达情绪，还能通过这一过程，感受生活的滋味。无论是一场需要团队协作的挑战，一次充满互动的模拟社交活动，还是一场紧张刺激的模拟压力测试，这些情景都旨在让学生体验情绪的波动，并学会在压力之下保持镇定，在面对困难时展现出不屈不挠的韧性。

体验式的学习方法让学生更深刻地洞察和接受自身以及他人的情感世界。他们能掌握辨识和表达情绪的方法，学会怎样以同理心理解他人，并且知道如何构建健康的人际关系。这些能力对学生的个体成长、社交技巧乃至未来职业生涯的发展，都具有重要意义。

2.实践体验

心理健康教育采取实践的教学方法，让学生通过亲身体验和实操，深入学习并掌握心理健康的重要知识与技能。这种方法超越了传统的理论教学，强调在真实环境下，通过实践操作和直接体验，使学生能更深刻理解并运用心理健康知识。实践体验的目标是通过真实的体验，让学生能更有效地学习如何识别、理解并管理自己的情感和心理状态。

在课堂上，我们经常看见，教师利用小组讨论的形式，引导学生深入挖掘心理健康话题。这样的互动不仅能让学生掌握关键的理论知识，更重要的是，它架设了一个平台，能让学生自由地分享自己的见解，聆听他人的意见，在沟通的艺术和团队合作上迈出坚实的步伐。更进一步，通过小组讨论，学生学会了在众多观点之间寻找共鸣，并且能以一种更加理性的方式来处理不同意见，这为心理健康的维护打下了坚实的基础。

案例分析是另一种常用的实践体验方法。进行案例分析时,教师可以精选一系列与心理健康相关的真实案例作为学生分析和讨论的材料。通过对这些案例的深入分析和讨论,学生不仅能深入理解心理健康问题产生的根源、影响及其潜在的解决策略,还能锻炼他们的思维敏捷性和判断力。更为重要的是,这种分析能使学生提升在现实生活中遇到此类挑战时做出应对的能力,也能增强他们解决问题的能力和抵御压力的韧性。

总之,实践体验是实施心理健康教育的一个重要途径。通过动手参与和亲身体验,学生不仅能学习心理健康知识,更能在这一过程中锻炼出解决问题和应对压力的能力,这对他们的个人成长及社会适应能力有着重要影响。因此,心理健康教育的课程设计和实施应当重视实践体验环节,确保学生能全面发展,培养健全人格。

3.反思体验

心理健康教育不仅鼓励学生深入反思,还引导他们通过观察自我与他人,提升自我认知与理解他人的能力。这个过程远超对行为的表面观察,它是一个关于深度思考与内省的过程。通过反思,学生能更深刻地洞察自我,对自己的行为、情绪以及思维方式有更清醒的认识,从而能更准确地识别自己的内在需求和情感状态,实现心灵的成长。

为帮助学生认识自我,教师可以采取多种策略促使他们进行有效反思。引导学生撰写心理日记便是一种好方法。心理日记超越了记录日常琐事的基本功能,它成了一个私密的个人空间。在这里,学生能把自己一天的经历、情感波动及思维进程娓娓道来,这对学生进行自我回忆与深度分析个人行为及情绪反应,更深层次地认识自我大有裨益。除此以外,自我评价也是一种重要的反思方式。通过定期回顾自己在学习、社交及个人行为上的表现,学生能更加明确自身的优势与不足。这样的自我评价不仅能培养学生的自信心,还能提供一个深入反省个人行为与情绪的机会,帮助学生更好地理解并管理自己的心理动态。

反思体验不局限于个体,还可以扩展到对他人的理解和同情。通过观察并思考他人的行为与情感,学生能培养出更深刻的同理心和对社会认知的能力,为建立和保持良好的人际关系,帮助学生顺利融入并适应社会生活打下坚实基础。

4.互动体验

心理健康教育致力于激发师生之间以及生生之间的良性互动，为学生营造一个交流与合作的学习场景。这样的互动不仅能深化学生间的友谊，还能让他们在人际交往中不断进步和成长。通过这种富有成效的方式，教师可以尽可能地为学生构建一个多元且包容的学习氛围，使他们在亲身实践中不断得到磨炼和提升。

在心理健康教育课上，教师往往采用小组合作的方式为学生搭建一个与同伴共同解决问题的平台。这样的互动不仅锻炼了学生的团队合作精神，还促进了他们在沟通协作中的个人成长。更重要的是，这种合作模式开阔了学生的思维，让他们能从不同角度看待问题，吸收了解其他同学的观点和想法。同时，通过同伴互助，学生得到了展现自我价值、增强社交技能及问题解决能力的宝贵机会。在帮助他人的同时，自身也在不断学习和成长，这种模式不仅丰富了他们的学习经历，更加深了他们对知识的理解和应用。

（二）活动性

学校心理健康教育的核心目标是助人自助。一般认为，助人自助主要有两层含义：一是帮助别人学会自我帮助，二是在帮助别人的同时也帮助了自己。[①]联合国教科文组织于1996年提出了教育的四大目标：学会求知、学会做事、学会合作、学会做人。即引导青少年在心理受助中维护健康，在心理自助中积极成长，在心理助人中体验快乐，在心理互助中和谐发展。为了让学生在日常生活中不仅能为他人提供心理支持，同时也能独立应对自己的心理问题，我们在心理健康教育课程设计中，采取了以活动为核心的教学方法，这种方法不仅能激发学生的潜能，还能显著提升他们的积极性，从而更好地实现心理健康教育的目标。

1.教材资源以活动为主要呈现形式

受杜威“从做中学”思想的启发，我们深刻理解学习不应被书本所局限。针对小学生的学习特点和心理成长需求，心理健康教育应更多地通过精心设计的

① 崔景贵.助人自助：学校心理教师专业化的理念与策略[J].思想理论教育，2007(24)：4-8.

活动来教学,这里的活动不仅是一种学习的途径,还是一场充满洞察和思考的探索之旅。教师应将学生的日常经历融入教学设计,关注他们的全面发展。在设计教学活动时,应以学生的实际生活经验为蓝本,以促进他们全面发展为最终目标,让学生在积累生活经验的同时,学习和巩固知识,形成自己的看法。通过参与活动,学生能在体验中思考,在分享和交流中感受心灵的成长,持续提升自身的心理品质。

以养成为主体的心理健康教育活动。在学校的日常活动中,升旗仪式不仅是爱国情怀的培育场,更是引导学生体会集体荣誉感与责任感的桥梁;社团活动与体育活动,则是塑造学生个性的熔炉,通过团队合作与竞技挑战,潜移默化地植入谦虚、进取、自信等积极品质,同时锻炼学生的自我管理与人际交往能力。一系列常规活动,共同编织成一张心理健康的防护网,助力学生全面发展,成长为拥有健全人格与良好心态的人。

以认知为主体的心理健康教育活动。从学校大环境来看,认知环境居于中心位置,这是由学校的职能和学生发展的目标决定的。学校的各类活动,诸如阅读推广、科技创新、口才演讲与活动宣传等,皆以人的认知为导向,在这些活动中融入心理健康教育的理念与方法,可以唤醒学生的求知欲,激发认识兴趣,促使他们在参与中形成理智感,进而多维度地拓展与深化各种特殊的认知能力。

以情感为主体的心理教育活动。学校开展的各种书画活动、文艺活动、游戏活动等以陶冶人的情感为主旨,这些活动是发自学生内心的真情流露,更为贴近学生的心理世界。卢梭讲过:“儿童有其他独特的看法、想法与感情。倘若想用我们的看法、想法与感情去替代他们的看法、想法与感情,那实在是世上最愚蠢的事情。”[①]依托情感纽带策划的相关活动,融入心理健康教育思想,更能贴近学生的天性。在和谐、轻松、愉快的氛围中,学生得以自由发展审美感知,促进共鸣、移情、同情及分享等情感能力的自然成长。

以实践为主体的心理健康教育活动。学校组织的诸如研学、雏鹰小分队、清明祭扫等活动具有很强的实践性。在这些活动中融入心理健康教育思想,有助于培养学生的社会责任感和爱国主义情怀,并形成与之相应的分析综合能力、社会适应能力等。正如李吉林所说,大自然及社会生活中的事物直接或间

① 卢梭.爱弥儿 论教育 上卷[M].李平沤,译.北京:人民教育出版社,1985:76.

接地作用于儿童的感官，为儿童的认知活动、语言活动、思维活动、情感活动、意志活动提供了取之不尽、用之不竭的丰富资源。[①]心理健康教育活动为学生的心理成长提供了丰富的资源。这些资源不仅滋养了学生的心灵，更激发了他们的创造力与想象力，促使他们在探索中成长，在体验中领悟，最终成为全面发展、情感丰富、富有同情心和责任感的时代新人。

以模拟为主体的心理健康教育活动。随着互联网的发展，网络教学催生了虚拟校园这一新兴形态，模拟学习环境应运而生。在具有交互性、沉浸性、构想性等特征的模拟情景中，模拟性活动以其特有的魅力成为网络教育的一道风景，在模拟性活动中融入心理健康教育思想也同样能达到预期的教育效果。

2.课堂教学以活动为基本组织方式

学生良好的心理品质培养需要在不断的体验、感悟、积累中形成，在亲身实践中获得的知识才能逐渐转化为实际能力。

第一，提高课堂教学效率。在心理健康教育教学中，传统的“满堂灌”的教学方式仍然存在。这种方式往往使学生侧重于知识的学习，而忽略了自身良好心理品质的培养。针对这一问题，我们鼓励教师根据学生的实际生活背景、兴趣、需求、动机以及亲身经历来编写教学计划。采用以活动为中心的教学方式，将学生的自我发现、独立思考与团队协作融为一体，有效激发学生的学习热情和主动性。这种立足于学生兴趣和成长需求的教学策略，不仅充分尊重学生的个人经历和差异，还能通过灵活多样的课堂形式、教学方法和评估体系，激发学生的潜力，培养其能力和意志力，增强其自信心和主动性。课堂教学模式的转变，不仅让理论知识与实践经验相结合，还通过教学活动和教学方式的变革，赋予心理健康教育课新的活力，提升学生的学习兴趣，促使学生在参与“活动”中得到全面且个性化的发展。

第二，体现学生的主体性。新课改要求教师摒弃传统的“一言堂”模式，成为尊重学生主体地位的学习促进者和引导者。在这一转变中，对学生进行心理健康教育显得尤其重要。它不仅鼓励学生在丰富的教学活动中亲身实践和体验，更强调将个人生活经历与所学知识相融合的能力，培养学生主动探索和学习的积极性。为了实现这一目标，心理健康教育课采取活动化的教学方法，通

① 李吉林.儿童·知识·社会的和谐建构[M].北京：人民教育出版社，2006：393.

过设计一系列与学生生活紧密相关的活动,如调查、游戏、任务执行、实操等,将学生置于教学的中心位置。这种教学方式不仅让学生从自己的视角去探索世界,更让他们的行为成为教学过程的一部分,从而实现教学内容与生活经验的有机融合。这样的教学设计不仅关注学生对知识的理解和吸收能力,更致力于培养他们的情感体验和人文关怀能力,引导学生形成多元、开放、平等和包容的价值观,促进他们身心的全面成长。这种以学生为中心的教学模式,是对新课程改革要求的响应,有效提高了课堂教学的效果和质量,标志着课堂主体角色的重要转变。

第三,提升学生的实践能力。心理健康教育活动课重视学生的实践参与,它以学生日益丰富的生活经验为起点,不仅强调学生的亲身经历,还选择与学生生活息息相关、与社会紧密相连的内容,激发学生的参与热情,为学生提供一个自主探索、自我教育和自由成长的舞台。在这一过程中,学生的认知不仅转化为他们的情感、意志和信念,更进一步落实为具体的行动和实践。实践发现,通过一系列综合性强、实践性高、操作性明确、开放性广、创新性强、层次性丰富的活动,学生积极参与、独立思考,并与同伴合作探索,充分展现了他们的实践能力和创新精神。更为重要的是,学生在掌握心理健康知识的同时,被鼓励将所学知识应用于日常生活之中,以提高自身的心理调适能力。师生之间、生生之间的合作和良性互动,不仅激发了学生的思维,还培养了他们的人际交往和团队合作能力,为他们的社会化奠定了基础,提高了他们的实践应用能力。这样的学习过程深化了学生对知识的理解与掌握,并在实践活动中培养了健康的心理素质。

3.能力培养以活动为主要实施途径

个体的成长与进步,本质上依赖于他们的积极参与和亲身体验。如果缺少了主动参与,个体的成长就会失去其根本。因此,激发学生主动参与各项活动显得尤其重要。在这一过程中,通过参与和亲身体验,学生不仅能深刻理解和体会活动的意义与乐趣,还能提升他们的认识能力和实践水平。通过亲身经历,学生可以把知识、情感、意志和行动融为一体,逐步增强学习能力。

一是经历体验,在"应用"中生发情感。经历体验是指让学生参与到各种活动中,通过亲身经历和感受,从而在实际应用中激发和培养积极的情感。这种体验不局限于课堂内,也可以是课外的各种互动和参与,让学生在真实的社会环境中学习如何处理自己的情绪和情感。这一方法强调的是将学生置于一个生活化的情境中,让他们通过亲身参与和体验来激发内在的情感反应。在这个过程中,学生不是被动地接收知识,而是积极地参与到学习活动中。例如,通过开展角色扮演、小组讨论、心理情景剧等具体活动,学生充分参与其中,亲身体验不同的情景和角色,从而在实际的应用过程中感受到情绪情感的波动和变化。这种情感的培养方式不局限于教室之内,它更强调将学生带到课堂之外。在课外,学生可以参与到社区服务、文化交流、体育竞技等多种互动活动中,这些活动不仅能让学生在实践中学习如何与他人合作、沟通,还能让他们在面对挑战和压力时学会管理自己的情绪和情感。通过这样的经历和体验,学生得以在真实的社会环境中学习和成长,这样的过程不仅能让他们深刻了解自己的情感,也能教会他们如何在错综复杂的人际关系和社会交往中妥善管理自己的情绪。这种教育方式极大地促进了学生情感智慧的发展,促使他们以更加自信和从容的态度,迎接未来生活中的各种情绪挑战。

二是对话经历,在"分析"中实现迁移。通过与以往经历的对话,学生能在分析和讨论中学会将所学知识应用到实际生活中,实现知识的迁移。这种对话不限于师生之间的交流,还可以是生生之间的互动,甚至是学生与社会人士的交流,能极大地开阔学生的视野,帮助他们更好地理解周遭世界的多样性,教会他们如何有效应对。如在进行关于情绪管理的主题教学时,教师设计了一系列与学生日常生活紧密相关的活动,包括角色扮演、小组讨论和情景模拟等。在角色扮演活动中,学生被要求扮演不同的角色,例如面对挫折时有不同反应的人。通过这样的模拟,学生不仅能更深刻地理解情绪管理的理论知识,还能在实践中学会如何运用这些知识来调节自己的情绪。在小组讨论中,学生被鼓励分享自己在生活中遇到的具体问题,如家庭矛盾、学业压力等。在教师的引导下,学生分析这些问题背后的原因,并探讨可能的解决方案。这种讨论加深了学生对心理健康知识的理解,锻炼了他们的沟通和协作能力。情景模拟则是让学生在模拟的生活场景中应用所学知识。例如,教师创设一个模拟的社交场合,让学生在其中练习如何有效地与他人交流和处理人际关系中的冲突。

除了师生互动,生生之间的互动也是对话经历的重要所在。通过小组合作,学生在相互合作中学会如何解决团队中的分歧,如何利用自己的长处为集体贡献力量,这些能力对他们未来融入社会至关重要。此外,学生与社会人员的互动交流也至关重要。学校可邀请家长、社区工作人员和心理健康专家走进课堂,开展面对面的深入交流。这样的交流不仅能让学生对生活的多样性有更深刻的理解,还能教会他们如何在不同的社会角色中进行有效的沟通。

三是情境创设,在“评价”中提炼经历。在一定的情境中,学生被引导进行评价和判断,这一过程极大地磨砺了学生的思维与能力。在不同的情境中,教师引导学生扮演各种角色,促使他们从多角度审视问题,提升了他们的综合分析技能。

为了更好地实现这一目标,教师需要精心设计教学情境,让学生在情境中扮演不同的角色。这样做的好处是多方面的。首先,当学生扮演不同角色时,他们会从不同的视角来看待问题,这有助于拓宽思维,使其能更加全面地理解问题。例如,在创设的集体合作情境中,一个学生可能扮演领导者的角色,而另一个学生可能扮演跟随者的角色。通过这种角色扮演,学生可以体验到不同角色的感受,从而更好地理解合作的重要性。其次,情境创设还能帮助学生将理论知识与实际情况相结合。在特定的情境中,学生可以将他们在课堂上学到的知识应用到实际问题的解决中,这种实践能加深他们对知识的理解和记忆。例如,在关于压力管理的情境中,可以让学生在模拟的工作环境中体验压力,并尝试使用不同的压力管理技巧来应对。最后,通过情境创设,学生可以在一个安全的环境中体验学习。在现实生活中,某些情境可能会带来风险或不确定性,而在教学中设计的情境则可以提供一个没有风险的环境,让学生尝试不同的解决方案,即使失败了也不会产生真正的不良后果。这种经历对学生的成长和自信心的建立是非常必要的。

四是项目学习,在“创造”中提升经历。通过参与项目学习,学生能在创造的过程中不断探索和实践以形成新的经历,螺旋式地提升自己的综合素质。项目学习鼓励学生积极探索,勇于面对和解决问题,这样的学习方式不仅锻炼了学生的创新思维,更培育了其团队合作能力和责任担当意识。

项目学习的核心在于“创造”,它鼓励学生在学习过程中发挥主动性和创造性。通过参与项目学习,学生不仅能获得知识和技能,更重要的是,能在创造的过程中不断探索和实践,从而全面提升自己的综合素质。这种学习方式让学生在实际操作中学习和成长,使他们能更好地将理论知识与实践相结合。项目学习的一个重要特点是它鼓励学生主动学习。在这种学习模式下,学生不再是被动接收知识的容器,而是积极寻求知识的主体。他们需要自己发现问题,然后动手寻找解决问题的方法。这种自主学习的过程,不仅能激发学生的学习兴趣，还能培养他们的独立思考能力和自我驱动的学习习惯。此外，项目学习还能增强学生的创新能力。在项目实施的过程中，学生需要运用自己的知识和想象力，创造出新的解决方案。这种创新的过程，不仅能提升学生的创造力，还能帮助他们学会在面对未知和挑战时，调整策略，找到最佳的解决路径。同时，项目学习也是一种团队合作训练方式，需要学生与同伴协作，共同完成项目任务。这要求他们学会倾听他人的意见，学会沟通和协调，学会在团队中发挥自己的作用。通过这样的团队合作，学生不仅能提升自己的社交能力，还能培养出强烈的团队精神和责任感。

（三）全面性

《中小学心理健康教育指导纲要（2012 年修订）》指出，心理健康教育的主要任务是：全面推进素质教育，增强学校德育工作的针对性、实效性和吸引力，开发学生的心理潜能，提高学生的心理健康水平，促进学生形成健康的心理素质，减少和避免各种不利因素对学生心理健康的影响，培养身心健康、具有社会责任感、创新精神和实践能力的德智体美全面发展的社会主义建设者和接班人。按照“全面推进、突出重点、分类指导、协调发展”的工作方针，不同地区应根据本地实际情况，积极做好心理健康教育工作。对于正处在成长期的小学生来说，良好的心理状态对他们的健康成长至关重要。因此，小学心理健康教育显得尤为重要，它的全面性主要体现在心理健康教育的内容、对象和方法三个方面。

首先，心理健康教育的内容应该是全面的。传统的心理健康教育主要集中在如何应对学习压力、解决人际关系等问题上，但经历赋能心育则更注重内容的多样性和丰富性。它不仅包括情绪管理和压力应对的技巧，帮助学生在面对挑战和困境时保持镇定和乐观，还涵盖了自我认识、建立自尊和自信等方面，引导学生深入了解自己，认识到自己的独特价值，并在社会中找到适合自己的位置。此外，培养良好的人际交往能力同样是心理健康教育重要的一环，可以帮助学生建立和维护和谐的人际关系，提高社交能力，建立健康心态，更深刻地理解自我与他人，有效面对各种挑战。

其次，心理健康教育的对象应该是全面的。这就意味着教育的对象包括每一位小学生，不分年级、性别、家庭背景等，还意味着教育的对象应当延伸到学生的家庭成员和学校教师。家庭是孩子成长的重要环境，家庭成员的心理状态直接影响到孩子。因此,将家长纳入心理健康教育的行列,帮助他们树立正确的教育观念,对深入了解孩子的心理需求,是非常必要的。同时,教师是学生日常生活中接触最多的成年人之一,也是学生成长道路上的重要他人。提高教师的心理健康教育水平,使其成为学生心灵成长的引导者和支持者,密切关注并优化学生的心理健康状况,及时辨别并帮助学生解决所面临的心理问题,是至关重要的。

最后,心理健康教育的方法需要全面性。传统的讲授方式已经无法满足现代学生多样化的需求。通过引入创新的学习方式,例如角色扮演、情景模拟和团队合作等,教师可以创建一个互动丰富的学习环境,让学生在参与和实践中成长。同时,结合现代科技,比如心理健康应用和在线心理咨询等,可以进一步扩展我们的教育渠道,更好地满足学生的个性化需求。采用多样化的教学方法,不仅能激发学生的学习热情,还能提升教学的实效性。

全面性是保证"经历赋能心育"教育效果的关键。通过较为全面的教育内容、覆盖全体学生的教育对象以及创新多样的教育手段,能显著提高学生的心理健康水平,促进他们的身心健康发展。在这个过程中,学校、家庭、社会三方应协同育人,共同营造一个充满关爱与支持的成长环境,帮助学生树立科学的世界观、人生观和价值观,为未来的生活与学习奠定坚实的基础。

(四)融合性

小学心理健康教育的融合性主要体现在两个方面。一方面,心理健康教育不是单独的领域,而是与德、智、体、美、劳紧密结合,汲取五育优势,为学生的健康成长注入更多核心素养元素。同时,通过将心理健康的元素融入各学科,不仅能丰富学生的学习体验,还能推动心理健康教育的目标达成。另一方面,融合性还体现在不断革新的教学理念上,它鼓励教师与时俱进,将社会新话题和新焦点纳入教学内容之中,让心理健康教学更加紧贴时代脉搏,提升其现实意义。因此,教师要在备课上下功夫,积极探索和整合最新的教育资源,以保持教学内容的鲜活性和前瞻性。

一是多学科的有机融合。将心理健康教育渗透到学科教学中,不仅可以丰富学生的学习体验,还可以深化学生对生活情境的理解。第一,要做到教学内容的融合。在各个学科的教学中,教师要有意识地将心理健康知识融入教学内容。例如,在语文课上,通过分析课文中人物的心理变化,帮助学生探索情感与行动之间的联系;在心理健康教育课上,通过分析历史人物决策背后的心理动机,指导学生学会如何有效管理自己的情绪和面对压力。第二,要做到教学方法的融合。如通过小组讨论、角色扮演和情景模拟等互动方式,鼓励学生在真实情境中学会处理人际关系,正确面对挫折与压力,进而增强其心理韧性和应对技能。第三,要做到教学过程的融合。在教学活动中,教师要细致观察学生的情绪变化,及时发现并引导学生应对学习中遇到的困惑和挑战,帮助学生建立积极的学习态度和健康的心理状态。第四,要做到跨学科的融合。通过不同学科教师之间的合作,共同设计融入心理健康元素的综合课程,让学生在掌握学科知识的同时,获得心理健康方面的学习和指导。通过全方位、多角度的融合,我们不仅要教给学生知识,更要教会他们如何健康生活,如何成为更有韧性、更能自我调节的人。

二是家、校、社的协同育人。第一,家庭、社会是不可或缺的心理健康教育课程资源。家庭是孩子成长的第一课堂,父母和其他家庭成员的行为、态度以及与孩子的互动方式,都对孩子的心理发展产生着深远的影响。同样,社会,尤其是社区作为孩子生活的社会环境,提供了丰富的社交场所和文化活动,这些都是孩子心理健康教育的重要补充。学校可以与家庭和社会资源相结合,共同为学生的心理健康教育提供支持,如邀请家长参与讲座,或与专业心理咨询机构合作,这些都可以作为心理健康教育可开发利用的课程资源。第二,家庭、社会对学生良好心理品质的形成承担着不可推卸的责任。家长和社区成员应当意识到自己在孩子心理健康教育中承担的角色和职责,积极参与孩子的心理成长过程。家长需要通过正确的教养方式、积极的沟通和良好的榜样作用,帮助孩子建立自信、自尊和自我效能感;社会,尤其是社区则应提供支持性的环境,鼓励孩子参与社区活动,培养他们的社会责任感和集体归属感,共同承担起教育引导孩子健康成长的责任。第三,家庭、社会构成了学生心理健康教育实践的真实环境。在这些真实的社会环境中,学生能将在学校学到的理论知识应用到实际生活中,通过面对现实生活中的挑战来锻炼和提升自己的心理素质。这种实践机会不仅能帮助学生更好地理解和吸收心理健康的知识,还能让他们学会如何在现实生活中应对各种心理问题。

三是成长期的全程助力。第一,心理健康教育对塑造学生良好的心理品质具有深远意义。学生将学习到如何识别和管理自己的情绪,如何与他人建立和谐的人际关系,以及如何在压力和困难面前保持心理的平衡和稳定。这些技能对他们的整个人生来说都是至关重要的，因为它们不仅影响着学生的学业成绩，还深刻地影响着他们未来的职业发展、人际交往乃至整体的生活质量。第二，心理健康教育关注学生的全面成长。心理健康教育并非唯学业成绩为重，更多的是涵盖了学生成长过程中的方方面面，包括情感发展、社交能力、自我认知等。通过心理健康教育，学生能获得必要的心理支持和指导，帮助他们在面对成长中的各种挑战时，能保持积极的心态，促进其全面而均衡的发展。第三，心理健康教育促进学生螺旋上升式成长。学生在遇到困难和挑战时，不是简单地回到原点，而是在每一次的经历中积累经验，学习到新的知识和技能，从而在心理上达到一个新的高度。这样的成长过程是连续的、循环的，每一轮的成长都是在前一轮的基础上进行的，明显地体现出了螺旋式上升育人的特点，使学生能在心理和情感上不断进步，最终实现自我超越，达到更高层次的心理健康状态。

第三章

经历赋能心育的操作要义与基本构架

本章基于“经历赋能心育”教育理念，着重讨论小学阶段如何通过心理健康教育活动课的形式，以“经历赋能心育”为指导，基于学生已有经历和直接经历，实施“再现、分享、践履、感悟”和“践履、链接、分享、重构”这两个操作流程。各流程中的步骤逐层递进，循环往复，螺旋上升。以此不断用经历来激活学生的无限可能，培养学生健全人格，达到立德树人的根本目标。

第一节 经历赋能心育的操作要义

“经历赋能心育”旨在搭建一个充满活力的学习生态系统，通过书本知识、生活世界、经验世界的相互交织与共同促进，形成有效的动力机制，创造一个让经历助力学习的空间，激发学生学习的主动性。它具有情境唤醒、分享体验、内外链接、自主建构四个操作要义。

一　情境唤醒，在经历中获得体验

为了提升学生的心理健康学习体验，我们要为学生营造一个自然安全的课堂环境。这样的环境能激发学生回忆起他们的真实生活经历，让他们能从个人的经历和知识储备中找到灵感，通过在类似的情境下进行“亲身体验”，能更深刻地理解和感悟。心理健康的学习过程不仅仅是头脑中知识的灌输，更是心灵的触动和成长，由此获得新的有意义的经历。

在德语里，“教育”(erziehung)有着“引导、唤醒”的意思。可见，西方对“教育”的理解，本质上是一种内在的驱动力，强调教育应当是一种自然流露的过程，目的是激发每个人固有或潜在的生命活力，从内而外地促使这些能量显化，进而达到一种实质性的成长。怀特海在《教育的目的》一书中指出，“要避免的可怕的梦魇就是：灌输与个人经历毫不相关的一般陈述”①。教育的目的是从深处唤起学生沉睡的已有经历、生命意识，把学生内在的主动力量诱导出来。换句话说，真正的教育并不是不停地向学生灌输知识，让他们机械地记忆；更不是通过“填鸭式”或讲授式的方法，培养出一批批刻板、缺乏创新意识和主见的“标准化学生”。相反，教育应该是一个充满活力和个性的过程，旨在唤醒每个学生内心深处的独特潜能和创造力。

在“经历赋能心育”理念下，心理健康教学是在教师、学生、课堂三者之间的教与学的碰撞中基于学生经历而展开的，唤醒的本质是唤醒学生已有的生活经

① 怀特海.教育的目的[M].庄莲平，王立中，译.上海：文汇出版社，2012:84.

历、情感经历等,这是在其精神层面上的领悟和发现。所以,在课堂中教师创设一个自然的经历情境,这种经历并不是指知识本身,而是指学生已有的生活感受、体验,更进一步说,是指良好的、贴近学生生活实际的情境会自然而然地激发学生已有的经历,教师也就无须费尽心思地思考如何吸引学生注意或达成教学目标了。因此,在情境唤醒中,经历就像一座桥梁,巧妙地将教师、学生和教学内容紧密连接。学生不应被视为有待填满的空瓶子,而应是充满个性与潜力的生命体,他们渴望自我发展,拥有学习的愿望和力量。因此,教育的真谛在于挖掘学生的内在潜能,通过创设与他们生活紧密联系的课堂情境,激发他们的已有经历,引导他们主动探索,并持续给予积极鼓励和肯定,让他们主动适应,健康成长。

二 分享体验,在经历中获得感悟

真实的情境有助于唤醒学生已有的生活经历和体验。作为教师,我们应如何激发学生的热情,引导他们主动学习、感知、操作、亲身实践呢?答案是教师要设计一系列能激发思考的问题,这些问题要能唤起学生的好奇心,为课堂注入浓厚的探索氛围。教师提出不同难度的问题,既可以引发学生的积极思考,还可以让他们在各种情境中深化认知,而学生的认知活动有赖于情境的创设。教学中,大部分学生是在教师的点拨下获取新知的。

经历的分享是指个体将自己的亲身体验、情感感受或汲取的教训与他人交流的过程。在小学阶段,学生的性格和情感正迅速发展,他们对身边的世界充满浓厚的兴趣,同时也在学习如何表达自己的感受和经历。在这个过程中,经历的分享不仅有助于学生之间建立更深层次的情感纽带,还为他们搭建了一个平台,在这个平台上,他们可以交流理解和学习社会的规则。

例如,东东在课堂上分享了他成功面对考试挫折的一次经历。在这个分享过程中,东东不仅表达了自己当时的伤心难过、积极尝试和最终的欢欣鼓舞,也通过老师、同学们的点评学会了在遇到类似情况时如何更好地应对挫折。活动中,教师充分引导学生调动已有经历,使东东的同学拥有了同理心,也让全体学生从中寻找到了面对挫折的有效资源。

个人经历中的体验是通过亲身经历某些事件或活动来实现的,在这一过程中，个人不仅获得了直观感受，还获得了宝贵的知识和成长的机会。以小学心理健康教育活动课为例，教师会设计一系列活动，比如角色扮演、小游戏、情境表演等，旨在让学生在轻松愉快的氛围中学习，从而掌握交际技巧和解决问题的方法。通过这些亲身体验的活动，学生能更好地了解自己和他人，增强自我意识，提高解决问题的能力。

例如，在"学会合作"主题教学的游戏环节，小组内的学生需要共同完成一个任务，过程中出现了意见不合、沟通不畅等问题。通过教师的指导和小组成员之间的讨论，学生学会了如何倾听他人的意见、如何表达自己的想法，并最终通过协作达成共识。这样的体验活动不仅加深了学生对合作重要性的理解，也锻炼了他们的人际交往和解决问题的能力。

我们深知，"分享与体验"在小学心理健康教育中扮演着至关重要的角色。通过分享经历，学生可以增进理解，加深情感联系；通过亲身体验，学生能在实践中学习和成长。因此，小学心理健康教育应充分利用这两个方面的教育手段，帮助学生在情感、人际交往和解决问题的能力上获得全面发展，为他们的终身发展奠定坚实的基础。

三　内外链接，在经历中获取新知

有人说："生活不是缺少美，而是缺少发现美的能力。"一样的生活和学习，有人视为折磨，有人自得其乐。其中的差别是体验幸福、快乐能力的高下。善于从生活、学习、工作中获得乐趣的能力是人的一种很重要的心理能力，它关系着个体一生的生活质量。①想要提高学生的心理能力，必须了解学生已经拥有了哪些学习基础，同时也要尝试了解学生各个方面已有的生活经历和经验。链接学生已学知识和已有经历，这是教师在备课中必须考虑和遵循的重要因素。这样才能激发学生学习的主动性，提高学习效率，让"他们呈现出一种永不衰退的欣赏力"②。经历赋能心育强调多元性，注重基于学生经历的差异性，给学生提供各类适合个体差异的平台。学生将根据个体需求选择相应平台，将经历与

① 张仁贤.班主任工作方法与技能[M].天津：天津教育出版社，2008：118.

② 胡立卫，李辉，邓林.高校教师教学能力提升策略研究[M].长春：吉林出版集团股份有限公司，2022：154.

知识链接,迁移所学,为后续发展提供持续动力,最终促进个体的健康成长。

因此,要使课堂教学真正有效,教师需突破传统的单向知识传授模式,转而关注如何巧妙地将教学的时间和空间联结起来。这意味着教师要为学生搭建多样化的平台,创造各种机会,让他们通过不同的方式建立链接。这里不仅包括师生、生生之间的互动交流,还涉及新旧知识之间的衔接,课内外知识的融合拓展,以及对已知和未知知识领域的勇敢探索和深刻反思。更进一步,知识的融合不局限于学术层面,还涉及能力的提升、情感的培养和文化的理解等多个维度。换言之,通过课前预习等方式,学生可以用已掌握的知识作为基础,去理解和吸收新的知识,实现知识的自然衔接和深度融合。

在学习的过程中,我们要尊重并强调个体间的差异性,以及不同学生的经历和学习力,教师在这一过程中扮演着桥梁的角色,为学生提供融入集体的机会,让他们的不同经历、不同视角在个体与整体之间联结起来。心理健康知识与问题的联结也是至关重要的,当学生掌握了一定的心理健康知识后,教师就可以不用直接去灌输知识,而是可以把知识转化成问题或情境,以问题或情境的形式去呈现知识,从而激发学生的好奇心和探究欲,引导他们在探究与实践中深化对知识的掌握。考虑到课堂的时间和空间限制,课内外学习的联结显得尤为重要。通过将课堂学习与日常生活中的资源融合,学生能获得更加丰富和多样化的学习经历,拓宽学习视野。将学习内容与生活实践相联结是至关重要的。只有当书本知识与生活经验、社会现实紧密结合时,知识才能真正"活"起来,学习的魅力和价值才能充分体现。通过将学习与现实生活紧密联系,我们不仅能激发学生的学习热情,还能帮助他们做好应对未来挑战的心理准备。

四 自主建构,在经历中对话成长

行为主义认为,学习是由经验引起的行为的持久变化。认知心理学认为,学习是因经验而使行为或行为潜能产生持久变化的过程。因此,学习的变化可以是外显的行为,也可以是内隐的心理过程。[①]经历赋能心育理念的最终目标是引导学生通过自主探究,找到解决问题的方法,促进其自主发展,完成由被动学习到自主学习的转变。国内外专家虽然对学生自主学习的标准并未达成统

① 王福.新时代心理健康教育教师读本[M].天津:天津教育出版社,2018:41.

一意见，但很多专家从不同的角度给予了相关的定义，基本认同自主学习的本质就是培养学生的学习能力和方式。

自主学习将学生置于主导地位，即学生根据自身的需求和兴趣制订自己的学习计划，主动探索和深入研究所需知识。在这一过程中，学生不仅是学习的主体，还担负起自我监督和评价的职责，并不断反思直至做出必要的调整。与此同时，教师从传统的知识传授者转变为学生学习的引导者，为学生提供方向和支持，确保学习的顺利进行。这样的学习模式在提高学生自我管理能力的同时，也促使他们对学习更加热爱并愿意投入时间和精力，使学习变得更加生动有趣，更贴近学生的实际需求。然而在实际的学习过程中，并没有完全脱离教师而进行的自主的学习，也没有完全依靠教师而进行的自主学习，大部分的学生在进行自主学习时都介于这两者之间。[①]因此，在日常教学活动中，教师应当逐步引导学生培养自我理解的能力。这意味着，在学习的过程中，学生需要培养出一种强烈且敏锐的意识，主动结合新旧知识，提炼和重组自己的直接经历与相关经历，从而对新知识形成深刻的理解和个性化的解读。学习，本质上是一种知识的建构过程，它要求学生在逐步深入了解知识的同时，勇于探索和解码复杂信息的奥秘。

在教学目标的达成中，一些教师在教学中为了提高所谓的“课堂效率”，也因为心理健康教育课时安排的局限性，往往对心理学知识的教授只注重基本的理解和简单的运用，从而仅进行机械操练，让学生记住概念、原理等。这样习得的知识不仅很容易忘记，而且学生对知识之间的关联、知识的综合运用缺乏理解，在创新实践能力的培养上是十分欠缺的。“经历赋能心育”理念则突出了在教学过程中学生经历的重要性，把那些纸质文字变成具象思维，促进学生对知识形成深刻的理解。教师应逐步引导学生根据理解的知识之间的逻辑关系，架构起良好而统一的知识经验结构体系，它们之间是有紧密关联的，而不仅仅像是一间间各自独立的储藏室。

知识的习得是立体的、蛛网状的，学生只有在深刻理解的基础上，建构起自己能理解的知识体系，才能积极地去探索未知的知识领域，去获得丰厚的知识，迎接未知的巨大挑战。“经历赋能心育”的过程是以学生为中心，创设学生借助

---

① 阳雨君.构建主义学习观与自主学习能力的培养[J].教育教学论坛，2013(17)：106-108.

经历参与课堂学习的立体化心理时空,真正唤醒并激活全体学生的主动学习意识。在学习的过程中,学生创造性思维和创新能力随之不断发展,最终实现最大限度的自主发展,这正是"经历赋能心育"的最终教育目标。

第二节 经历赋能心育的基本构架

“经历赋能心育”有其特定的内容构架与基本流程。学校通过怎样的途径，教师选择怎样的活动，又如何建立各个活动之间的联系，是学校和教师要重点考虑的内容。

一 基于学生已有经历的心育样式架构

基于学生已有经历的心育样式突出学生已有经历对心理成长的支持作用。这种样式以适合于每一个学生的“个性化学习”为准绳，在经历目标、经历过程与经历结果三个维度上，优化整合心理健康教育教学的课程内容，即通过经历前测，了解学生已有经历，借助情景剧、游戏、视频等活动或载体唤醒学生的个体经历，借助小组分享、组间辩论，对话经历，链接经历，使学生通过感悟建构新的、更丰富的经历。

（一）内涵与特征

1.内涵

基于学生已有经历的心育学习，是指围绕某一个具体的任务，在满足学生共同学习需要的基础上，充分照顾到每一个学生经历的起点与需求，准确地找出他们的“最近发展区”，充分借助图片、视频等多媒体资源激发他们的学习兴趣，选择和利用已有的学习经历、生活经历，通过链接、思考、讨论、合作等多种学习方式，为每一个学生“量身定制”适合于自身学习需求的学习方案。这样的学习活动不仅在横向上扩展了学生对已有经历的认识，增加了学习内容的广度，而且在纵向上深化了学生对经历和知识点之间的联系与理解，增强了学习内容的深度，有助于知识的增长、能力的提高、个性的发展与思想境界的提升，从而实现了经历广度与深度的高度融合。

2.特征

这种心理健康教育学习样式具备以下特征:

(1)基于知识的积累。

每个学生都是独一无二的个体,他们各自拥有独特的需求和经历起点,这些也都深深地烙印在他们的学习、生活历程中。学生的知识不仅来源于学校的课堂教学,而且源自他们丰富多彩的生活经验和学习积累。对现在的小学生而言,许多课堂上的新知识,其实早已在他们的生活中悄然显现。那些看似陌生的知识点,其实是他们日常生活中不经意间接触到的片段,只是尚未被系统地整理和总结。除了在学校学习,学生获取知识的方式多种多样。比如,家庭学习、看电视、参加校外活动、课外自主阅读,甚至逛超市等。所以,我们应当认识到,学生并不是空着脑袋走进教室的,他们在日常生活中,在以往的学习过程中,已经积累了丰富的知识和经验。

现代学习理论深刻揭示了学习的本质:学习是在旧知识基础上建构新知识的过程。[①]学生在学习过程中,所掌握的知识并非孤立存在的,而是相互紧密联系又螺旋上升的。更为重要的是,学生在学习的过程中不仅积累了知识,还在实践中锤炼了能力和方法。他们通过不断地尝试和探索,形成了自己独特的"起点知识"和"起点能力"。这些知识和能力如同一把把钥匙,为学生打开了一扇扇通往新知识的大门。当遇到新的问题时,学生往往会不由自主地回想起以往的经历和方法,尝试用它们来解决问题。因此,有效的教学活动都源自教师对学生已有经历的关照与融入。

基于学生已有学习经历的心育样式就是以学生的前期积淀为基础,创设积极的学习环境,通过生生间、师生间实践、讨论等活动,激发学生的已有经验,把已有经验作为知识的生长点,生长并发展出新的经验。

(2)侧重经历的联结。

马克思主义哲学认为,只有通过对感性认识进行概括、抽象,才能形成理性认识;另一方面,感性认识有待于深化、发展到理性认识。只有把握事物的本质和规律,才能指导人们的实践。而人们认识外部世界时,往往会倾向于先获得感性体验,再上升到理性的高度来认识事物。学生的学习过程同样遵循这个客

① 田宏忠,中小学教师继续教育工程办公室.中小学骨干教师培训研究:国家级培训一线管理者的观点[M].北京:首都师范大学出版社,2003:7.

观规律。比如,学生在概念的产生过程中,需要广泛激活已有的知识经验,需要经历观察、猜测、推理、验证等富有思维含量的教学活动,实现由已知到未知的前进,由现象到本质的飞跃,由感性到理性的上升。这就要求教师的教学过程必须是符合学生的认知规律的,如果跳过感性的体验过程而直接进行理性分析,则很容易让学生感到学习的乏味。所以,学习中的感性体验是理性认识不可或缺的基础。

基于学生已有学习经历的样式侧重经历的联结,教师在教学过程中不仅关注教材信息,更关注学生的已有经历。充分调动学生的已有经历,让学生通过已有经历对新知产生感性认识。当学生产生探究欲望并具备了一定的思考基础后,教师努力给学生创造学习的生动情境,让学生经历观察思考、小组合作互动等过程,通过对素材的分析,形成对概念等的初步认识和理解。简单地说,就是利用感知,建立表象。在这样的学习过程中,学生能通过联系旧知理解新知,或是在碰到问题时,能运用已有经验去解决它,如果不能解决,也能自然而然地去学习累积新的经验,努力让学习和思维更有深度。将思考的权利交给学生,更有助于调动学生学习的主动性,让课堂充满活力。

(二)基本样式

经历赋能心育样式一由“再现、分享、践履、感悟”四个步骤组成,四者之间的关系如图3-1所示。

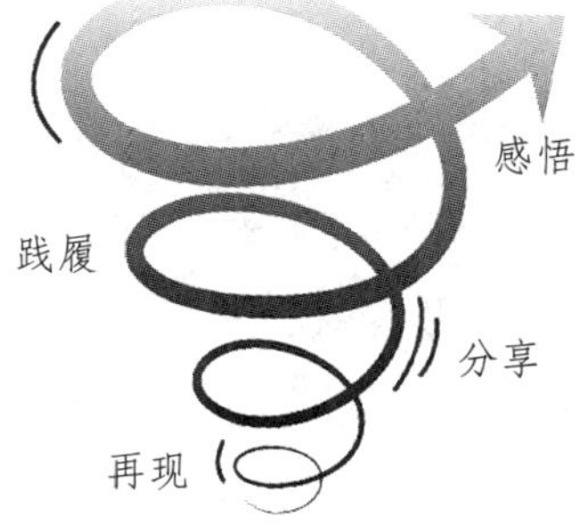

图3-1　经历赋能心育样式一

由图3-1可知,当经历指向学生已有经验世界时,在学习过程中,学生的个体经历不断再现,此时,学生的经历存在一定差异,继而通过分享、践履、感悟,螺旋上升,影响力不断变大,既能促进学生对知识的深度理解,用知识学习解决生活中的困难，又能达成心灵上的成长。

1.再现：让学生的已有经历再次出现

在教学的初始阶段，教师运用图片、视频和音频等多媒体资源，引领学生回溯并重现他们过往的生活事件，从而唤醒学生的已有经历。在这样的过程中，曾经经历过的事件会又一次生动地浮现在脑海，包括曾经习得的旧知。为此，我们鼓励学生亲身参与，用心感受，亲自去摸一摸、尝一尝、听一听、看一看，通过对具体事物和情境的“体察”，生成更为真实的体验。

2.分享：学生与他人分享、交流自己的已有经历

拥有不同经历起点和不同经历获取途径的学生通过与组内成员的分享交流，组间伙伴的补充质疑，不断编辑经历、丰富经历。[①]在这一过程中，不同的思想、观点的碰撞往往能产生新的火花，启发学生进行更深入的思考，同时也拓宽了学生的认知范围。

3.践履：通过亲身体验获得成长

经历赋能心育的重心是在活动领域，即通过营造氛围让学生身体力行，在亲身经历的过程中感知、理解、体验和领悟，最终达成心理的成长。心育课程的落脚点是“践履”，这是推进心育课程最原始的动因。[②]经历赋能心育以充分发挥人的自主性，在亲身体验基础上获得真知为特色，这就是“践履性”。

4.感悟：感悟是内心的感受与体察

学生基于亲身经历，通过理解与领悟，即通过内心的真切体验，对心育课程所呈现的知识加以认同，继而形成内心的感受，是心理内化的标志。感悟是基于体验的一种美好的心理状态，是深化心育活动的要素之一，也是生生之间、师生之间互动的催化剂。

---

① 娄屹兰，蔡静.让经历伴随学习：优化小学生学习过程的新探索[J].上海教育科研，2017(04):93-96+73.

② 沈贵鹏.心育课程论[M].徐州：中国矿业大学出版社，2020:132.

（三）操作流程

基于学生已有经历的心理学习过程需要持续进行深化，这是一个循环往复且螺旋上升的过程。在教学过程中，我们从经历的“选择”开始，对学生的已有经历进行前测和分析，再现有效经历；再根据学生的年龄特点、家庭背景等因素以及内外在条件的变化，实施动态评估并重新筛选，确保每一次引入的经历皆能精准有效，促进学生全面发展。其操作流程如图3-2所示。

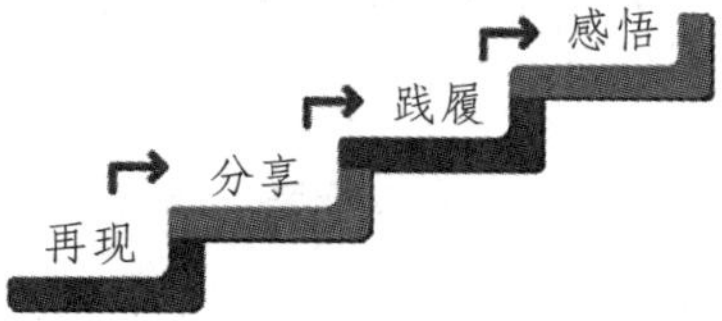

图3-2 经历赋能心育样式一的操作流程

经历赋能心育样式一的操作流程分“再现—分享—践履—感悟”四个步骤，四个步骤逐层递进，形成阶梯状。而在意义上，这个过程是循环往复、螺旋上升的。下面对各个操作步骤进行简要说明。

1.再现：激活已有经历，聚焦现实问题

学习之初，学生通过浏览图片、观看视频、聆听音频等形式再现曾经亲身经历过的事件，唤醒已有经历。这种再现经历的方式直观且形象，能迅速唤醒学生内心深处的记忆，带给他们一种熟悉感。其中，经历再现的内容不仅包括学生经历的个体的故事、他人的故事，还包括情感、经验等。这种基于已有经历的学习，充分考虑了学生知识与技能、情感态度与价值观的起点，能更好地激发学生的学习兴趣，从而更加积极地投入到新的学习中去。

【案例3-1】《挫折有“礼”》——唤醒已有经历，初步产生直面挫折的情感体验

师：今天这节课的主题跟一只名叫“小鹬”的小海鸟的经历有关。接下来，让我们边观看视频边思考以下问题。

课件出示问题：1.小鹬遇到了什么事情？2.遇到风浪的时候，它感觉怎么样？3.面对风浪，它表现得怎样？

学生观看视频后交流。

师：你们看到了什么？

生：小鹬遇到了风浪，很害怕，只好躲起来，但找不到食物吃了。

生:小鹬心情不好,感到受挫。

师:是的,在寻找食物的过程中,小鹬受到了海浪的惊吓和阻挡,因此产生了恐惧、害怕的心理。

案例片段所展示的是学生在学习《挫折有"礼"》一课前,教师通过播放视频展现小鹬觅食遇风浪阻挡的画面,唤起学生的回忆,唤醒学生的已有经历,体验挫折事件带来的影响,再现学生曾经有过的情感体验。这一过程直观、形象,是学生所熟知、感兴趣的事件,激发了他们学习的积极性。

2.分享:小组探讨质疑,丰富经历体验

每个学生都拥有独特的经历起点和获取途径,这些拥有不同背景的学生通过小组内的深入交流与探讨,在组间同伴的补充质疑下,不断编辑和丰富自身的经历,在充盈经历的同时,每一次思想的碰撞都促使他们的认知得到升华,从而产生新的感悟,提出新的问题。这个过程旨在加深学生对学习内容的认识,促进对学习内容的深度理解,更在不同程度上提升学生的思考能力,丰富学习途径。

当然,分享的前提是学生自身的独立思考,当学生在某种情境的激发下产生某种心理体验时,他们就有可能享用到某种心境,这里所指的心境是积极的,因为在组织心理健康教育活动之前,组织者就应预设活动能对每一个活动者产生的积极影响。

【案例3-2】《合适的音量》——小组互动交流,了解不同场合该用多大的音量

师:老师发现,在昨天的活动中,我们班的同学已经能根据具体的场合调节说话的音量了。生活中,除了报告厅、运动场,还有很多地方需要我们用不同的音量说话(出示运动会、小组讨论和看电影的学习生活场景图片),这些场合又该用什么样的音量呢?请同学们以四人为小组讨论应该使用多大的音量,并说说理由。

学生小组讨论。

各小组学生代表分享。

生:我们小组认为参加运动会和小组讨论的时候要大声,看电影的时候要小声,因为运动会人多,需要声音响亮才能让大家听到;小组讨论也要大声,否则同学们听不见;电影院里人多,必须小声,否则会影响到其他人。

师：按照这个小组的分类，他们认为参加运动会以及小组讨论时要大声，看电影的时候要小声，大家同意吗？

生：我们小组有不同意见，我们认为小组讨论音量要小一点儿，因为教室里人多，讨论的声音太大，会影响到其他组同学思考、交流问题。

生：我们小组也认为课堂讨论音量要小一点儿，否则还会影响老师上课。

师：对啊，讨论的音量太大会影响同学们思考，还会影响到老师上课。看来我们班的同学都已经知道了说话的礼仪。

案例片段展示了三年级学生在学习《合适的音量》一课时，将自己在生活中的已有经历与同伴进行分享交流的过程。过程中，先通过四人小组进行组内交流，讨论参加运动会、课堂讨论和看电影的时候该用多大的音量说话。这几个都是学生生活中常见的场合，他们非常乐意分享在这些场合的已有经历。学生在四人小组交流的过程中，通过同伴间相互补充、讨论、纠正，丰富了经历。

接着，教师又将小组讨论的结果进行班级交流分享，学生的思想在不断地碰撞和升华，并且当他人的观点和自己的观点发生矛盾时，就有了新的疑问，这样的矛盾是由于不同的学生所拥有的不同经历所造成的，这一堂课为解决本课的教学难点提供了契机，学生继续分享自己的已有经历，尝试着去解决问题，在主动探索的过程中，对学习的内容有了更深层的理解，这样的理解不是老师灌输的，而是学生自己习得的。

表3-1是经过同学们商讨后确定的音量分级表，制定规则后，倡议全校同学共同遵守。

表3-1　厦门市翔安区翔城小学音量分级表

等级	标准	学校内适用场合
0级音量	无声	考试、观看剧场表演、升旗仪式、课堂听讲、寝室就寝、图书馆、集会
1级音量	低语	课堂小组讨论、自习课问题交流
2级音量	正常	课间交流、餐厅就餐
3级音量	大声	课堂发言
4级音量	响亮	舞台表演、活动演讲
5级音量	呼喊	户外运动、比赛、遇险

3.践履：经历知识探究，获得心理成长

一个人的心理素质是在风雨洗礼和生活磨砺中逐渐形成的。这与心理健康教育的要求是一致的，虽然学校中的情境活动与真实生活场景有差异，但其教学设计却更具针对性和实效性，对学生心理成长更具影响力和导向性。教学中，侧重让学生在经历分享的基础上，将所学知识应用到学习或生活中，这一外化过程正是学生心理成长的关键环节。此时，学生在亲身参与中感知、理解、体验和领悟，逐步实现心理的成长。

【案例3-3】《分饼》——经历知识探究，引导认识“公平”问题

心理健康课上，教师展示了一块没有平均分的饼，引发了学生的思考与辩论。

生：我发现这块饼被切得有大有小，如果我拿到了较小的那块，我会觉得有些失落。

师：你的感受很真实，我能理解你此刻的心情。

生：老师，为什么有些人会拿到更大的部分呢？您在分饼时会怎样考虑？

师：你说得对，这次的分配确实不够公平。我想请大家思考，生活中是不是也有这样的不公平现象。

学生开始热烈讨论，分享他们的观察与感受。

生1：我发现，在我们班级中，打扫卫生的任务分配并不均衡，有些人总是承担了更多的责任。

生2：我在与家人的交谈中了解到，社会上有些人辛勤工作却收入微薄，而有些人则过着轻松而富足的生活。

生3：我最近在新闻中看到非洲的一些地区，有些孩子生活在贫困的环境中，无法上学。

师总结：同学们的观察非常敏锐。那么，你们有没有想过，这些不公平现象背后，隐藏着哪些深层次的原因呢？

从上述案例可知，教师首先设计问题情境，然后顺着学生的思路一步步地向纵深方面拓展，循循善诱，体现了践履的诱动式特点。

4.感悟：亲身参与体验，挖掘心理潜能

学习过程中，学生将个人经历作为桥梁，使知识与经验紧密相连，通过深入思考探索知识间的内在逻辑，追寻学习的内在规律。教师应秉持“亲身参与、深入体验、感悟成长”的教学思路，为学生营造一个安全、开放的学习环境，并引导学生在这样的环境中，激发内心的认知冲突，从而主动思考，唤醒内心深处的感悟，推动心理发展，提升心理品质。

【案例3-4】《让我来帮你》——亲身参与体验，感受帮助别人和被别人帮助都是快乐的

课上，教师为学生戴上眼罩体验穿越障碍。游戏完成以后，教师提问。

师：戴上眼罩后，你们怕不怕？为什么？

生：不怕。因为有好朋友拉着我的手。

师：为什么有好朋友拉着手就不害怕了呢？从活动中你感受到什么？

生：我觉得如果是我一个人戴着眼罩行走，肯定会感到害怕的，可是我们有很多同学一起拉着手，有人帮我，我就不害怕了。

师生共同小结：被别人帮助是一件温暖的事情。

此时，教师出示以下场景图。

(1)一个小朋友摔倒了。

(2)好朋友遇见一道难题不会做。

(3)妈妈在整理衣物。

(4)看见一位要过马路的老爷爷。

师：当你们遇见这样的情景，你们会怎么做？为什么要这样做？

学生小组内讨论、表演、分享感受。

全班分享自己的感悟：当我们看到别人有困难时要主动热情地去帮助他们，帮助别人不仅可以让他人感受到我们的真诚，还能让我们自己体验到一种成就感，帮助别人也是一件快乐的事情。

案例片段展示了被别人帮助和帮助别人的情境，通过学生的已有经历激发了他们愉快的心理体验，继而启发学生在今后的学习、生活中尝试举一反三，把这种愉快的体验以及美好的心境进行传播，去帮助别人也接受别人的帮助，从而提升心理品质。

(四)案例举样

“经历赋能心育”活动设计实例

——以《快乐课间》为例

《快乐课间》这一课的教学内容源于对小学生课间活动合理安排的思考。

三年级的学生虽然对小学的生活环境和作息时间已经有所了解，但由于年龄关系，他们还不能自主安排自己的课间活动，需要教师的指导。课间十分钟是学生学校生活重要的一部分，起着承上启下的作用。因此，如何安排时间对学生来说十分重要。观察发现，学生对课间十分钟这一已有经历可能做出正确处理，但也有可能是错误的、片面的。因此，本节课需要对已有经历进行剖析，重点帮助学生通过实践，在已有经历的基础上进行修正，最后通过思考、感悟，完成已有经历与新经历的融合。

环节一：再现——激活已有经历，聚焦现实问题

活动一：欣赏视频《哦，十分钟》

教师在观看视频前提出要观察的内容，便于学生有意识地关注。

师：刚才我们听到的歌曲是什么？视频中同学们在课间十分钟都做了些什么？

生：《哦，十分钟》。

生：拍皮球、跳绳、准备书本。

教师板书课题：快乐课间。

【设计意图：通过欣赏视频《哦，十分钟》，唤起学生的相关经历，并通过提问的方式，再现学生课间活动的内容，也让教师及时了解学生的已有经历情况。】

环节二：分享——师生讨论质疑，丰富经历体验

活动二：我的课间十分钟

师：你们觉得课间十分钟有多长？在课间十分钟发生过一些什么有趣的事情？

生1：我感觉比较短，有时候上完厕所，刚跑到操场上就听见上课的铃声了。

生2：我会先喝水，然后整理下节课的书本。

生3：我会和同学们一起玩游戏。

生4：我会先上厕所，然后再去看看劳动基地里面的小昆虫。

师：下课了，同学们玩得很开心！可是有的同学玩得气喘吁吁，跑进教室好半天才能缓过神来；还有的同学上课半天还没有找到要用的课本，影响了这节课的学习。我们应该怎么合理安排课间十分钟呢？

生：我会先准备下节课要用的书本，然后上厕所，再和同学们一起做游戏，铃声响起后我就回班级，喝水，准备上课了。

师：同学们对课间活动都有自己的计划，请大家思考一下，把自己的计划写在《课间计划书》上。

【设计意图:让学生分享自己的课间十分钟的经历,一方面可以让学生的已有经历充分地得到暴露,另一方面也可以让学生在倾听别人经历的过程中,丰富自己的经历。有时候,学生也会因为经历引发矛盾冲突,比如有的学生说要先去玩,有的说要先整理好书本,等等,这些都可以激发学生探究的欲望。】

环节三:践履——经历知识探究,获得心理成长

活动三:合理安排快乐多

师:课间十分钟除了做游戏,还能做些什么?(教师将学生说到的全部板书出来展示)

师:同学们刚刚说到了课间十分钟想要做的事情,可是十分钟是有限的,我们一起来看看有哪些事情是必须做的,哪些事情可做可不做。

教师请学生说一说自己的《课间计划书》。

在提问和探讨中,教师引导学生说一说自己的课间十分钟的具体计划。

心理引导:课间十分钟是让我们身心得到调节和休息的最好时机,我们必须好好利用,学会做到3—5—2分配,即提前3分钟回顾上一节课内容,5分钟上厕所、活动身体,提前2分钟进教室为下一节课做准备。

活动四:课间十分钟情景模拟

全体学生根据教师的描述做动作,可以请1—2名学生来示范。

教师描述:丁零零……下课了。刚刚上的是心理健康课,老师离开了教室,我把课本翻了翻,把老师教的儿歌又读了两遍,然后把课本收进书包。好了,该去上个厕所啦,我和好朋友顺着楼梯靠右行,讲秩序不推挤;上完厕所接下来还有一点儿时间,我和同学们跳绳,做个游戏,猜几个谜语,不早了,我提前进入了教室。下一节课是语文课,我要准备好钢笔,摆好文具盒,准备好练习本,拿出语文书,把老师今天可能要上的课预习一下。丁零零……上课铃响了,我端正坐好,安静等老师来上课。

同桌间相互说自己的课间计划并表演,一人说一人评价。

师心理引导:课间十分钟虽然需要做的事情挺多,但是只要我们合理安排就一定能非常从容地完成,既可以开心游戏和休息,又能顾及学习巩固和课前准备,做时间的主人。

【设计意图:在实践的过程中,当已有经历不能解决实际的问题时,教师需要给学生增加一些新的经历。在分享的时候,有的学生就会发现自己的已有经

历是片面的，甚至是错误的。这时候，教师就要引导学生去探索新的经历，让这些新经历帮助学生解决问题、获得成长。】

环节四：感悟——亲身参与体验，探究心理潜能

活动五：交流巩固

师：根据同学们的《课间计划书》，你们发现了什么？

生：我觉得课间的计划很重要，可以帮助我们做好时间规划，利用好时间。

师：可以举个例子吗？

生：比如我想玩游戏，但是要先准备好这节课的书本，这样我才可以玩得更开心，没有负担。

师：是的，合理安排时间不仅有利于学习，还可以培养积极情绪。还可以举个例子吗？

生：没有《课间计划书》之前，我会觉得课间十分钟不够用，有了《课间计划书》以后，我觉得可以很好地利用时间，也就变得没有那么着急了。

师：有计划和没有计划，我们的心情会不一样。今天的这节课，我相信同学们一定有很多的感受，你们还有什么想说的吗？

生1：我明白了课间十分钟要做好合理安排。

生2：我希望所有老师都不拖课，不占用时间。

生3：我学会了对自己的学习时间做出计划。

师：每位同学都有自己的收获，请同学们继续用今天的方法进行以后的学习。愉快的40分就要结束了，我要送给同学们一首儿歌。

课件出示儿歌：上课学习需用脑，课间休息不可少，喝喝水，伸伸腰，舒展身体精神好。

【设计意图：在前面的环节中，学生已经获得很多新的经历、新的体验。在感悟环节，通过教师与学生的对话交流，让学生对新经历的理解再上新台阶，学会举一反三。最后让学生来说一说，目的是让学生将已有经历和新经历进行有效整合，衍生出更深层次的经历体验。】

这一案例生动呈现了“再现、分享、践履、感悟”的步骤，展现了学生将已有经历与所学知识相融合的互动过程，它深刻挖掘了学生的个人经历、知识经验和环境资源。教师在实践过程中需要识别并有效利用这些元素。

二 基于学生直接经历的心育样式架构

基于学生直接经历的学习有别于“体验学习”，它不只关注教材内容、课程设计和教学方式的革新，还要确保学生在已有的知识和目标基础上，能以轻松愉快的方式学习。这实质上是一场富有趣味的探究学习。换言之，通过创造出学生感兴趣的场景并提出具有挑战性的问题，让学习富有趣味性的同时，为学生提供探究历程。让学生在情境中直接体验，自主探索，从而掌握基础知识和基本技能，获得丰富的情感体验，培养发现问题和解决问题的能力。

（一）内涵与特征

1.内涵

基于学生直接经历的心育学习并不完全针对所有学习内容，它主要针对当学生不具备与本知识点相关的经验时，教师根据学生的实际情况，创设情境，提供一定的材料，以活动为载体，通过四种不同类型的活动，即游戏类、表演类、情景类和践履类活动，使学生获得经历；还包括各种用身体进行的表现和构造一切形式的经历。这是一种开放、生动的学习过程。因此，基于学生直接经历的心育学习包括操作活动、实践探究、艺术活动三层基本含义。

2.特征

（1）特征一：基于问题情境。

我们发现，传统的心理健康教学，教师的提问往往比较枯燥、教条，如“你有什么收获?”这种机械的问题，久而久之变成了课堂的催眠曲，学生对学习的兴趣也一落千丈。因此，教师必须更新教育理念，大胆创新教学，创设具有价值的问题，启发学生思维，打开学生思维的大门，去唤醒学生已有的经历体验，引导学生去激活相关知识储备。只有根据学生已有的知识和生活经历等科学地提问，才能激发他们的学习兴趣，启发积极的思考动力，进而真正提高课堂教学效率。

基于研究真实问题，为学生创造与学习知识相关的经历，从而促进学生对知识的理解，所研究的问题均为真实问题。游戏类、表演类、情景类和践履类的活动中，都会有一定的真实情境，并且是带着问题进行的活动。问题是学生学习的起点，教师首先需提出一个真实的问题，问题设计得是否适当是学习问题解决的关键。那么,到底该如何提问呢?

首先,把握教学重难点,联系经历,精心设问。课堂提问要结合学生已有的经历和知识,因材施教,有的放矢。学生最终掌握了本节课的重点和难点,学会了方法,就是一节课的最终目的。教师要通过提问,更好地利用生动的语言文字激发学生已有的生活经历和学习经验,启发学生进行积极的思考,更好地理解知识点,掌握学习方法,更重要的是,激发学生参与课堂学习的热情,大大提高课堂学习效率。

其次,关注学生个体差异,筛选经历,巧妙提问。我们都知道,每一个学生都是不同的个体,在教学过程中,我们要尊重他们的生活经历和思维方式以及注意力的不同落点等问题。因此,在教学中教师不仅要尊重差异,更应该注意差异,从而精心设计层次不同的提问,以便学生择取与之相关的有用的已有经历,参与其中,各有收获。课堂的每一个问题对学生而言,都是他们发表自身看法的一个机会,教师要引导他们有条理地组织语言,更好地联系生活、学习等经历,提高他们的口头表达能力,这就要求教师在课堂提问中要充分考虑到个体的差异性,面对不同的学生,要提出不同的问题。

最后,抓住关键时机,提取经历,有效提问。小学生因为年龄相对较小,其注意力容易分散,部分学生在课堂上会出现“坐不住”“坐不长”的问题。所以,教师在课堂上要适时地提问,帮助学生提取记忆中有效或相关的学习经历、生活经历等。一是要在导入新课(或热身环节)时提问,瞬间吸引学生的注意力,并促使他们积极展开思考,激发已有知识,主动去探索新知,丰富学习经历。二是要在学生有疑问的地方提问,激发他们的直接经历或相关经历。三是要在有创新思维、有价值的地方提问。教师的课堂提问极具教学艺术性,所以要时刻遵循以学生为主体的原则,激活学生的经历,让他们真正去主动学习。

(2)特征二:重视体验探究。

学生是学习的主体,也是教育的主体。学习是人类自身的需求,是每个人成长必不可少的因素。在基于学生直接经历的探究学习活动中,我们要帮助学生建构自我,构建主体性经验和知识与技能,尊重学生个体的挫折与失败。强调合作探究,通过互动交流、班级讨论使学生的学习经历更加丰富,加深他们对知识的学习理解,为学生个性化发展提供平台。此外,鼓励学生独立思考,以经历探究、自主学习等方式来实现自我意义的构建。尊重与保护学生,呵护学生学习的主体地位是开展一切探究活动的要义。学生和学生,教师和学生之间分享彼此的思考、见解，沟通彼此的情感体验，尊重他人的思考，相互聆听，合作学习，丰富教学内容，增加新的见识，真正实现教学相长。

通过有效的教学策略，教师将学生的直接经历融入探究活动中，激发他们进行独立思考，引导他们开展探究活动的同时，鼓励他们相互合作和交流，帮助他们掌握和发现、学会探究，获得必要的知识、技能和方法。这样，在培养识别和解决问题能力的同时，还能体验到知识学习带来的乐趣和成就感。同时，这种学习方式也有助于培养他们分享、合作和积极向上的个性特质。

教学中，教师应采用探究的方法进行教学，激发学生的求知欲。同样，学生也需要通过探究这一方式进行学习。探究不仅仅是动手实践，更是动脑活动，它要求学生在操作中思考，在思考中操作。在解决问题的过程中，学生将亲身经历思维的碰撞，从而产生真实的心理体验。有效的合作探究活动是学生自主探究、积极体验、动手操作、互动交流、展示个性的舞台，能引导并激励他们积极大胆地进行自我展示。

基于学生直接经历的探究学习是一个主动探究、知识与能力建构的过程。体验学习主要通过统一感知和体悟，并在此基础上进行体验的转换。事实上，学生参与直接探究活动的过程就是体验学习的过程。学生从具体的经验开始，通过团队合作学习，积极地解决问题，从而体会到活动的趣味。在不同观点的碰撞中，学生从不同的角度思考问题，拓宽视野，彼此建立起理解与信任。

经历即体验。体验所赋予的价值在于：增强创新意识和能力、加强学生之间的团队合作能力、提升动手操作的能力、加强应用知识的能力。学习不能没有体验，无体验的学习就像无源之水。更为重要的是，在探究活动中，体验不单单是一种简单的行为、能力与方法，而且是一种深入的意识和观念。学生只有具备主动参与体验的意识，才会自发地进行创造性探究活动，并且在体验内化的基础上逐步形成自己的观念体系。

（二）基本样式

“直接经历”不仅包括人们做什么和遭遇什么、追求什么和喜欢什么、相信什么和坚持什么，还包含人们是怎样活动和怎样受到影响的。经历本质上是人与环境互动的体现，是人们主动探索与环境互动反馈的融合。“直接经历”是实践的，是行动的，是“做”的，是探索的，它同样融入了经历过程中涌现的情感——这些情感不仅是经历的补充，也是激活记忆，唤醒往昔经历的关键。在这个过程中，情感的作用不容忽视，它既是经历的产物，也是连接过去与现在的桥梁。

直接经历是一种将主动探索和被动接受相互融合的体验。它体现在两个方面：主动上，经历是对新事物的尝试；被动上，经历是对这些尝试结果的吸收与感受。经历不仅仅是简单的活动，还是活动对个体产生影响的过程。如果一个活动未能触动或改变个体，那么它就不能被称为经历。

基于学生直接经历的学习是个体与环境互动交流的体现，强调主体的直接体验、情感的孕育及过程的体验性。它是学习者亲身参与活动，在实践中发现问题，进而自我反思与省察，催生积极的情感、态度与价值观，最终得到行为转变和心灵升华的学习过程。这样的经历具有连续性，没有连续性就没有经历的发展，知识也在学生的经历中连续地发生并被检验。基于学生直接经历的学习是个体与环境之间连续不间断交互作用的过程。

基于学生直接经历的心育学习样式由四个步骤组成，分别为践履、链接、分享、重构，它们彼此间的关系如图3–3所示。

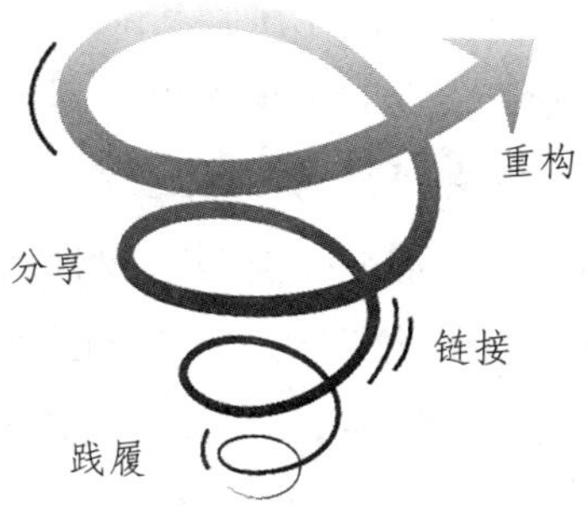

图3–3　经历赋能心育样式二

由图3–3可以知晓，践履、链接、分享、重构这四个阶段是螺旋上升的连续过程，在这个过程当中，它们相互作用，递进式发展。践履是整个学习过程的起点，它点燃了探索的火花；链接则构成了学习的桥梁，将新知与经验紧密相连；分享带来了学习的升华，让知识的价值倍增；重构是知识创新的熔炉，让学习成果焕发新生。对于那些未曾接触过相关知识的学习者来说，他们需要先通过操作性的行为来创造经历，然后，通过与已知知识的链接、分享和重构，不断地在语言理解、技能掌握、认知策略、实践能力和态度调整这五大维度上实现全面进步。践履、链接、分享、重构四个阶段紧密相连，相互促进，形成一个螺旋上升的学习过程，每一阶段都很重要，缺一不可。

（三）操作流程

基于学生直接经历的心育学习活动，从“践履”开始，通过链接经历，让学生亲身经历、亲身体验，进而进行分享交流，重构并形成有意义的经历，让生活经验和学习内容不断地融为一个有机的整体，其操作流程如图3-4所示。

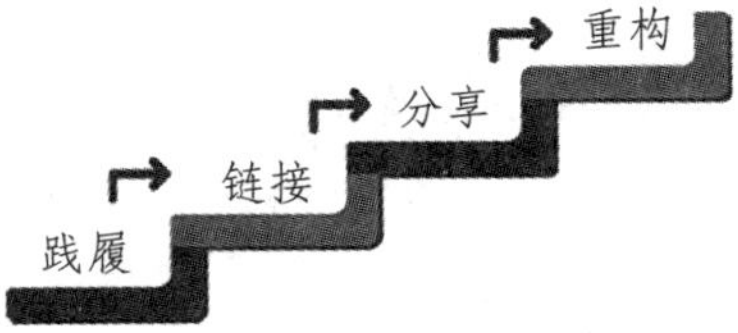

图3-4　经历赋能心育样式二的操作流程

如图3-4所示，经历赋能心育样式二的操作流程分“践履—链接—分享—重构”四个步骤，下面我们对各个操作步骤进行简要说明。

1.践履：感知生活实践，亲历学习过程

心理健康教育课程的落脚点是“践履”。①为此，教师需要设计一系列的实践活动。在学习之初，教师引导学生通过暖身环节等辅助手段自主构建学习场景，让学生身临其境。在这个沉浸式的活动情境中，学生可以借助各种方法，调动多种感官，深入体验。如通过动手操作获得可触化经历，用耳聆听各种声音获得可听化经历，用眼观察物品获得可视化经历等。这样的学习方式不仅激活了学生的过往经历，拓宽了知识迁移的边界，更激发了学生的主动性，使学习变得更加丰富多彩和引人入胜。

例如，调查发现，许多学生在尚未真正学会知识之前，就因为各种原因对学习有了一些负面感受，学习兴趣不浓厚。为此，教师可以设计一系列的探究操作活动，帮助学生对学习产生浓厚的兴趣。

【案例3-5】《学习真有趣》——探索学习知识的方法有多种

师：开动脑筋后，这回该轮到我们大家亲自动手、亲自试一试了。同学们听说过用米汤作画吗？这可是千真万确的事，而且你们也能做到。

学生活动：学生在白纸上用米汤作一幅画，晾干后，学生发现纸上什么也没有了。

师边演示边解说：同学们别着急，现在我们将一瓶消毒用的碘酒，倒少许在

① 沈贵鹏.心育课程论[M].徐州：中国矿业大学出版社，2020：132.

铁罐中,放在火上加热,待碘酒冒气时,把纸放在碘酒蒸汽上。你们发现了什么?

生:我发现刚刚我画的画出现了!

师:其中的奥秘是什么呢?

生:(摇头)我不是很清楚。

师生继续开展操作活动:往半杯清水中放一个鸡蛋,再往杯中少量多次地加入食盐。

生:(惊奇地)鸡蛋悬浮起来了!

师:这是什么原因呢?如果还是不知道,我们可以怎么做?

生:可以上网查阅资料。

生:可以问爸爸妈妈或是老师。

师:有没有想着自己去看书来寻找答案呢?

生:是的,我好像在《十万个为什么》这本书中看见过答案。

学习是一个源于体验并在体验下不断修正并获得观念的过程。[①]教师要善于用生动的事实激起学生对学习的向往,善于用有趣的问题向学生“发难”,善于用富有魅力的语言揭示科学的奥秘,让学生积极参与体验。他们的求知欲越强,对学习的兴趣也就越高、越持久。在这个活动中,因为有碘酒加热的活动,所以要特别注意学生的安全,在设计与操作的过程中,做到既确保安全,又让学生人人动手、人人参与操作,亲身感受实验探究,亲历学习过程。

2.链接:关联特定情境,建立经历体验

当学生在特定的情境中通过“活动体验”积累了新经历后,教师引导他们通过角色扮演、趣味游戏或情境表演等活动,探寻学习内容与日常生活的紧密联系。在这些活动中,学生不仅主动将个人经历与学习内容相结合,更实现了经历的“外化”——他们开始从实际生活中找到知识的应用,从而深化了对知识的理解和认知。学生通过融入真实的学习情境,在任务驱动下不断深化个人体验与感悟,主动建立起亲身经历与学习内容的链接。随着学习的深入,学生会自然而然地提出新的问题,这种对知识的渴望和追求,使他们全身心地投入到学习中。

---

① 陈立钢.数字环境下的服务学习创新研究[M].南京:河海大学出版社,2017:44.

【案例3-6】《当我生气的时候》——正确看待自己生气时的反应，交流探索合适的调节方法

播放视频：乐乐昨天刚得到爸爸送他的礼物——一个小电扇，他爱不释手。第二天，他把小电扇带到了学校，高兴地拿出来给大家看。结果小电扇被明明一不小心弄坏了……乐乐气坏了，可他知道发脾气虽然能暂时解气，但也会影响周围的人，于是，他就一个人收拾了那个坏了的小电扇，坐在座位上生闷气。

师：你们认为乐乐这样处理的方法可取吗？

生：生闷气对别人没什么影响，但如果常常如此是要闷出病的，对自己有伤害。

开展角色扮演：让我来帮你。

师：遇见让自己生气的事，可以在不影响他人的前提下宣泄，但前提是不要伤害自己。我们可以怎么办呢？同学们在生活中一定也积累了很多好的、有效的解决方法。现在，在我们身边就有两位同学需要大家的帮忙，请你们帮帮他们。

请两位同学上台表演。

情境一：我在走廊的转角处和一个同学撞了个满怀，头被撞得很疼，我气坏了，"他怎么走路也不看着点儿"。有同学劝我别生气了，若继续生气的话，头就更疼了，可我忍不住。你们有什么办法让我不气吗？

情境二：我昨天晚上跟妈妈说好，今天要交研学费，妈妈答应帮我放在书包里。可今天我到学校准备交钱时，怎么也找不到，我急坏了。中午回到家问妈妈，原来妈妈忘记把钱放进我的书包了，我很生气。

小组活动：小组内抽签，抽中的同学组织小组同学一起讨论可行的方法，并将方法归纳后用彩色笔写在纸上。

老师请两位扮演者谈谈感受，各小组交流方法，交流完的小组，将写好方法的纸贴在黑板上，并邀请同学们自由观看与学习。

师总结：同学们说得非常好，大家想出来的办法就是自我调适的方法。生气时如果能适当地进行自我调适，对自己和他人都有好处。当我们生气的时候，自己总会不舒服，化解矛盾、排解烦闷的方法很多，希望同学们以后遇到不开心的事，尽量多尝试同学们的好主意，快乐地生活，健康地成长。

小学生在学校生活中，在嬉戏玩闹中，总免不了会发生矛盾。一开始还好好的，突然就"阴云密布"，甚至"雷雨交加"。有的学生生气了会很冲动地跟别人打架;有的学生生气了会一个人闷闷不乐好久;也有的学生生气了会想办法忘记,让自己摆脱烦恼……当遇见让人生气的事情时,他们常常不会正确处理。教师通过认真观察,在学生的一言一行中,发现了他们的需求,并选择用他们之间发生的故事来设计教学,内容贴近学生生活,生动具体,为学生探索自己的心灵,取得良好的教学效果打下了基础。

3.分享:编辑新增经历,形成思维碰撞

当学生头脑中初步形成对学习内容的感知后,教师引导他们通过各种活动,进一步对上一环节形成的经历进行深度的编辑和加工。这些内在的思考活动以学生为中心,鼓励学生将内在的思考和感受以言语或图像的形式表达出来。在这一过程中,学生不仅可以将已有的学习经验外化,还能在表达中进一步巩固和深化对知识的理解。同时,这种外化的方式有利于教师了解学生的学习动态,从而更准确地把握学生的学习情况。此外,当学生将自己的思考以言语或图像的形式呈现出来时,也为同学之间的相互欣赏和交流创造了机会。不同的表达方式和观点会在学生之间形成思维的碰撞,激发他们更深入地思考和学习。

【案例3-7】《情绪卡片》——学会合理表达自己的情绪,掌握一定的情绪调节方法

活动一:多彩的情绪

教师引导学生回想自己的生活经历,把感受最深的一些情绪写在情绪卡片上,涂上不同的颜色,挂到情绪树上。

师:情绪树上挂满了不同颜色的情绪。我们比较喜欢的情绪是哪些?不喜欢的情绪是哪些?

师生共同整理,把情绪分为积极情绪和消极情绪。

教师出示某一种情绪卡片,让学生说说情绪背后的故事。

心理探索:你在什么情境下感受过这种情绪,当你面对这些情绪的时候又引发了一些什么事情?这种情绪后来发生了什么改变?

活动二:视频播放"踢猫效应"的故事

师:在这个故事中,你看到了什么?

师总结:我们经常会感受到各种不同的情绪,经历各种情绪都是正常的,但是我们也要看到情绪是可以变化的,是可以传递的。我们可以分享并学会调节自己的消极情绪。

活动三：情绪调节小能手

教师邀请两位同学表演情境故事，全班同学独立思考后进行小组讨论。

情境一：小红做数学作业遇到了难题，她怎么也做不出来，非常苦恼。

情境二：上课时，小萍制止同桌做小动作，却被老师误以为在讲话，她觉得很伤心。

师：面对小红和小萍的烦恼和伤心，你们可以帮助她们调节吗？

生1：建议她们转移注意力。

生2：可以和自己的好朋友倾诉。

……

师：调节情绪的方法有很多，比如寻求支持、合理宣泄、转移注意力，要采取合理的方式来进行自我调节。

教师在帮助学生及时察觉自己的情绪、学会调节和管理自己的情绪时，具体以"活动""体验""分享"为主要教学手段，引导学生体验自己的情绪变化，分析变化的原因，学习调节情绪的方法，让学生学会在生活、学习中遇到烦恼时能自我调节情绪，提高心理水平，培养积极心理品质。

4. 重构：强化经历运用，提升心理品质

重构是学生对所学知识进行深层次理解的关键环节。在这一阶段，学生不仅可以把握事物的性质与规律，还可以了解事物间的内在联系，让他们能站在更高的视角审视自己的学习经历。教师巧妙地运用戏剧表演、角色辩论会和心理剧等方法引导学生将视野由课内拓展到课外。通过学生的自我评判、共识达成和情感共鸣，激发学生的求知欲，提升学生的心理品质，真正体现经历赋能心育的重要价值。

【案例3-8】《做时间的主人》——学会科学管理时间，初步培养规划时间的能力

活动一：时间诊断

教师组织学生小组内讨论：自己或身边的同学在学习时有哪些浪费时间的不良习惯？

生：有的同学一边看手机一边写作业，有的同学一边写作业一边吃东西，这些习惯对学习有影响。

播放视频《我的课堂》,让学生看到自己或身边同学在课堂上浪费时间的表现,引起共鸣,认识到这些不良的习惯都会浪费时间。

师生讨论:珍惜时间,首先应养成良好的学习习惯。

活动二:情景剧表演

两位同学上台表演,再现小明上课前的场景。思考:小明为什么会出现这种情况?

生:没有做好充分的准备。

师生讨论:要珍惜时间还应学会合理安排时间,区分轻重缓急。

活动三:练一练

让学生根据自己的实际情况,结合教师讲授的内容,学习合理安排自己的事情。

教师给出以下情境——吃完晚饭后,19点到21点之间,有5项事情必须完成,这5项事情分别是:①完成老师布置的作业;②看电视;③写一篇日记;④复习和预习功课;⑤和爸爸妈妈聊聊学校里面发生的事。

学生制作课余时间规划表。

1.根据自己的情况,把每天下午放学到晚上临睡前的这段时间要完成的事情填在表格里。

2.小组交流,分析存在的问题和改进的方法。

课余时间规划表

时间	活动事件
下午放学后	活动半小时,帮着家人做家务,再用一个半小时完成作业
晚饭后	收看《少儿节目》半小时
	做自己喜欢的游戏半小时
	洗漱半小时
睡觉前	看半小时课外书,在21点前睡觉

(四)案例举样

“经历赋能心育”活动设计实例

——以《合作快乐多》为例

合作是学生进行良好人际交往的心理品质,也是团体发展性心理健康教育的重要内容。现今,学生多为独生子女,一个家庭里几个大人围着一个孩子转,使他们从小养成了以自我为中心的意识和习惯。在班集体的学习活动中,学生不合群、只顾自己、不善与人合作的现象比较突出。通过集体学习和生活,虽然改善了这一状况,但是学生合作的意识不够强,对如何合作的方法掌握不多。本节课通过学生喜欢的情景剧体验和游戏活动,培养学生的合作意识和合作精神,指导他们掌握基本的合作方法和技巧,提高他们的合作能力,并将其内化为他们自身的心理品质。

环节一:践履——寻找合作,亲历学习过程

(一)暖身导入

1.小游戏:一指抓玩具

师:老师今天带来了一些漂亮的玩具,你想得到它吗?如果你能不借助任何东西,用你的一根手指将它拿起,这个玩具就属于你了。

教师指名2—3位学生尝试用一根手指拿。

学生游戏体验。

2.课前约定

师:课前,我想和大家做一个课堂小约定:尊重他人,认真倾听,积极分享,保守秘密。我们一起遵守。

【设计意图:通过游戏体验获得可触化经历,聆听课堂约定获得可听化经历,用眼观察获得可视化经历。这一环节有利于启发学生思考“合作”,引出主题,从而扩大迁移范围,充分发挥学生学习者的主体性,让学生在一个相对安全的环境中发现自己、展示自己、接纳自己。】

环节二:链接——了解合作,建立经历体验

(二)故事导入,理解合作的意义

教师播放视频《三个和尚》。学生观看。

师:为什么三个和尚没水喝呢?

生:因为他们不合作,只想到自己。

师:是的,只有与人合作,才能有收获,帮助别人的时候,就是帮助自己。今天我们的活动课就与合作有关。(板书:合作)

师:在日常生活中有哪些事情是必须合作完成的?

学生交流讨论。

生:做值日、跳长绳、合唱……

师:很多事情都需要合作完成,例如:千手观音演员合作表演、国旗班战士合作举行升旗仪式、同学合作值日等。

(三)心理测试,了解合作能力

师:你们的合作能力怎么样呢?请同学们拿出心理测试题纸,一起来做做合作能力测试。请每位同学认真作答,仔细选择"是"或者"否",把答案默默放在心里。

师:如果你的答案有7个及以上"否",祝贺你,你的合作能力会让你时常感受到快乐。如果有5至6个"否",说明你的合作能力还有待提高。如果只有4个及以下的"否",这可不太妙。你要学会合作,要加油哦!

【设计意图:借助小视频,让学生体会生活中的合作,关联已有经验,建立合作的直观感受。通过心理现场小测试,调查了解学生的合作意识与合作能力,让学生更好地认识自我、了解自我,建立起自身经历与学习内容之间的链接,为后续的学习做准备。】

环节三:分享——学习合作,形成思维碰撞

(四)故事演绎,学习合作方法

师:三个和尚后来有没有学会合作呢?我们再来一起看一看《三个和尚》故事的结尾。

教师继续播放《三个和尚》。

师:你们看,三个人合作,终于把庙里的大火扑灭了。你们从中看出了什么?

生:三个和尚在灭火的时候进行了合理分工,一个挑水、一个递水、一个浇水,这样才把火灭了。

师:是啊,只有合理分工才能加快灭火的速度,有条不紊地开展行动。(板书:合理分工)

【设计意图:这一环节需要调动学生的已有经验,结合观察到的直观感受,学习合作的方法,掌握合作的要领,增强合作意识。】

环节四:重构——体验合作,提升心理品质

(五)游戏体验,提高合作能力

师:同学们都知道合作时需要合理分工,那么怎样才能快乐合作呢?我们一起来做游戏《雨声协奏曲》。

师示范:你们相信用自己的身体可以演奏出雨声吗?我们可以试一试。请记住以下动作规则："小雨"，两只手背相击；"中雨"，两个手掌拍腿；"大雨"，鼓掌；"暴雨"，跺脚。

师：你们听老师一个人演奏，像雨声吗？

生：不像。

师：那同学们一起合作试试吧。听清楚老师的要求，以四大组为单位练习，小组长组织讨论怎样分工，展示时请小组长用手势来指挥本组演奏，我请听课的老师当观察员，评一评哪个组更美妙。

学生活动。第一步：学生分四大组组织活动。第二步：各大组展示，其他同学倾听。

师：我来采访一下听课的老师，哪个小组的《雨声协奏曲》更美妙呢？

听课老师参与评价。

师：同学们，张老师为什么认为这个小组演奏得最好？

生：因为他们组分工比较合理。

师：是的，合作要有合理分工才能成功。

师：现在，我们全班一起来演奏。我们可以怎样分工呢？

生：我认为第1组可以扮演小雨，第2、3组扮演中雨，第1、2、3组扮演大雨，全班一起扮演暴雨。全班集体演奏《雨声协奏曲》，老师用手机录音，播放。

师：继续游戏，好吗？这次我们一起玩个心理游戏，叫《蜈蚣翻身》。

师：请每组组员手牵手依次站开，第一位组员依次从第二、三人的拉手孔，第三、四人的拉手孔……一直到队伍最后两位的拉手孔钻过去，第二位组员、第三位组员……跟随前面的组员一起钻完所有的拉手孔。完成"蜈蚣"翻身用时最少的组为胜。

邀请五位同学上来示范。

对这五位同学进行采访，请他们说说游戏体会和建议。

全班游戏活动。教师计时。

师生分享活动体会。（板书：互相配合）

（六）结合板书，巩固合作精神

师：最后，老师送同学们一首小诗。

师生配乐，一起合作朗诵。

合作——让朗读整齐响亮！

合作——让合唱悦耳动听！

合作——让拔河团结一心!

合作——让做操整齐划一!

合作——让我们开心快乐!

师总结:相信同学们在今后的学习生活中一定会合理分工,互相配合,快乐地与人合作,同时也能体会到更多的快乐!(板书:快乐多)

(七)作业布置,延伸合作范围

师:请同学们回家后和家人一起做今天的两个游戏,体验合作的乐趣。

【设计意图:通过两个游戏活动,帮助学生在活动中建立合作意识。本节课,教师没有直接告诉学生合作的方法,而是让学生通过已有经验,在游戏体验中寻找合作的方法,初步形成合作的意识。这样的教学设计有利于通过活动让学生产生直接体验,建构合作意识,充分调动学生的已有经验,在此基础上建构新知。】

以上案例展现了"践履—链接—分享—建构"的流程。它们揭示了如何通过操作实践让学生获得与学习紧密相关的经历,进而将生活经验与学习内容融合为一个有机的整体。教师必须在实际操作中认识到这一点,并加以合理应用。

第四章

经历赋能心育校本化实施的基本原则与载体操作

经历赋能心育教学设计以“立德树人”根本任务和社会主义核心价值观为指导思想，坚持发展性原则、主体性原则、活动性原则和关联性原则来设计教学活动，使教学的各个环节不是简单的拼凑，而是有一定的理论依据，教学设计既有科学性又有指导性。根据六大主题，进行主题单元整体构建，从而使学生的学习更具系统性、整体性和体验性。本章介绍教学活动载体，避免学生对单一教学活动产生疲劳，从而更好地挖掘学生的经历，激发内在潜能，培养学生良好的心理品质。

第一节　经历赋能心育校本化实施的基本原则

经历赋能心育以《中小学心理健康教育指导纲要(2012年修订)》为依据,在充分研读教材,对学生的知识、能力、情感、态度等实际情况进行分析的基础上,坚持经历赋能心育理念,对教学活动进行精心策划和设计。经历赋能心育教学设计的指导思想是“根据中小学生生理、心理发展特点和规律,把握不同年龄阶段学生的心理发展任务,运用心理健康教育的知识理论和方法技能,培养中小学生良好的心理素质,促进其身心全面和谐发展”。其强调学生既是教育的对象,又是学习的主体。因此,在进行经历赋能心育教学设计时应坚持以下原则。

一　发展性原则

经历赋能心育校本化实施要遵循发展性原则。在遵循《全面加强和改进新时代学生心理健康工作专项行动计划(2023—2025年)》的有关精神基础上,《中小学心理健康教育指导纲要(2012年修订)》提出了“坚持发展、预防和危机干预相结合。要立足教育和发展,培养学生积极心理品质,挖掘他们的心理潜能,注重预防和解决发展过程中的心理行为问题,在应急和突发事件中及时进行危机干预”基本原则。依据学生的身心发展特点,贴近他们的真实生活经历与需要,我们选择具有普遍性和代表性的教学内容,充分发挥“学习、预防、发展”的教育功能,真正使“教学走在发展的前面”。

心理健康教育要考虑到发展性,即将消极的应对方式转化为积极的成长机遇。一是要转变人们对心理健康教育的理解,摒弃那些刻板的、污名化的观念,拥有一个更开放和包容的视角;二是贴近学生自身心理和成长需要,为其提供适合他们成长需求的心理支持;三是心理健康教育的实践应考虑发展的连续性,要关注培养个体的积极心理品质,着眼于人的全面发展,这才是对心理健康教育的有力推动。

学校在推进心理健康教育的过程中,必须以发展的观点看待学生,顺应学生身心发展的特点和规律,促进全体学生获得最大限度的发展。发展性心理健康教育模式兼有矫治、预防与发展三种功能,就整体而言,要以发展为主、预防和矫治为辅。首先,心理健康教育的服务对象是处于成长与发展时期的学生,在防治的同时,更应追求发展,因为发展本身就是积极地防治,只有将防治和发展结合起来,并以发展为主,才能真正促进小学生心理的健康。如果学校心理健康教育只着眼于预防心理问题的发生、矫治青少年学生的不良心理和行为,其目标就显得被动和消极。其次,心理健康教育以全体学生为工作对象,绝大多数学生的心理需求是解决成长与发展的问题。最后,就从事学校心理健康教育工作人员的专业素养而言,目前的心理健康教育还很少能深入到"心理治疗"的层次,从根本上讲还是预防、发展比治疗更具有现实意义。

贯彻发展性原则要注意:第一,教师要对学生及人性持有正确的认识和信念,认识人的潜能,尊重学生的身心发展特点,树立健康第一的理念,为学生全面发展服务。第二,在教育实践中,教师要辩证地看待学生的不足和局限,理解教育与发展相辅相成的关系,对学生的成长和未来持乐观肯定的态度,鼓励并帮助学生战胜困难、克服缺点,实现自我超越。第三,要走在发展的前面,做到"三早":早进行、早准备、早干预,以进一步促进学生的全面发展。

二 主体性原则

经历赋能心育校本化实施要遵循主体性原则。《中小学心理健康教育指导纲要(2012年修订)》提出"坚持教师的主导性与学生的主体性相结合。要在教师的教育指导下,充分发挥和调动学生的主体性,引导学生积极主动关注自身心理健康,培养学生自主自助维护自身心理健康的意识和能力"。这就要求,在心理健康教育过程中要尊重学生的主体地位,同时要使学生的主体地位得到实实在在的体现,注意调动学生的主动性、积极性。

学生主体性原则直接、集中地体现着学校心理健康教育的本质特征。[①]这是因为,首先,心理健康教育的目标是促进学生的成长,而成长应当是自发和主动的过程,只有学生有了主动意识和主动精神,教育才会有意义。其次,心理健

① 杨惠.大学生心理健康教育:理论与实践[M].武汉:华中科技大学出版社,2022:24.

康教育旨在帮助学生学会自助。这里,“助人”是手段,让学生“自助”才是目的,这需要学生作为主体积极参与。最后,心理健康教育的教育内容和形式,必须能吸引学生,得到他们的认同和接纳,能被他们内化,教师通过组织学生参与各种活动,调动他们的积极性和主动性,开发他们的潜能,促进他们健康心理的形成;随着小学生自我意识与独立性的快速发展,他们开始独立思考并主动探索,寻求解决问题的有效途径,与此同时,个体对环境的影响力和自我调控能力也日益提升。贯彻主体性原则,正是满足学生追求自我发展需求的关键所在。

贯彻主体性原则要注意:心理健康教育实践与活动都要从学生的经历和需求出发,以密切结合学生的现实生活和面临的问题为准绳,不断提升学生的心理健康水平与心理韧性,促进他们内在的成长与蜕变。在此过程中,尊重并维护学生的主体性,鼓励其主动探索、自我评估与调适,激发他们的自我觉知、自我驱动与自助能力,避免任何形式的强制手段,同时,教师作为引导者与支持者,不能替代学生解决他们自身存在的问题。

三　活动性原则

经历赋能心育校本化实施要遵循活动性原则。人的心理发展是在人与人的相互交往、人与环境的互动过程中实现的,学生的发展不是外力强加的,而是通过主体的活动主动实现的。活动是实现主体发展的必由之路,发展是主体参与活动的最终目的。[①]在心理健康教育教学中,有效的活动可以充分激发学生的主体参与热情,优化自我意识和情绪状态,促使他们融入心理活动中,在活动中放松身心,敞开心扉,接纳自我,尊重他人。不难发现,有意义的活动可以转变传统课堂上长期以来存在的“知识本位”“教师中心”的旧有模式,建立和谐、民主、平等的师生关系,构建以学生为中心、以活动为基础的教学模式,从而拓宽心理健康教育的视野,强化其实践应用的广度与深度。

以活动为中心的原则,将学生置于活动的中心,让学生从被动接收者转变为积极探索者。在这一过程中,学生不仅是教育的对象,而且是参与和体验的主体。在活动中,学生的素质得到全面提高。教师在确定心理健康的教学目标、任务和内容时,应强调活动本身的趣味性和多样性,确保整个教学过程既灵

① 陈寒.小学生心理健康教育[M].长春:吉林出版集团股份有限公司,2022:28.

活又富有情趣,这样可以让学生在活动和体验中实现自我成长和发展。

贯彻活动性原则要注意:第一,要激发学生的内在动力与自我意识,通过正向激励与情感共鸣,鼓励他们积极投身于各类活动中,成为学习进程中的探索者;第二,活动的设计应紧密贴合学生的成长需求与个性特征,创设真实情境,让学生在交流讨论中去碰撞、体验和感悟;第三,要引导学生亲手操作,亲身实践,让他们在"做中学",在"学中做",通过直接经验的积累,构建坚实的知识基础与丰富的情感体验。

四 关联性原则

经历赋能心育校本化实施强调关联性原则。《辞海之家》对关联性的解释为:组织体系的要素,既具独立性,又具相关性,而且各要素和体系之间同样存在这种"相互关联或相互作用"的关系。[①]心理健康教育在进行设计时,要以学生生活为基础,挖掘学生生活中的各种经历素材,结合心理健康教育单元主题,合理采用学生的已有经历,促进学生良好心理品质的形成。

一是与学生生活相关联。心理健康教育旨在培养学生具有良好心理品质,而学生良好心理品质的形成,离不开生活经历。因此,我们在进行教学设计时应以学生生活发展为主线,考虑不同年龄段学生层次、身心发展特点和需求进行设计。例如,低年级学生对事物的认知能力模糊,生活实践经验少,在进行教学设计时,应设计一些学生生活中常见的故事、游戏等活动,以调动学生的学习积极性。中、高年级学生的思维能力水平相比低年级学生有所提高,在进行教学设计时就不再限于简单的游戏活动,可以加入心理情景剧、心理拓展、心理训练等活动。

二是与单元主题相关联。小学心理健康教育单元主题涉及学习、自我、人际关系、情绪调适和社会适应等不同内容,学校和教师要把培养学生的健康心理素质作为一个完整的"健康系统"来看待和理解。所以,心理健康教育教学设计应从教学主题的确立、教学素材的收集与整理、实施路径的计划与安排等方面围绕主题展开,充分挖掘单元主题教学的关联点。

三是与已有经历相关联。小学生生性活泼好动,他们获取知识的最有效方

---

① 王疆瑛.功能材料计量与质量管理[M].北京:中国铁道出版社有限公司,2020:185.

法就是通过参与活动,主动获取,而不是坐在课堂中,静听教师直接讲解。这就要求教师在进行教学时,在内容的选择和呈现上,要体现与学生经历的关联性。要尽可能采用团体心理辅导的活动方式,将活动的过程、方法、情感与知识关联起来,而不是仅仅罗列知识或事实。

贯彻关联性原则要注意:第一,关注教育内容的连贯性、一致性及协调性,确保不同年龄段的心理健康教育内容相互衔接,避免脱节。第二,家庭、学校和社会教育要协同合作,形成教育合力。第三,结合学生的个体差异因材施教,满足不同学生的学习需求。总之,需要注重整体性和协调性,确保心理健康教育的有效实施。

第二节 经历赋能心育校本化实施的载体操作

经历赋能心育校本化实施要有一定的实施载体，好的载体是优化学习过程的重要保证。载体设计要充分考虑可操作性和实效性，要有利于教师开展心理健康教育活动，并有一定的推广价值。我们围绕经历赋能心育的核心理念，在小学心理健康教育“认识自我、学会学习、人际交往、情绪调适、升学择业以及生活和社会适应”等主要内容的教学中实践、反思、总结、完善，设计出相对适切的实施载体。这里介绍的载体分为两大类：一是基于学生的已有经历，开发出游戏体验类、情境表演类载体；二是基于学生的直接经历，开发出践履体验类、行为训练类载体。每个主题均可在这两大类中找到合适的载体进行操作，每一类载体的实施均有范式案例和操作策略可以参考。教师有章可循，学生乐在其中，这便是经历赋能心育的魅力所在。

一 基于学生已有经历的载体操作

基于学生已有经历的学习需要通过一定的途径了解、获取学生与学习内容相关的已有经历，对已有经历的了解与获取能帮助教师在教学过程中更好地制定教学目标与开展教学。在教学过程中借助一些优质的载体唤醒学生的个体经历，调动学生的已有经历帮助学生学习新知，从而更好地激发学习兴趣，架起旧知与新知之间的桥梁，让已有经历发挥出最大作用，促进学生的发展。

（一）载体设计

1. 设计背景

求知是学生了解世界的主要途径，而寻求快乐又是学生的天性。在小学阶段，学生的自制力不强，还没有形成自己的价值观，他们往往把学习和其他活动等同视之，一旦这个活动对他失去了吸引力，他就会选择性地不愿去触碰。而有些知识高度抽象性的特点又决定了小学生学习的艰巨性，这种艰巨性很容易使小学生产生失落感、挫折感。因而，在学习过程中，小学生容易发生不愿意学或被动地学的情况，这既影响学习效率，也不利于他们的身心健康发展。

2.设计思路

事实上，小学生学习的一大特征就是知识的体系化及新旧知识的连贯性——新知识总是在旧知识的某一基础上建立起来的。因此，唤醒学生的旧有知识，在其已掌握的知识基础上架构起通往新知的桥梁，不仅能极大地激发学生的求知欲，还能发挥并发展他们的智力，显著提升学习的成效。

3.载体类型

针对小学生的年龄特点和心理健康教育课程实施要求，如果我们找准新知识与旧知识的连接点，创设一定的载体，让学生在相似的情境中"自主体验"，就能让学生通过自己的探索，理解并掌握新知识，得到成功的体验。因此，在基于学生已有经历的操作载体中，开发出游戏体验类、情境表演类载体。

（二）载体运用

1.游戏体验类

游戏是人与人在设定的情境中所进行的一连串的交流与沟通。近年来游戏在中小学心理健康教育课程中得到了较为广泛的运用。大量的实践证明，游戏容易营造出积极、开放、和谐、自由、轻松的课堂气氛，有利于学生心理问题的真实呈现和解决。游戏具有趣味性、虚构性、灵活性和社会性，已经成为心理健康教育课程教学活动的一种重要形式。这里介绍几种常用的游戏类型。

（1）根据游戏对象的组织分类。

①单独游戏。单独游戏是指学生可以单独参加并独立完成的游戏。在这类游戏中，学生可以不受他人影响，游戏的结果也与他人没有关系。这类游戏在心理健康教育课程中出现较少，主要侧重于学生的自我反思及自我成长。

【游戏实例】正话反说

教师给学生下达指令，学生必须做出相反的行为。如教师说："请坐。"学生起立。教师说："举右手。"学生举左手。

②团体游戏。团体游戏主要以多人联合行动达到游戏目标的形式进行，团

体游戏单凭一个人的力量是无法完成的。在这类游戏中有目标,有分工,有合作,有竞争。学生在游戏过程中可以体会到人际互动。心理健康教育活动课上经常采用这种游戏类型。

【游戏实例】蜈蚣翻身

游戏规则:将学生分成若干组(如5组),每组若干人(如6人)。每组排成一行,组员与组员手牵手依次站立。游戏开始时,要求第一位组员依次从第二、三人的拉手孔,第三、四人的拉手孔……一直到队伍最后两人的拉手孔钻过去,第二位组员、第三位组员……跟随前面的组员一起钻完所有的拉手孔。完成"蜈蚣"翻身用时最少的组获胜。

(2)根据游戏目标进行分类。

①暖身游戏。这一类型的游戏一般时间较短,大致为3—5分钟。游戏操作方便,游戏道具较少,适合于开始上课时活跃课堂气氛、调动学生积极情绪,有时也运用于讲解情绪管理。

【游戏实例】摸脸

将学生分为两人一组,面对面进行游戏,其中一位学生说脸上的某一部位,另一位学生则不得摸这一部分。比如一位学生说:"鼻子。"则另一位学生摸鼻子就算错误,摸脸上除鼻子以外的其他部位才是正确的。

②人际互动游戏。这类游戏主要以合作游戏为主,旨在通过游戏促进学生之间的人际接纳,提升学生之间的人际信任度,促进学生更好地进行人际沟通,增强学生之间的协作能力。这类游戏颇多,有时需要借助一定的游戏道具进行,所需游戏时间比暖身游戏要长,注重的是游戏之后的经验分享。

【游戏实例】站报纸

把学生平均分为几个小组,将若干张普通的报纸(相同大小)平铺在地上,要求每个小组的成员全部站在同一张报纸上并停留5秒钟。成功完成任务的小组继续比赛,把报纸对折,完成同样的要求。以所有成员所站的报纸最小的那一组为胜。

在该游戏中可以加入竞争机制,由于小组成员有明确的同一目标,可以通过小组成员的合作获得成功体验,能较为有效地提升学生的团队协作能力和团队凝聚力。这一游戏也适用于讲解问题的解决策略(目标—障碍—解决)。

③潜能开发游戏。这类游戏主要通过创设一系列看似无法完成的问题情境,让学生尝试一些未曾做过的事,使学生在解决问题的过程中获得强烈的体

验，开发学生的潜能。

【游戏实例】过河搭桥

学生分为10—15人的小组，每组在教师的指导下利用自己身上的物品或者一部分搭起一座“桥”，把规定的某段距离（一般为5—10米）连起来。每组可以有不同的指导语，比如“每人的左臂”“每人的右腿”“五只手五只腿”“鞋子”等。

④自我探索游戏。这类游戏主要是让学生能在游戏中增进自我认识，学会自我接纳，并树立正确的自我观念。例如开展“优点大轰炸”“我是谁”等游戏。

2.情境表演类

情境表演类载体指的是创设适合学生开展并为学生喜欢的支持性环境。教师根据学生好奇心强、好动的特点，不仅可以充分利用教具、学具进行演示，直观教学，而且可以利用生活中的图片、视频等教学资源，让学生进入生动、愉悦的情境之中，以激发学生的情感。因为只有调动多种感官参与学习，才能使学生获得充分的感知。这一载体适用于基于学生已有经历样式操作流程中的“再现”这一步骤，它能调动学生的多种感官，让不同形式的经历再现眼前，创设相似情境。

（1）心理微课。

随着信息技术在教育领域的广泛应用，心理微课作为一种新颖而有效的教育形式，在心理健康教育实践中得到了广泛的开发与应用，逐渐成为心理健康教育的重要媒介和平台。教师可以根据学生当下的需求，选择一些贴近生活、有趣、实用的主题设计成心理微课，帮助学生掌握心理技能，应对生活难题。比如“期望效应”的主题微课，用有趣的实验引入，再介绍心理暗示的原理，让学生能用好这个效应，服务于自己的学习、生活。“人际距离”主题可以从人和人交往的亲疏远近说起，让学生了解一些非言语信息，一方面能识别边界，另一方面也能学会利用边界。心理微课可以有效调动学生的积极性与创造性，让学生在情境中充分体验，再现经历。

【案例4-1】心理微课在《开学前的自我调适》中的运用

课前准备：教师设计“讲究仪式，用心准备；调整作息，健康生活；查漏补缺，复习预习；谈心交流，调节情绪；树立目标，奋力前行”五部分内容，邀请家长和学生代表一起录制一节微课。微课总时长约7分钟，教师为每个部分配上相应的字幕和音乐。

活动一:讲究仪式,用心准备

师:同学们,假期余额已不足,新的学期到了,你们会不会因为不能自由玩耍而失落?你们是否因为作业没写完而开始着急?你们是否为新学期的学习而感到紧张焦虑?……

生:是的,我有点儿不适应。

师:我们要学会自我调适,才能更快更好地适应新学期,迎接新挑战,收获新成长。我们具体该怎样做呢?让我们一起从视频中来寻找相应的策略吧。

第一次组织学生观看微课视频的第一部分。学生交流、分享。

师:生活需要仪式感,当然学习更需要仪式感。我们可以像视频中的同学一样,收拾和整理自己的学习环境来增加开学前的仪式感……

活动二:调整作息,健康生活

师:我们如何调整作息时间呢?

第二次组织学生观看微课视频的第二部分。学生交流、分享。

师:在开学前要与不健康的生活方式告别,作息时间可以逐步向学校作息靠拢,我们可以像视频中的同学一样制定一个详细的作息时间表……

学生活动,在小组内交流。

活动三:查漏补缺,复习预习

第三次组织学生观看微课视频的第三部分。学生交流、分享。

师:在开学前,大家要认真对照老师布置的作业清单、任务清单,做好查漏补缺。同时通过阅读课本、做练习题等方式,回顾上学期学习的重难点……

活动四:谈心交流,调节情绪

第四次组织学生观看微课视频第四部分。学生交流、分享。

师:面临开学,当我们感到烦躁、焦虑、紧张、恐惧时,我们可以找同学、朋友、父母或老师谈心交流,倾诉我们的烦恼,说出我们的心声,从而调节我们的负面情绪。

活动五:树立目标,奋力前行

第五次组织学生观看微课视频第五部分。学生交流、分享。

师:新学期,新起点,新目标,这是一个崭新的开始。我们需要在学业、个人成长、兴趣爱好、人际关系等方面设定相应的目标,并为其努力奋斗,这样可以帮助我们明确方向,减少盲目感,激发新学期的动力。

(2)心理情景剧。

心理情景剧是以类似话剧、小品的形式,通过创设一定的“心理情景”和运用生动活泼的表现手法演绎与表现学生在环境适应、家庭生活、学业、人际交往、情感困惑、亲子关系等方面产生的问题。其剧情主要取材于学生的真实生活,所以能很好地激发学生的自主参与性和互动性。心理情景剧可以事先编写好剧本,一般所用的时间较短,教师可以根据剧情的发展适当地中断学生的表演,启发学生进行角色分析和领悟;当表演者无法继续表演或者教师认为达到教学所需的效果时可以停止角色扮演,教师和学生双方都有较大的自主把握的空间。

【案例4-2】心理情景剧《同学加油》(片段)

场景:教室。桌椅整齐划一。

人物:芷涵、心(身穿黑色舞蹈服)、承承、佳航、贺翔。

道具:桌椅。

同学们簇拥而上。

佳航:承承,你真是太牛了,期末考试年级第一!

贺翔:又被评为“优秀三好学生”!

承承:我只是瞎猫碰上死耗子,偶然发挥好。

佳航:你太谦虚了!

贺翔:你是我的偶像!(围过来叫)承承……

心:赶紧走了,走了,不要再看了,人家都不理你了!(心推拉着芷涵跑了出来)

芷涵:你……你是谁?

心:我是谁?我是你的心呀!你看,我都被你压扁了!你怎么回事,期末考试退步到全班第20名,数学才79分,你真好意思呀!

芷涵:我……

心:我都替你丢脸!你看,你最在意的“优秀三好学生”也没被选上……

芷涵:你不要说了,让我安静一会儿!

心:你不是要安静,是得努力!努力!再努力!

芷涵:可是,我已经很努力了!我钢琴、舞蹈都过了十级,书法、朗诵都是金奖;我之前语、数、英也科科都拿第一!

心:对,你说得没错,可你看看你这段时间,成绩一退再退!要我说呀,这个班长也别当了,平时还要花那么多时间管理纪律,事情一多,成绩肯定不好!

芷涵:不,不是的,既然老师和同学们让我当班长,我就要承担这个责任。

心:可你看看你现在的成绩,谁还服你这个班长啊?

芷涵:是啊,(摇头)我真的太没用了! 为什么会这样?! 为什么? 我该怎么办? 怎么办啊?(开始揪头发,眼睛无神慢慢走到后面。看到同学们聊得开心热闹,急忙转身跑到旁边阴暗的角落慢慢地蹲下来抓头发、啃指甲,承承走出来看到)

心:你哭有什么用? 哼!

承承:芷涵。

芷涵:你来干吗?(迅速恢复原来一副要强的样子)

心:他还能来干吗? 当然是来嘲笑你呀!

承承:芷涵,我没别的意思! 我就是来安慰一下你!

心:看看,曾经都是你安慰别人,现在沦落到让人家安慰你了吧!

芷涵:我,我不需要! 我很好!

承承:芷涵,我知道你这次又没考好,三好生又落选,心情肯定不好!

心:对,我现在就是很不好,我简直要爆炸了!

芷涵:不,我没事,我会调整好的!

心:你真是死要面子!

承承:我也相信你可以的!

(佳航和贺翔偷听)

佳航:这你就信啦! 贺翔,班长说她没事,你信吗?

贺翔:不可能,绝对不可能!

心、芷涵:你们偷听我们说话!

佳航:谁偷听了,你们说得那么大声!

贺翔:我说班长大人,你就别硬撑着了! 你这样子明摆着就是难过嘛!

佳航:班长,有什么事情就解决嘛! 怕什么?

承承:你们俩就别来烦班长了!

佳航:我们不烦,你才烦呢!

贺翔:就是,你这次考得又好,还选上了三好生,你这妥妥地刺激班长啊!

承承:你说什么呢! 你再说一遍!

芷涵:好了,你们别吵了,我没事! 我很好。(控制不住情绪)

心:有事! 你倒是说出口呀,快憋死我了!(跺脚)

佳航:班长,你躲在这个角落也没用,要不然,咱们打球去。

贺翔:对对对!打球去。(说着,就要推芷涵去打球)

承承:别捣乱了!

佳航:我们也是想要让班长发泄出来,我妈说了,有事憋在心里,会憋出病的!

贺翔:哎!要不这样,反正这里也没人,我们一起把不开心的事喊出来怎么样?

众:喊出来?

佳航:这个主意好!把我们心中的压力、郁闷、烦恼都喊出来!

心:好,喊,大声喊!

芷涵:我不需要,我很好!

心:你真是死要面子!

佳航:不就是呐喊吗!来,(说完开始大喊,贺翔跟上,两人左右夹攻,围着班长)啊——!

芷涵:烦死了!烦死了!(哭了起来)

承承:芷涵……

芷涵:承承,我害怕同学们嘲笑我,可是我真的很努力了……

承承:芷涵,我知道你已经很努力了,没有人会嘲笑你的!我们都很喜欢你!

佳航:就是,我之前上课爱讲话、爱搞小动作,多亏你,纪律抓得严,才把我这些小毛病治好了!我还要感谢你呢!

贺翔:一次两次不算什么,我妈说了,每个人都有瓶颈期!考得好考得不好,努力了就好!

芷涵:可是,爸妈和老师一定会对我失望的!

承承:不会的,你就不要自己怪自己了,我爸妈说,要适当地休息才能跑得更远!

佳航:真巧了,我爸妈也说,蹲下来才能跳得更远!来,跟着我一起喊:"考砸就考砸,没什么大不了,下次再来!!"

芷涵:(小声)考砸就考砸,没什么大不了,下次再来!!!

贺翔:继续!

芷涵:考砸就考砸,没什么大不了,下次再来!!!

(与心一同喊,心和芷涵紧紧拥抱了一下)

承承:芷涵,心里有没有舒服一些?

心:舒服了,舒服了,太畅快了!

芷涵:好像,是好多了!

承承:芷涵,其实,我还想和你分享一个我的学习方法!

芷涵:(急问)你有什么学习方法?快告诉我!好不好?(抓住承承的手)承承,求求你,快告诉我!好不好?

承承:芷涵,你别急,别急,我肯定告诉你的!你把我的手都抓疼了!

芷涵:……(放开手)

佳航:好的学习方法也别落了我们呀!

贺翔:要不我们回班级听听承承的学习方法吧!

众:嗯。(众人回到课桌前,开始读书)

心:芷涵,你是最棒的!同学们!加油!(大喊)

配乐,结束。

案例呈现的是四年级《同学加油》心理情景剧中的一个片段。根据课前的调查,期中考试后,同学们的心理压力变大,对学习的困惑增多。情景剧中使用了学生的原型,在表演的过程中,有助于唤起学生已有的经历,引起与主人公类似的情感体验。通过情景剧这个载体,学生在愉快的氛围中体验,变被动接收为主动分享,学习目标达成度高。

情境表演类载体的运用,能较好地帮助学生解决现实问题,满足其心理需求,使他们体验到放松、愉悦、快乐、感动、振奋等积极情绪情感,能增加生活的多样性和丰富性,帮助他们找到更多的生活价值和意义。

(三)教学策略

针对学生多样化的经历背景,我们设计了三大教学策略,以更好地融入并促进学生的学习过程。分别是前置评估策略、差异启动策略和筛选反思策略。下面将逐一进行阐述。

1.前置评估策略:指向学习目标,了解学生已有经历

教师在唤醒学生已有经历的过程中,首要任务是精心设计一套经历评估的方案与辅助工具,包括但不限于预习任务单、经历学情单以及口头访谈提纲等。

通过前置评估活动，可以全面而深入地了解学生在即将学习的知识点上已具备哪些相关经历与认知基础。基于评估结果，教师可以更加精准地筛选出那些对学生学习具有积极促进作用的经历，并巧妙地融入教学设计，以此加速学生对新知识的吸收与内化。

当然，还需关注教师的已有经历，因为有效的学习需要教师和学生达到经历共振，两者产生共鸣后会碰撞出新的经历，从而促进学生的意义学习。由此可见，一方面，教师需不断提升自身综合素养，在备课时，广泛查阅相关材料，深入解读文本，充盈自身的已有经历。只有这样，才能在课堂上与学生不断碰撞出智慧的火花，产生全新的、对学生有益的经历。另一方面，教师要热爱生活，热爱学生，这样的生命经历才能使教师成为有温度的教师，在教学过程中与学生"投缘"，产生共鸣。

2.差异启动策略：尊重个体差异，提高意义学习效度

差异启动策略是指尊重学生个体间的差异，通过照片、微视频等直观媒介，为学生搭建起连接已有经历与新知识学习的桥梁，帮助学生再现已有经历，有效创设情境，引导学生深入分析问题，探索新知。在实施过程中，教师可以按照"组内异质，组间同质"的原则进行分组，促进小组内的互补学习与思维碰撞。与此同时，依据前置评估的不同结果，按经历差异灵活调整分组策略，启动个性化的学习历程。

3.筛选反思策略：合理选取经历，避免无关经历的干扰

筛选反思策略聚焦于学习目标和学习内容，引导学生通过对已有经历的梳理和筛选，学会合理取舍经历，促进深度学习。小学生的发散思维十分活跃，因而在课堂上，他们有时会不自觉地浮想联翩，带入与学习无关的已有经历，这就需要教师适时介入，启发并唤醒学生与课本内容紧密相关的已有经历，避免影响学习效率和效果，培养学生的批判性思维与自我管理能力。

另外，教师在收集整理学生前置评估的基础上，也要通过比较研究，对学生反映出的已有经历等进行合理取舍，在备课过程中要有所考虑，及时避免容易干扰学生学习的内容，让学生在课堂教学中能专注于所学内容，进行有效学习，减轻学习负担，提高学习效率。与此同时，教师还要引导学生在以后的生活中学会选取与学习密切相关的经历，提升自省力，真正学会学习。

二 基于学生直接经历的载体操作

基于学生直接经历的学习首先需要一个融洽的课堂环境,这种环境能唤起学生以往的真实体验,让学生对新鲜的事物感觉不那么陌生。在融洽的学习环境中,设计一些合适的载体让学生直接参与到学习的过程中,从而让学生经历整个学习过程。

(一)载体设计

1.设计背景

心理健康教育的宗旨是促进学生的心理成长。从理论上讲,心理成长是一个人整个生活的历程,不是一时一事所能完成的。就学校心理健康教育课程而言,学校心理健康教育课程与学科教学是不同的,靠说教、思辨的方式无法达成心理健康教育课程目标。学校心理健康教育课程的重心是在活动领域,即通过营造氛围让学生身体力行,在亲身经历的过程中使学生感知、理解、体验和领悟,获得一定的经历,为心灵成长赋能。

2.设计思路

心理教育与传统教育的本质区别在于:它不是以传递知识为目的,而是以促进人的心理成长为指向。[①]人们无法通过知识传递实现心理成长。在学校教育中,只有通过心理健康教育活动的方式,让学生根据原有的认知体系,有选择地寻求新信息的意义或将其与原有的信息联系起来而对其做出主动的建构,而不是被动地接受或复制来自教师的输入。基于学生直接经历的操作载体,它的设计应有利于突出学生的主体地位,有利于激活课堂,有利于在活动中发展和培育学生的健康心理。

3.载体类型

叶圣陶先生说过:“教育是什么,往简单方面说,只需一句话,就是养成良好的习惯。”由此可知,学生直接参与学习尤为重要。心理健康教育活动课程的本质是从实践中学习,让学生在积极参与中发挥自主性,在亲身体验中获得知识

① 沈贵鹏.心理教育活动论[M].北京:高等教育出版社,2005:37.

学习的一种特色活动。为了培养学生的良好心理素质，让学生“经风雨”“见世面”，教师要借助一些载体去发现、去展示。载体的运用不仅能改变学生的学习方式，而且能促使学生养成良好的学习习惯和合作探究能力，还能激发学生的学习信心。在实践中，基于学生直接经历的载体类型有践履体验类、行为训练类等类型。

（二）载体运用

1. 践履体验类

心理健康教育课程的落脚点是“践履”，这是推进课程最原始的动因。在现实生活中，学生的心理素质养成需要在生活实践中不断磨砺。虽然学校情境中的活动与生活有一定的差距，但学校情境中的教育设计具有明确的目的性，践履性则更为突出，要求更为集中，更能集中地反映生活实际，对学生心理成长更具影响力和导向性。心理健康教育活动课程是每一个学生心理成长与发展的实践过程。根据践履的特性，沈贵鹏将其分为诱动式践履、互动式践履、自动式践履三种类型。[①]

（1）诱动式践履。

诱动式践履作为一种教学方法，强调在教师的引导下，学生基于某种特定目的展开自主行动。这一模式深刻体现了师生之间的互动，其中教师扮演着至关重要的角色。教师的职责在于“诱”，即根据学生的身心发展特点，巧妙地设计活动情境，使学生能自然地融入其中，并参与到活动中。诱动式践履中的“诱”并非单向的指令或强加的指令，而是一种激发学生内在动力与兴趣的策略。教师需要在深入了解学生需求与兴趣的基础上，巧妙地设置问题情境，激发学生的好奇心与求知欲。而学生则在教师的引导下，展开自主探索与实践，通过亲身体验与领悟，达到知识的内化与能力的提升。值得注意的是，诱动式践履中的学生并非单纯被动地接受教师的诱导。相反，他们的行动是自主的、积极的。教师无法代替学生去感知、体验与领悟，只能作为引导者、帮扶者，为学生的自主学习提供必要的支持与指导。因此，诱动式践履的成功与否，不仅取决于教师的诱导方式与技巧，更取决于学生是否能充分发挥其主观能动性积极参与到活动之中。

---

① 沈贵鹏．心育课程论[M]．徐州：中国矿业大学出版社，2020：134.

从整体上看,诱动式践履是一种以学生为中心、以教师为引导的教学方法。在这种方法中,教师起着至关重要的作用,但学生的自主性同样不可忽视。活动的进程与教师的诱动方式密切相关,但学生的参与程度与体验深度同样影响着活动的最终效果。因此,在诱动式践履的实施过程中,教师需要不断反思与调整自己的策略,以更好地促进学生的自主学习与发展。

(2)互动式践履。

互动式践履是心理健康教育课程实施中的一种活动方式,它强调活动参与者——尤其是学生之间的相互作用与影响。相较于诱动式践履,互动式践履淡化了“引导”的痕迹,若存在“引导”因素,也更多地体现在学生间的“相互启发”与“互助引导”上,而非传统意义上的教师单方面诱导。互动是学生之间非常重要的一种践履方式,有学者形象地称之为“互助”,是一种能促进学生心理成长的有效机制。在心理健康教育教学中,互助的价值不言而喻:第一,互助本身就是教学活动不可或缺的一部分,学生间的交流对话中蕴藏着丰富的心理教育资源,有助于学生吸收对其心理发展有益的信息与经验。第二,作为一种独特的教学方式,互助特别是同龄人之间的互助,能高效促进心理成熟与成长。第三,互助为师生、生生提供了相互支持的平台,对心理发展出现偏差的学生而言,来自教师和同伴之间的互助更能引导他们逐步回归健康的心理状态。

(3)自动式践履。

自动式践履是建立在诱动式践履和互动式践履之上的一种活动方式,其内涵是指活动的自动自觉,它对活动者的要求更高,外在因素的制约程度也最低。[①]心育课程目标是使每一个受教育者在形成良好心理品质的基础上能自觉提升自身的素质,即形成自主意识和自我提升的能力。从某种意义上讲,教师诱动的目的是促使学生自动,一旦学生形成了自动的心理能力,就能在活动中自觉寻求自我完善。

自动式践履是一个逐步养成的过程。在诱动式践履中,尽管活动者展现出一定程度的“自主”行为,但这种自主性实则掺杂了“被动”的痕迹,诱动的取向在无形中限制了活动者自主性的表现。相比之下,在互动式践履中,活动者均表现出自主性,但这种自主性又处于多个参与者共同设定的框架内,过度的个性张扬可能反而成为制约其他成员自主发挥的因素。而在自动式践履中,活动

① 沈贵鹏.心育课程论[M].徐州:中国矿业大学出版社,2020:135.

者的自由度达到了最高。一方面，活动者能根据活动的要求自动自觉地进行自我教育；另一方面，活动者能根据自身的需要自动自觉地寻求满足自身心理需求的方式方法，从而体现出高度的自主性。

自动式践履是建立在个体高度自主性基础上的，要求个体应具有敏锐的感知力、深刻的体验力以及严谨的反思力。但这种自动不是"为所欲为"，而是基于高度自觉和自律基础之上的，是符合心理健康教育目标的自动自觉。

2.行为训练类

在心理健康教育课程教学中所运用的行为训练法是从行为治疗策略发展而来的，是教师依据学生行为上的偏差，设计针对性的训练计划，运用强化、奖赏、惩罚、分化等措施，引导学生的行为朝着预设的目标行为方向转变。这一过程涉及对学生既有行为的调整与新技能的习得，可以通过系统训练帮助学生，使其行为发生积极的转变。

这种形式适用于矫治学生的不良行为习惯，增强各种感知觉能力，掌握学习技能与策略，提高人际关系技巧等。

常用的行为训练有以下四种类型。

(1)反应训练。

运用经典条件反射和操作条件反射的理论原理，在心理健康教育教学活动中，要求学生对某一指令做出反应，通过强化学生所做出的行为反应，提升学生的各种感知能力，一般可用于提高学生的观察力、注意力、记忆力、意志力等。

(2)示范。

示范是从班杜拉的示范学习理论引申出来的心理健康教育活动形式，指的是借助榜样示范使学生通过模仿示范来习得或掌握新行为的方法。在运用示范进行教学时，教师要注意以下几点：第一，教师可以把自己作为示范对象或选择某方面行为优秀的学生作为示范对象，其示范行为必须符合行为训练的目的，并具有一定的权威性。第二，教师要创设良好的行为示范环境，调动学生集中注意力，让学生能准确地理解示范者的动作。第三，教师要调动学生积极参与到示范行为训练中来，示范对象的示范行为相对应的是学生的模仿行为，而模仿行为分为主动模仿和被动模仿。实践证明，主动模仿的训练效果比被动模仿的效果要好。第四，提供给学生充分的时间和机会来模仿示范行为，并通过练习新行为或摒弃旧行为来巩固所学到的行为。

(3)奖赏和惩罚。

奖赏和惩罚是运用行为的强化和消退来起作用的。它一般不单独运用,常常与游戏、角色扮演等其他活动相结合。奖赏是利用实物或语言肯定学生的某种行为并强化学生对这一行为的认同和学习,从而增强该行为的发生频率,同时也增强其自信心和自我效能感。在学生有不良行为或错误行为时,则利用惩罚使学生对该行为产生厌恶,从而消退学生的不良行为,并降低学生发生该行为的频率。巧妙地运用惩罚有时可以起到意想不到的作用,而奖赏和惩罚相结合的训练一般能达到较好的效果,例如游戏犯规时要罚停止游戏或活动,成功时可以获得相应的纪念品、附加分等。在心理健康教育课程中教师要慎用这一方法。

(4)契约。

在活动筹备阶段,师生共同制定一份清晰、公平且值得信赖的契约。这份契约能使教师明确行为训练各阶段的重点,使学生明确训练需要达到的具体目标。[①]要明确规定哪些积极行为将获得相应数量的积分作为奖励,同时也明确哪些不良行为会扣除积分。此外,还设定积分累积到一定数量后,学生可以兑换的奖励物品或享有的某种特权。在活动中,上述训练模式可以灵活交叉运用,由此还可以组合出更多的活动形式,丰富行为训练的广度与深度。每一种训练模式,无论单独采用还是结合使用都有助于心理健康教育活动目标的达成。

(三)教学策略

基于学生直接经历的教学策略主要有经历再生策略、差异导学策略和操作关联策略三种。下面将逐一进行阐述。

1.经历再生策略:使用结构材料,再造学习有效经历

我们可以通过经历的“再生”,帮助学生再造与学习相关的经历,促进其有效学习。如上述提到的践履体验类、行为训练类载体中都可以使用结构材料,帮助学生再造学习的有效经历。

---

① 鲍艳双.心理活动课的三种基本活动途径[J].中小学心理健康教育,2003(02):33-34.

例如，在教学《意志力训练》一课时，根据经历的前测，我们发现学生的意志力普遍不强，“觉得跑不动时，我常常咬紧牙关，坚持到底”的占45.43%；“我给自己订的计划常常因为主观原因不能如期完成”很多时候、较多时候、有时候的占82.23%。由此，我们发现学生知道意志力很重要，但是不知如何练习以便掌握有用的方式方法。因此，教师可以通过行为训练等方法引导学生再造经历，使其从模糊走向清晰。

【案例4–3】行为训练法在二年级《学习不拖拉》一课中的运用

环节一：感知时间——体验时间的重要

开展游戏“我的一分钟”，检验学生对时间的把握是否准确。

让学生两两组队。第一轮，A同学感受时间，B同学计时。第二轮，A、B同学互换角色。感受时间的学生全部起立，如果感觉1分钟到了，就坐下，计时停止。计时的学生记录下对方有多少时间上的误差。

游戏进行两轮，结束后，老师统计学生的活动情况，看看学生对1分钟的感受差距有多大。

师：同学们是怎样来感受时间的？你们的感受准确吗？

环节二：寻找时间——发现时间的流逝

师：在我们的学习和生活中，时间都藏在哪里呢？请大家认真聆听A同学的朗诵，找出来。

A同学朗诵朱自清的《匆匆》。

师：请同学们分享时间隐藏在哪些活动中没有被我们发现，你们还可以列举哪些活动？

师生共同分享自己的感悟。

环节三：交流时间——发现浪费的时间

师：请同学们在学习单上填写自己回家后的时间安排。认真观察，组内讨论自己有没有浪费时间的现象。

师生交流。引导学生思考为什么有的同学作业完成得快，有的却很慢。

生：回家后，吃零食和弟弟妹妹玩耍、看电视、玩游戏等都会影响写作业的效率。

学生交流感悟，觉察到没有很好地利用时间、珍惜时间，进而渴望学会利用时间、珍惜时间。

环节四：抓住时间——掌握自己的时间

师:有哪些方法可以让自己抓住时间快速完成作业呢? 我们怎么做才能不浪费时间,牢牢抓住时间呢?

小组讨论:快速作业我能行。

师生总结归纳小妙招:

·列出作业任务表,完成一项就打“√”,给自己适当的小奖励。

·请爸妈监督。

·书桌上不摆放与作业无关的东西。

2.差异导学策略:尊重选择差异,设置信息组织梯度

在心理辅导中,面对诸多的方法和策略,教师很容易陷入该选择什么方法、什么策略的问题。我们希望学生在学习方法上不局限于用老师告诉他们的方法,他们能自主地选择方法,因为学生自己选择的往往是最适合他们自己的。解决该问题的关键就在于学生是否了解自己的学习风格。不同学习风格和优势的学生都可以找到属于自己的学习方法和策略。教师的主要任务就是整合所有可用的教学资源与学生的过往经验,激发学生的学习兴趣,让学生主动地去学习、去思考。

【案例4-4】四年级《集中注意力》中做到有梯度的训练

活动一:自我指导训练

师大声对自己说话,问自己:我现在集中注意力了吗?

教师用行动做出没有认真听讲,马上坐端正身体,认真听讲的动作。学生在教师的示范引导下,表现出同一行为。

师:我现在集中注意力了吗? 学生也表现出集中注意力的行为。

第一次练习。生大声问自己:“我现在集中注意力了吗?”学生做出集中注意力的动作。

第二次练习。学生轻声反复练习来指导自己的行为。

第三次练习。学生以无声的语言引导自己的行为表现。

活动二:感官训练

第一阶段:五感唤醒

视觉挑战:快速浏览彩色图片并记忆,随后关闭屏幕,各组轮流描述图片内容,看谁记得最准确。

听觉探索:播放音效卡,小组内成员闭眼聆听并讨论听到的声音,猜测来源

或情景。

第二阶段:感官融合

盲盒寻宝:每组轮流从彩色盲盒中抽取物品,不查看,直接通过触摸、嗅闻猜测物品,并分享感受。

味觉冒险:根据味觉挑战卡上的指示,小组成员依次尝试食材或饮料,并分享感受,讨论味道如何影响情绪。

第三阶段:感官迷宫

各组成员需佩戴眼罩,通过触觉迷宫,依靠队友的指导和自己的触觉找到出口。此环节强调信任与合作。

第四阶段:情感表达

情绪画板:在游戏最后,每位参与者回忆当天游戏体验中最深刻的感受,并用色彩和线条在情绪画板上表达出来,分享自己的创作理念和感受。

结尾与反馈:

团队分享:各组围坐一起,分享游戏中印象最深刻的瞬间、学到的技巧以及个人成长点。

总结反思:引导参与者思考五感在日常生活中的重要性,以及如何通过更加敏锐的感知来丰富生活体验、提升情绪管理能力。

活动三:订立行为契约

游戏名称:信任之桥

分组与准备:参与者随机或自愿分为两组,每组选出一名"引导员"佩戴眼罩,代表在未知或不确定中前行的人;另一名成员作为"支持者",不戴眼罩,负责引导和支持"引导员"安全过桥。

契约订立:每组的"支持者"与"引导员"需要共同讨论并明确他们的行为契约,如"我将无条件信任你的指引""我将尽我所能确保你的安全"。之后,每组将"信任"与"责任"的纸张交给对方作为契约的象征,并简短复述契约内容以示承诺。

开始游戏:

"支持者"站在"桥"的一端,用语言和非语言的方式(如轻拍、轻推)指导"引导员"从一端走向另一端,"引导员"需全程保持佩戴眼罩,模拟在信任中前行的状态。途中,"支持者"需根据"引导员"的反应调整指导方式,确保安全,同时"引导员"也要尽量放松,信任对方的指引。成功到达对岸后,两人交换角色,重复上述过程。

反思分享:

游戏结束后,全体参与者围坐一起,分享在游戏过程中的感受,包括信任建立的瞬间、遇到挑战时的反应,以及行为契约对行为的影响等。讨论如何将这种信任与责任感应用到日常生活中,比如学习、工作或人际关系中。

总之,在心理课堂上,学生是有选择权的,只有教师选择并合理使用他们喜欢的教学方法,他们才会有学习的内驱力。

3.操作关联策略:寻找本质联系,促进生活问题解决

学生的心育学习应和学生的学科学习、非学科学习相结合。不管是做学习计划、时间管理,还是培养学习习惯,教师都可以通过设计实践作业,鼓励和引导学生在实际的学习场景中去应用它们。在心理健康教育课的主题设计阶段,采用"五个为什么"的方法,鼓励教师发现问题后,继续了解问题产生背后的原因,直至找到真正的问题所在。例如,可以用"五个为什么"分析学生的手机成瘾问题,如表4-1所示。[①]

表4-1 用"五个为什么"分析学生的手机成瘾问题

为什么	原因
为什么学生沉迷手机?	手机网络游戏和聊天对学生有吸引力
为什么网络游戏和聊天能吸引学生?	学生生活单调,人际关系不好
为什么学生生活单调,人际关系不好?	学生过于关注学习、考试和成绩
解决方案:增加学生生活的丰富性和多样性,改善学生的人际关系	

根据表4-1可知,教师在探索解决问题的方案时,需要多问为什么,不断对遇到的问题进行深入探寻。需要注意的是,虽然名为"五个为什么"方法,但使用时并不限定只问5次。唯有深入探究问题产生的根本原因,才可以在特定的问题情境中重构经历,并将这些经过"链接与移植"的经历整合进学生的认知结构中,帮助学生理解事物之间的内在联系,进而从原有经历中筛选并提取出有价值的经历,灵活应用、积累,从而生成新的经历,有效解决实际问题。

① 刘宣文,赵晶.学校心理健康教育课程设计与教法[M].北京:中国人民大学出版社,2020:49.

第五章

经历赋能心育的校本化实施

放眼未来，教育越来越重视人的终身发展，越来越关注每一个学生潜能的开发、个性的发展。经历赋能心育的校本化实施，是基于学校经历教育理念进行的。以“经历赋能心育”为主旨进行的校本化实施正是尊重每一个学生成长经历和在发展中存在的差异性，关注到每一个学生的个性与特长、兴趣与爱好、需要与追求。本章着重介绍基于学生已有经历的环境创设、学科渗透和教学实施，为学生提供多种学习途径和学习经历，促进其心理健康素养的提升。

第一节 基于经历的环境创设

每个学校和班级都孕育着它们特有的心理氛围，这直接影响着师生的心态和行为。我们的目标是通过“绿化、美化、亮化”工程，打造一个促进学生学习和成长的理想育人环境。校园内随处可见的励志标语和绿树成荫的景观，阅读、艺术、科技长廊和播美园劳动实践基地，不仅提供了丰富的文化和实践资源，也让学生能在自然中找到学习和放松的乐趣。此外，通过设置图书角、心理健康专栏、心灵广播、阳光心坊等，大力推广心理健康教育，营造积极氛围，帮助学生构建有意义的经历。本节将从创设健康的校园环境、开放的课堂氛围以及和谐的班级文化三个方面进行诠释。

一　健康的校园环境：优化学生经历的物质形态

墨子名言“染于苍则苍，染于黄则黄，所入者变，其色也变”，正是从人与环境的关系来理解环境对人的成长的影响。校园是学生日常生活的主要场所，一个健康的校园环境对学生的心理健康有着直接和深远的影响。首先，学校应当注重物理环境的建设，如绿化校园、增设运动设施等，让学生在美好、舒适的环境中成长。其次，学校应该重视精神环境的营造，比如形成积极向上的校风、教风、学风，鼓励同学之间互帮互助，共同进步。最后，学校可以通过举办各类心理健康教育活动，让学生经历并掌握基本的心理健康知识和调适方法，从而创建一个全面健康的校园环境。

（一）校园环境

校园环境是指师生生活的物质环境和人际关系环境的总和。[①]校园各种景观都积淀着学校历史、文化和传统，蕴含着巨大的心理健康教育价值。学生在学校度过的时光，正是他们身心发展较为关键的时期，通过欣赏和解读环境文

① 王思名.校园文化与大学生品格发展[M].石家庄：河北教育出版社，2013：139.

化，学生能领悟其丰富、深刻的内涵，丰富心理体验，树立远大理想。

校园环境建设是学校心理健康教育建设的首要任务。厦门市翔安区翔城小学创办于2021年9月，作为一所新办学校，学校办学硬件条件好，设有音乐室、美术室、舞蹈室、图书馆、心理咨询室、报告厅等20多个专用教室，教育教学设施设备齐全，学校育人环境优美。在学校环境建设中，整个校园呈现出“整洁、明亮、温馨”的精神风貌。校园中的每一面墙壁，每一处花草树木，每一个橱窗板报，每一片绿植草坪都是学生修身养性的乐园，全体师生都能受到潜移默化的文化环境熏陶。

与此同时，为促进学生身心健康成长，提高师生心理素质，构建幸福和谐校园，推进“义务教育学校管理标准化”建设，我校两个校区，共投资50多万元成立了心理健康活动中心。心理健康活动中心包括心理谈话室、沙盘游戏室、团体辅导室和心理宣泄室等。心理谈话室，温馨、舒适的环境和布局，既让来访的学生感觉安心舒适，身心放松，又让来访的学生注意力集中，且有利于保护来访学生的隐私；沙盘游戏室，每天中午定时对有需求的学生开放，由专业的心理健康教师引导学生进行沙盘游戏，接受一定的心理教育和治疗；团体辅导室，是教师组织学生进行团体辅导的场所，有助于开展团体性心理辅导工作；心理宣泄室，软包的墙面，墙壁上暖心的标语，成为师生宣泄内心愤怒的场所。

学校高度重视师生的心理健康教育，坚持“关注教师心理健康，最大的受益者是学生”的理念，全面深入推进心理健康教育。学校不仅配有专职心理健康教师，开设心理健康教育课程，还定期开展丰富多彩的心理健康教育活动，对学生进行跟踪辅导。心理健康活动中心的成立和投入使用，不仅有助于教师对学生进行个别咨询，而且有助于宣传心理健康教育、指导班级开展心理健康教育活动、实施专题性团体心理辅导、整合学校心理健康教育资源等。

另外，学校重视教室、教师办公室文化环境建设。定期进行温馨教室、文明班级的评比；对学校人文环境进行整体设计和建设，形成学校独有的文化环境。如在校园四周的墙壁上和楼道墙壁上，张贴一训三风、名言警句，设置阅读长廊、科技长廊、艺术长廊等，让学生在浓郁的校园文化气息中，身心愉悦，汲取知识，提升心理品质。

（二）学校精神

学校精神包括一定的价值观念、坚定的目标追求、强烈的进取精神、良好的团队意识、和谐的人际关系、公平的竞争环境和独特的文化韵味。[①]学校精神对学生的心理发展具有潜移默化的影响。尊重学生身心特点、符合学生心理特点的学校管理制度，培养学生积极心理品质的校园文化活动，友善和谐的班级人际关系，都会对学生的心理健康发展起到积极的作用。

"一种好文化才能造就一所好学校。"在实践中，我们思考并追求文化管理，让广大师生形成共同认同的价值观及学校精神，有利于把握学校教育的本义，促进学校内涵式发展。

学校文化创建不可"眉毛胡子一把抓"，我们做到了有重点、分阶段的推进。2021年，在学校开办之初，学校领导班子带领全体教师对学校的办学思路进行了认真梳理，用SWOT分析法对学校内部存在的优劣势因素和外部相关的机会因素、威胁因素进行分析，对各因素进行综合和概括，充分发挥和利用有利条件，描摹出一张学校文化建设蓝图。我们立足学校实际，根据入学学生的总体特点和个体差异情况，提出"羽成文化"思想下的"向着阳光幸福生长"的办学理念。"羽成"来源于校名"翔城"，寓意着翔城小学作为一所新办学校，从建校初就开始积蓄力量、磨砺精神，通过全校师生精诚协作和与社会、社区、家庭的紧密相连日益丰满学校的"羽翼"，"羽成则翔，翔以高歌，余音绕城"。

"向着阳光幸福生长"这一办学理念是"生命教育、生长教育及自然教育"的校本化衍生，尊重生命发展规律，提高生命质量，为实现生命的完整性、自主发展性、独特性和多元性提供途径；向阳生长是一种生命状态，是和谐、快乐、闪耀，是具有正能量的；向阳生长是一种行为方式，是尊重人性，张扬个性，培养灵性的教育方式，是个体从外部环境汲取能量、发展和成就自己，也是个体向外部释放内部能量，关爱他人，恩惠社会；幸福是一种发展样态，是唤醒童心，激发童趣，实现童乐；幸福生长是翔城小学所肩负的教育担当，是助力师生激发潜能，唤醒真我的办学使命。

当代著名教育家顾明远教授亲笔为翔城小学题写了校名、校训，勉励学校站在"文化立校"的制高点，以优秀传统文化立校、以革命红色文化育校、以现代先进文化润校、以科技创新文化强校。两年来，"羽成文化"用独特的方式滋养着师生，引导和支持着全体教师以积极主动的态度自觉参与学校工作实践，弥补了新办学校的文化缺失，促进了学校健康、快速、和谐发展。

---

① 冯晋祥，张祖斌．山东交通学院50年[M]．青岛：中国海洋大学出版社，2007:220.

（三）校园活动

心理学家罗杰斯认为，体验就是最高的权威。[①]我们通过开展各种校园心理主题实践活动，让学生亲身参与和体验，提高学生学习兴趣，活跃身心，丰富经历，陶冶情操，美化生活，融洽师生关系，改善学生心理环境。

学校开设了校园广播站“香橙之声”栏目。让学生利用课余时间搜集或自己创作有关心理健康的美文，在校园广播电台朗诵播出。这不仅能让学生浸润在温柔积极的心理学氛围中，还能促进他们对感兴趣的话题和知识的探索。

学校鼓励学生成立心理社团。学生可以在教学楼、食堂、架空层等位置设置“烦恼小信件”信箱，把自己生活和学习中的烦恼以匿名的方式装入信封。心理社团成员定时收取信件，邀请心理老师一起回信。隐去或修改可能会暴露学生个人隐私的内容后，还可以借助校园广播台展播，帮助有类似困惑的同学。

开展心理游园会。学校以“脸上有笑，心中有光”为主题开展心理游园会，游园会以积极心理学理论为指导，在积极关系、积极情绪、积极自我、积极投入、成就和意义五大模块，分别设置相应的游戏活动。例如，开展“今天你微笑了吗？”活动，用相机拍下同学们的笑脸，鼓励大家微笑面对每一天。“抖抖情绪走”“投出烦恼壶”让学生在愉快的身体活动中，感受心理的放松，产生愉悦感。“小手心连心”让同学之间配合默契，心手相连。

设置“请你帮帮我”心灵留言板。教师提前设计好展板，放置于教学楼到图书馆的通道上，路过的学生可以将自己在生活中遇到的困惑及烦心事写下来，张贴于展板上，其他学生看到后可在后面留言回复以助其解决困扰，当事人过后亦可取回。这个活动的设计初衷是希望参与者能借助团体的动力，让现实的困惑有解决的可能，或者在情绪层面得到支持。

开展“治愈长卷”体验活动。准备一卷50米左右的长画布，画布上面会有很多“双生格”。参与的学生可以在画布“双生格”左边的格子画下自己经历过的难过的事，也可以直接在右边的格子画出治愈的方式。如果还没有治愈，右边的格子可以留白。同时，其他参与的学生可以对别人所画的难过的事进行理解之后，在右边的格子或者周围空白处画出自己认为可以帮助到他的办法。在活动中，学生可以通过绘画的方式进行情绪宣泄和寻找心理支持，利用团体动

---

① 叶浩生．历史上最具影响力的心理学名著26种［M］．西安：陕西人民出版社，2005：247.

力，实现互助、自助，能在绘画体验中，感受自己的成长。

为了更好地普及心理健康教育，提高学生心理健康自我调节能力，使学生健康、快乐地成长，学校多次举办了心理健康小报评选活动。活动以“呵护心灵，健康成长”为主题，组织3—6年级学生参加。要求就当前学生关心的心理健康热点问题组织内容，通过教师指导、家长配合、同学合作的办法完成作品。在班级选拔、评比、推荐的基础上，最终初选40余份小报参加评比。学校组织心理教师和美术、书法教师一起评选出优秀作品用于展示交流。

诸如此类的活动，在全校宣传了心理健康教育知识，掀起了维护自身心理健康的热潮，丰富了校园文化生活。学校以活动为契机，关注学生的心理健康，打造一张全方位的心理关护网络，关心每一位学生的心灵成长。

二　开放的课堂氛围：优化学生经历的互动形态

心理健康教育是一项系统工程，不仅要有专门的辅导，更要靠宽松、和谐、民主的教育氛围，特别是民主、和谐的课堂教学环境。学生在学校中的大部分时间是在课堂上度过的，积极、愉快的心理常常伴随着学习的成功体验而产生。因此，课堂教学是对学生进行心理健康教育的主要途径。

小学阶段的学生正处在性格和习惯形成的关键期，他们对外界的感知极为敏感，同时也非常渴望被理解和接纳。因此，创设一个温馨、包容、鼓励探索的课堂环境对学生的心理健康至关重要。学生存在着个体差异，教师的要求也应有差异，用一把尺子衡量每一个学生显然是不公平的，也不利于每一个孩子的成长。教师要因材施教，精心设计好问题。

传统的心理健康教育课堂上，教师的提问往往比较枯燥、教条，诸如“你有什么收获?”这样千篇一律的问题，久而久之便成了课堂的催眠曲。因此，反思传统教学，教师必须进行理念的更新，创设具有价值的问题，积极启发学生的思维，打开学生思维的大门，唤醒学生已有的经历体验，引导学生激活相关知识储备。只有根据学生已有的知识和生活经历等有效提问，才能激发他们的学习兴趣，启发积极的思考动力，进而真正提高课堂教学效率。那么，到底该如何提问呢?

(一)把握重难点,联系经历,精心设问

课堂提问要结合学生已有经历和已学知识,因材施教,有的放矢。学生掌握了本节课的重点和难点,学会了方式方法,是一节课最终的目的。教师要通过提问,更好地利用生动的语言调动学生已有的生活经历和学习经验,启发学生进行积极的思考,引导学生更好地理解本节课的知识要点,乃至掌握一部分的学习方法。

(二)关注学生差异,筛选经历,巧妙提问

我们都知道,每一个学生都有不同的个性,在教学过程中,我们要尊重他们不同的生活经历和思维方式,以及不同程度的理解能力、不同的注意力的落点等问题。因此,在教学中教师不仅要尊重差异,更应该注意差异,从而精心设计层次不同的提问,以便学生择取相关的有用的已有经历,让每个学生都能参与其中,各有收获。课堂的每一个问题对学生而言,都是发表自身看法的一个机会,可以帮助学生用自己的语言面对教师以及同伴表达对问题的理解。这对锻炼学生思维的敏捷性、灵活性,教会他们有条理地组织语言,更好地联系生活、学习等经历,甚至提高他们的口头表达能力等方面都有非常大的助力。但是教师在课堂中的提问也要充分考虑到梯度,面对有差异的学生,要提出有差异的问题。

(三)抓住关键时机,提取经历,有效提问

小学生因为年龄相对较小,注意力容易分散,部分学生在课堂上会出现“坐不住”“坐不长”的问题。所以,教师在课堂上要适时地提问,帮助学生提取记忆中有效或相关的学习经历、生活经历等,而提高课堂学习效率的关键就在于提问需设置在学习内容的关键点或重要环节。一是要在导入新课时(或热身环节)提问,导入新课时的提问,能瞬间吸引学生的注意力,并使他们积极展开思考,激发已经储备的知识主动去探索新知,丰富学习经历;二是要在学生有疑问的地方提问,激发学生直接经历或相关经历;三是要在有创新思维、有价值的地方提问。提问教学极具教学艺术性,要时刻遵循以学生为主体的原则,让学生真正去主动学习。

教育是心与心的交流，是灵魂对灵魂的告白，是生命节律的振动。[①]能不能使每个学生的人格都得到健康发展，关键在于能不能给他们创设一个开放包容的课堂教学环境，营造一种和谐的课堂教学心理氛围。课堂教学中的心理氛围，是教育者、学习者与教育环境相互作用的结果。在课堂教学中，每一位教师都应树立心理健康教育的意识，主动承担起促进学生心理健康教育的责任，不仅要深入挖掘教材本身的心理教育资源，更要在自身教学行为中，构建出一个包容、支持与和谐的心理场域。

三　和谐的班级文化：优化学生经历的精神形态

小学生正处于身心发展的关键时期，如何促进他们的健康成长是我们关注的重点。在与他们朝夕相处的教学生活中，我们积累了一些成功的经验，也进行了深入的理性思考。我们认为，作为教师，应当致力于为学生创造一个良好的学习与生活环境，使班级成为学生喜爱的温馨家园。

（一）以班级文化塑造人

班集体是学生成长的重要环境，有着不可替代的教育作用。班级的每项活动都应渗透并洋溢着文化气息，追求共同的文化目标。因此，作为班级的管理者，班主任需要与时俱进，致力于打造温馨班级，让学生在班级中汲取成长的力量，把握成功的机会，享受成才的喜悦。

面对学生时，教师应认识到学生是具有思维能力的独特个体，他们是自我认知的主体，具备自觉能力。因此，教师应尊重学生的主体地位，承认并关注学生的个体差异，致力于培养学生的自主性和自觉性，进而促进学生的自我教育能力的发展。学生是班级的主体，教师应充分激发他们的想象力和创造力，启迪他们的智慧，鼓励他们亲手打造富有文化底蕴和独特个性的教室环境。例如，在每间教室后方的板报中设计一个固定板块——“我有我秀”，用于展示全班同学的特长与创造成果。下课时，很多同学前来观赏、品评，并给予鼓励和赞美。此外，班级板报上可以设计“成长的足迹”“班级风采”“好书推荐”等板块，这些均是构建班级人文环境的重要阵地，能使学生在心理上获得满足感与自豪感。

---

① 于玉．特殊教育学校教科研探索[M]．北京：中国轻工业出版社，2012：115.

(二)以情感文化教育人

情感文化是构建良好班级文化的基石,其中教师的关怀、同学的友情、民主的氛围以及集体的鼓励,共同构成了学生成长道路上的积极动力。班级不仅是学生学习知识的场所,更是培养他们良好道德情感的摇篮。别林斯基认为:“爱,是教育的工具和媒介。”而在这一过程中,“爱”是班级情感文化建设的核心要素。班主任与学生一同构成了班级情感文化的建设主体,班主任扮演着引导者的关键角色,需要深入了解并尊重学生的情感,关心并爱护每一位学生,以平等、真诚的态度对待他们,理解、宽容学生的无心之错。如此,让每一个学生感受到师爱的温暖,从而产生积极健康的情感,形成良好的班级文化氛围。

(三)以制度文化规范人

为了实现班级管理的民主化与自主化,可以建立“班级分级管理制”。俗话说,“细节决定成败,实效源于细微”。班主任的工作必须细致入微,才能确保班级管理取得实效,在此基础上,还应充分发扬民主精神。在班级活动中,班主任要有意识地引导学生参与班级管理,为其创造各种展示的机会,调动每一位学生的积极性,发挥民主管理的作用。这样不仅能满足学生的自我表现心理,还能培养他们的民主意识,增强他们的管理能力。每个学期初,班主任都会组织学生学习《小学生守则》和《小学生行为规范》,结合学校的《流动红旗评比方案》《香橙优班、香橙五好少年评选方案》进行解读,让学生在熟知学校的规章制度的同时,理解规章制度对班级的重要性。引导学生明白:遵守规章制度的过程,实质上是自我约束、自我规范的过程。通过这样的学习,可以更好地帮助学生认识自我,发现自身的不足,为后续的自我管理打下基础。

(四)以活动文化激励人

积极开展班级活动对学生的发展具有重要意义。学校每月都会举行一次学科竞赛活动,包括跳绳比赛、科技制作竞赛、英语口语比赛、语文数学知识竞赛等。在活动中,班主任总是鼓励学生“尽自己最大的努力,首先要超越自己,不一定要做第一,但你必须做到最好”。久而久之,班主任的价值观会直接或间接地影响学生的言行与观念,学生会积极主动地参加学校各项活动,拥有很强的集体荣誉感。因此,学生在班集体中的成长与发展是自然的、可持续的。

（五）以舆论文化影响人

班级舆论具有极其重要的影响力，它可以将一个后进班转变为好班，也可能迅速将一个好班拉低至后进班水平。例如，班主任在管理班级时，可以经常向学生分享名言、名句和名篇，同时向他们宣传国家大事，这样班级内部就不会弥漫着消沉的氛围，课间休息时学生也会热衷于讨论班主任所分享的内容。此外，针对班级内部或其他班级出现的普遍性问题，班主任可以利用班会课和晨会时间，向学生阐述这些问题，培养他们明辨是非的能力，倡导正确的思想观念，自觉抵制错误行为。

第二节 基于经历的学科渗透

小学心理健康教育学科渗透即在各个学科课堂教学中体现或实施心理健康教育。[①]学科渗透心理健康教育要求教师要全面了解学生,掌握他们的智力和非智力水平。根据学生的实际接受程度,结合学校心理健康教育的目标和内容,科学设定学科教学中心理健康教育的渗透点,努力营造民主和谐的教学氛围,建立融洽的师生关系,选择适当的教学方式,帮助学生在掌握学科知识和技能的同时,提高心理素质,维护心理健康。

一 目标渗透:科学设定学科的教学目标

(一)学科教学目标的内涵

学科教学目标是教师通过教学活动激发学生心智和行为变革的指导思想。每门课程都拥有其独特的教学目标体系,它像一棵树一样,从根本的总目标延伸出各个分枝和叶片,即各个单元和章节的具体目标。这些具体目标不仅细化了总目标,还为实现总目标提供了明确的路径。如同一张精心绘制的地图,教学目标体系以其多维的结构,引导着教学活动向预设的方向前进。

(二)学科教学目标的构成

布卢姆的教学目标分类学将教学目标细分为三个互补的维度,使教学过程更为丰富和多元。首先,认知领域的目标关注于知识的深入理解与掌握,以及智力的发展,为学生的思维提供坚实的基础。其次,情感领域的目标着眼于培养学生的兴趣、态度、价值观,以及判断力和适应性,这些都是帮助学生形成健全人格的关键因素。最后,技能活动领域的目标致力于提升学生的动作技能,为他们的动手能力打下坚实的基础。布卢姆进一步将这些教学目标按照从低

---

① 杨耀明.自育·整合·发展[M].北京:中央民族大学出版社,2006:99.

到高的层次进行了划分，说明了低层次目标是达成高层次目标的基石，而高层次目标则是对低层次目标的深化与提升，体现了教学目标的层次性和连贯性。这一分类学不仅为教学提供了明确的方向，也为学生的全面发展奠定了基础。

课程标准把学科教育表述为知识与技能目标、过程与方法目标、情感态度价值观目标。[①]在不同学科的教学实践中，每一课的内容和目标各异，因此，心理健康教育的融入方式和重点也会有所不同。然而，有一点至关重要：在制定教学目标时，要明确主次关系。学科的核心目标应当是教学的主旋律，而心理健康教育的目标则像是和谐的副歌，只是辅助而不是主导，它们应自然地融入课程和教学过程中，而不是生硬地添加。此外，学科教学中的心理健康教育的目标应符合学生的年龄特点，要确保其既有意义又易于接受。

（三）学科教学目标示例

基于学生已有经历的心理健康教育设计与实施，需要从心理健康教育与各学科融合入手，探索实现路径，建构操作样态。心理健康教育与学科教学融合就是让学生在经历中有所得，为其终身学习奠定能力基础。为此，各学科都应支持学生形成健全人格，提升心理品质，为学生提供“带得走”的能力。下面结合语文、数学、科学和美术学科的教学目标设计举例如下。

1. 小学语文五年级上册《“精彩极了”和“糟糕透了”》的教学目标设计

本课的知识与技能目标可设计为：“了解父母对同首诗不同评价的原因；联系生活实际，说出对巴德父母表达爱的方式的看法。”情感态度价值观目标（心理健康教学目标）可设计为：“结合自己的生活经历，体会母爱与父爱的不同之处；理解父母的爱，并用实际行动回馈父母对自己的关爱与激励。”

2. 小学数学五年级下册《分数的基本性质》的教学目标设计

本课的知识与技能目标可设计为：“理解和掌握分数的基本性质，能用分数的基本性质解决一些简单的问题；经历探索分数的基本性质的过程，培养学生观察、比较、抽象、概括等初步的逻辑思维能力，初步渗透函数思想，感悟‘变与

---

① 张彦云，孙淑荣，佟秀莲．中小学生心理健康教育的理论与实践[M]．北京：北京师范大学出版社，2015：96.

不变'的辩证关系;体会知识之间是相互联系的,培养乐于探究的学习态度,提高数学学习的兴趣。"情感态度价值观目标(心理健康教学目标)可设计为:"通过创设各种问题情境,激发学生的学习热情,激活学生的思维;通过师生、生生间的合作学习,增进师生、生生间的互动与情感交流,拓展学生的思维发展空间,激励其进取心。"

3. 小学科学六年级上册《小苏打和白醋的变化》的教学目标设计

本课的知识与技能目标可设计为:"知道二氧化碳是一种无色无味的气体,比空气重,不支持燃烧,可以使澄清的石灰水变浑浊;能基于实验现象,分析概括二氧化碳的性质,提出合理的见解。"过程与方法目标可设计为:"注重实验习惯的培养,引导学生仔细观察、及时记录、分析数据、得出并交流结论、及时反思等。"情感态度价值观目标(心理健康教学目标)可设计为:"树立科学精神和科学态度,发展严密的逻辑推理能力,培养认真、细致、耐心等性格特征,养成合作的习惯。"

4. 小学美术二年级上册《好吃的水果》的教学目标设计

本课的知识与技能目标可设计为:"感知一些常见水果的基本外形特征,能大胆地表达自己的独特感受,并创作出富有创意的图画。"过程与方法目标可设计为:"通过演、猜、看、尝、摸等活动,充分感知水果的外形特征,启发学生去体会和表现物体特征带给个人的不同感受,并运用美术语言来呈现。"情感态度价值观目标(心理健康教学目标)可设计为:"引导学生在积极的情感体验中提高想象力、创造力,体验生活美。"

当前,心理健康教育目标体系尚处于建设阶段,尤其是在心理健康教育刚刚起步的现实条件下,只要我们能全面而深刻地融合"情感、态度、价值观"等教学目标,便能实现心理健康教育的宗旨,实现学科教学目标与心理健康教育目标的无缝对接。

二 内容渗透:充分挖掘学生的已有经历

内容渗透主要指通过挖掘教材中的教育资源来渗透心理健康教育。小学教材中的心理健康教育资源是非常丰富的，下面从几个方面简单介绍。

（一）社会科学类课程

社会科学类课程涵盖语文、政治、历史、地理等多个学科。在这些课程当中，部分直接涉及心理健康教育的丰富内容，例如道德与法治课程，而其他许多课程则是间接融入了心理健康教育的内容。这样的结构不仅为学生提供了丰富的知识背景和学习经历，也潜移默化地培养了他们的心理健康意识。

以语文教材为例，很多人认为，杰出的文学作品本身就是一座宝库，它的价值不仅体现在精妙的文字和生动的描绘上，更在于它能悦己悦人，熏陶心性。正如萨克雷所言："读书能够开导灵魂，提高和强化人格，激发人们的美好志向，读书能够增长才智和陶冶心灵。"[①]而语文教材中挑选的篇目，无疑是文学佳作中的精粹。教师通过精心备课，能将课文中那些鼓励向善、积极向上、对学生精神成长有益的元素挖掘出来，和学生已有的生活经历、学习经历融合起来，从而触动学生的心灵。

例如，课文《丁香结》中所说的"结，是解不完的；人生中的问题也是解不完的，不然，岂不太平淡无味了吗?"。学习也好，生活也罢，我们总会遇到不顺心的事儿。烦恼、挫折和痛苦，也是人生不可避免的，我们要学会乐观与坚强，淡然与豁达。《鲁滨逊漂流记》中，鲁滨逊面对孤独与绝望，却从未放弃希望。他的积极乐观、创新精神和不懈努力，使他克服了重重困难，最终得以重返文明社会。在《竹石》这首诗中，郑板桥写下了"千磨万击还坚劲，任尔东西南北风"，这里的"竹"，分明是坚韧顽强的斗士！它面对困难时，无所畏惧、慷慨潇洒、积极乐观的高尚品格值得我们学习。《塞翁失马》向我们展示了塞翁那种平和地看待"祸福"的心态，以及在特定条件下"祸福互变"的深邃哲理。这些语文学科篇目是心理健康教育的优质载体，它们所传递的不仅仅是对工作和生活态度的启迪，更为学生在遭遇学习困难、挫折和压力时，提供了一种积极乐观的心理调适方式。

---

① 学习策略课题组.学习的策略——怎样学得更好，更快，更高兴[M].北京：红旗出版社，1999：384.

(二)自然科学类课程

自然科学类课程涵盖数学、物理、化学、生物及科学等学科。这些课程不仅深入探讨了自然界各种现象和规律,还蕴含着丰富而广泛的心理健康教育资源。这些科目与学生的心理成长和发展紧密相连,为他们的全面发展提供了宝贵的支持。

例如,探索数学知识的过程不仅是对抗挑战、培养毅力的过程,也是塑造一丝不苟的学习风格和细致入微的学习习惯的良好机会。同时,科学知识和劳动教育学习中的操作、演示和实验,能点燃学生对自然科学的热情,激发他们树立科学的思维和态度。这一过程有助于孕育出认真、细心、耐心和踏实等良好的性格特征。

(三)艺术体育类课程

艺术体育类课程包括音乐、美术、体育等课程。与社会科学类课程和自然科学类课程相比,艺术体育类课程蕴含更为丰富的心理健康教育资源,不仅如此,音乐与美术本身更是心灵疗愈的强大载体,为我们提供了一种与众不同的学习与成长方式。

众多研究已证实,音乐不仅仅是耳畔的旋律,它还深刻影响着我们的情绪与心理状态。想象这样的场景:当动感的旋律和有力的节拍响起,你的心跳随之加速,肌肉紧绷,精神振奋,仿佛被注入了无尽的活力;而当悠扬、柔和的旋律悄然流淌,你的心情便逐渐平静下来,压力减轻,心灵得到安慰。更为神奇的是,音乐能雕琢我们的个性,改善行为习惯,提升注意力、记忆力和创新思维能力,使我们的身体机能和潜力得到全面发展。近年来,音乐疗法在心理咨询和心理治疗领域大放异彩,它用旋律治愈心灵,用歌声疗愈情绪。例如,在音乐课上,通过《中华人民共和国国歌》的雄壮演绎,激发学生的爱国热情;《妈妈我爱你》和《长大后我就成了你》让学生体会到家人和师长的深情厚爱,培养学生的感恩之心;《阳光总在风雨后》和《爱拼才会赢》则是对坚持和努力的美好寄语,鼓励学生为梦想不懈奋斗;等等。

与此同时,美术课上,颜色和线条不仅构成了一幅幅引人入胜的画面,更是情感和心理状态的传达者。美术教学活动有利于培养学生的注意力、观察力、思维力、想象力和创造力,有利于锻炼学生的耐心、细心、坚持等意志品质,对某些不良情绪也有宣泄、转移和升华的作用，也是情绪调节和心灵治愈的重要途径。

在体育课上，学生通过运动锻炼身体的同时也经历着一系列复杂的心理活动。这意味着体育不仅是一场身体的挑战，也是一次心灵的洗礼。首先，体育锻炼能促进内脏器官的机能，增强体质和免疫力，同时也助力脑力激荡，尤其对提升思维能力大有裨益。其次，通过运动，学生可以感受到很多积极情绪，实现合理欲望的满足，同时将压抑、烦闷、抑郁和孤独等负面情绪进行有效的释放、转移或升华，促进身心健康发展。最后，体育活动还是意志力和健全人格的磨砺场，它不仅增加了人际交往的机会，改善了人际关系，还让学生更频繁地面对不同的环境挑战，提高其适应能力。因此，体育课堂远不止是一场关于身体的练习，还是一本全面促进学生身心发展的“教科书”，蕴藏着丰富的心理健康教育资源。

三 氛围渗透：努力营造和谐的课堂氛围

（一）探索和谐课堂的真谛

和谐课堂体现的是一种和睦与协调的精神。一个充满平等、民主、宽容和安全感的学习空间——在这里，学生可以自由与教师交流思想，犯错不再是禁忌，对教师观点的不同看法不会遭遇非议，对教材内容的质疑不会引来指责。遇到学习难题时，他们能获得悉心的辅导；取得成就时，会收获真挚的祝贺；敢于创新时，能得到众人的赞许。课堂上，教师不再是高高在上的掌权者，学生才是学习的真正主人。

（二）打造和谐课堂氛围的艺术

要在课堂上营造出一种和谐的氛围，教师的温暖、真诚、自信，以及与学生之间的有效互动至关重要。

1.教师要有爱心

教师对学生的爱心主要体现在两个层面：第一，教师应对所有学生一视同仁，展现无条件的关爱。不论学生的成绩如何，都应受到平等的爱护与关注。

第二,教师要对学生表现出高度的宽容。处于成长阶段的学生,无论在认知还是情感上都尚未成熟,因而在遇到错误时,教师应先以宽容的态度对待,再进行适当的指导。一位特级教师曾分享:"我每天要问自己三个问题,即我爱我的学生吗?我会爱我的学生吗?我的学生感受到我对他们的爱了吗?"爱是一种情感,学会爱是一种技巧,而让学生感受到这份爱才是教育的最高境界。一项调查揭示了教育的现状:虽然90%的教师声称自己热爱学生,但只有10%的学生觉得自己能感受到教师的爱。这一发现虽不尽完全,却足以让教师反思。对学生而言,教师的一言一行会产生很深的影响,过于严厉可能会给学生带来不必要的心理压力,而过于放纵则可能导致学生缺乏自控,也不利于学生的心理健康。所以,只有实施真正慈爱的教育,才能促进学生的心理发展。

2.教师要真诚

教师的真诚,是教师用"真实的自我"与学生互动的艺术,是无保留、坦诚相见的交流方式。他们不做作,不伪装,只展现最真实的一面。这种真诚不仅是一种态度,更是一股力量,它在教育过程中扮演着三个重要的角色:首先,它是桥梁,拉近了师生之间的距离。教师的平和亲切,如同温暖的阳光,让学生感到亲切、舒心,从而自然而然地建立起信任,缩短了心灵的距离。其次,它是榜样的力量。教师通过自己的真诚,成为学生的楷模,激发他们对课堂的热爱和对真诚的追求。这种力量鼓励学生勇于展示自我,不畏表达内心真实的想法。最后,它是教育的重要价值。真诚能唤醒学生内心的勇气,鼓励他们敞开心扉,分享自己的疑惑、痛苦、弱点和挑战。这不仅为教师提供了了解学生的窗口,也为学生提供了一个释放情绪、积极面对困难的平台。总之,教师的真诚是教育之光,它以无形的力量,照亮了教育的每一个角落,让师生之间的交流更加真挚,更加深刻。

3.教师要有信心

信心,是对理想、愿望或预见能实现的坚定信念。对教师而言,这种信心可以转化为教育效能感——一种深信通过教育,学生一定能成才的力量。教师应怀着"通过我的努力,我一定能教好我的学生"的信念,这不仅是对学生的承诺,也是对自己职责的肯定。信心是教师的指南针,让他们在教育活动中保持冷静,面对挑战不迷失方向。只有拥有高度的教育效能感,教师才能挖掘自身的潜力，对学生和教育事业充满热爱和执着。相反，我们身边也有对学生严苛、冷漠的教师。失去信心的他们，常常变得暴躁、专横，甚至失去理智。因此，信心不仅是教师的心灵支柱，更是引领学生走向成功的关键。教师的信心，是教育之舵，引导着每一位学生驶向宽广的未来海岸。

4.师生间要有精彩互动

在教学中，师生互动不仅仅是一场双边（或多边）的精彩对话，也是一种生动的交流艺术。课堂上，我们看到教师提出挑战性的问题，学生热情回应；教师给出点拨，激发学生深思；学生质疑，教师耐心解答。在这样的互动场景中，师生共同在知识的海洋里畅游，通过交流和倾听，相互启发，共同期待，一同成长。师生互动的真谛，在于彼此间的深入沟通，其成功的关键在于相互尊重和理解。而这一切的基石，是教师对学生的慈爱之心、真诚之情和无条件的信任。

我们观察到，许多优秀教师能取得成功，关键在于他们与学生之间建立了一种深厚的联结。这种联结基于相互理解、信任以及情感的交流，使得师生合作无间，默契十足。在教学过程中，不仅师生之间互动频繁，学生之间也相互合作，共同学习，真心实意地交流。这种双向的互动不仅加深了师生之间的情感纽带，活跃了课堂氛围，还极大地促进了积极心态的培养，优化了人际关系，同时也帮助学生塑造出健全人格。

四　方法渗透：精心选择恰当的教学方法

恰当的教学方法能点燃学生的学习激情，唤起他们对知识的渴望，同时促进教学目标的实现，进而培养学生的自信心。这些方法让学生不仅渴望学习，而且享受学习过程，主动探索，最终收获知识与成就。

（一）激起好奇

心理学揭示，好奇心是我们遭遇未知或置身陌生环境时，驱动我们注意、探索、提出问题的心理动力。它不仅是推动我们学习的内在动因，更是我们追求知识、激发创造力的源泉。好奇心，这种人类与生俱来的特质，源自我们对知识的渴望，是我们永不满足、总想探索更多的本能。面对新奇、神秘或似是而非的事物时,我们的好奇心便激发出三种探索方式:通过感官去感知、通过行动去尝试、通过言语去询问。正是这些富有探索性的行为,让我们有机会理解世界,并在此过程中积累丰富的生活经验。

苏联著名教育家巴班斯基指出:“教学过程中创造引人入胜的情境,即教学过程中引用有趣的例子、实验、离奇的事实,可以称作情感刺激的方法之一。”① 教师应当巧妙创设问题情境,激发学生的探索欲与求知心,引导学生将这份好奇引向更为深入的思考与探索实践。通过持续强化与满足实践活动,将其逐步转化为学生良好的心理品质。

例如,科学老师在执教三年级上册第三单元《固体的混合与分离》一课时,在将两瓶一定体积的绿豆和玉米粉倒在一起前,抛出疑问:混合后的体积是否为两者之和?学生有的说是,有的说不是。教师提示:实践是检验真理的唯一标准。请同学们分小组领取实验器材,动手操作,自行验证自己的猜测,注意用量筒准确读取混合前后的体积数据。经过动手验证猜测,同学们得出固体混合后的体积并非两者之和(由于颗粒间有缝隙)的结论。于是,惊奇、困惑、求解的心理反应过程在学生身上出现了,甚至于有学生若干年后走上讲台时,也以该实验作为该教学内容的“导言”。

(二)调动兴趣

学习兴趣是指一个人对学习的一种积极的认识倾向与情绪状态,具体表现为对学习活动的喜爱、热爱,乃至全身心地投入。当学习热情被唤醒,学习不再仅仅是完成任务,而是一种乐趣的追求,一次幸福感的体验。显而易见,学生的学习热情能转化为一种强大的内驱力,它能激发、引导、保持及调控学生的学习行为。所谓“知之者不如好之者,好之者不如乐之者”就是这个道理。

教师应设计与学生年龄相适应的、富有创意的教学活动,包括游戏、讨论、辩论和角色扮演等。这不仅能激发学生的学习热情,让他们“乐学”,同时能巧妙地促使他们积极投入到教学场景中,在实践中锻炼和提升多种能力,提高教学成效。例如,一位英语老师在教“smile”这个单词时,先在黑板上画了一张笑脸,然后指着图说:“When you feel happy or see someone you like, show them your

① 杜淑贤.普通高中化学课程标准(2017年版)解读:中学化学真实情境研究与案例[M].上海:上海教育出版社,2019:17.

happiness with a big smile! Smile is the best language to express warmth and friendliness."。这样学生就很容易理解这个单词的含义。接着老师又请三个学生做不同的表情，分别表现出"angry""cry""smile"三种状态，于是，全班学生都笑了起来，课堂气氛轻松、欢快，大部分学生很快就掌握了这三个单词。

再如，一堂实验课。老师先提出引导性问题："同学们，这里有四个温度计，用不同颜色的布料包裹。经过太阳照射，获得的温度数据分别是白色34℃，灰色36℃，蓝色37℃，黑色44℃。根据数据，你们能获得什么结论呢？"学生用所学原理思考后回答："颜色深的吸热多，颜色浅的吸热少。"老师及时肯定："同学们对所学科学原理掌握得比较清晰。"同时追问："这是什么原理呢？"学生答："与热传递、物体的传热性能有关。"老师再次肯定："这位同学懂得综合运用所学科学知识原理进行科学阐释，值得我们学习！"接着又引导思考："大家再想一想，生活中还有哪些属于这种原理的应用？"学生踊跃发言："我家太阳能外表涂了黑色，很厚实，是为了吸热使水温高。""夏天晾衣服的时候，白色衣服比黑色衣服干得慢。"……这种由学生独立思考将所学原理和生活常识紧密结合的方法，也会使课堂学习趣味盎然，快乐无比。

正如美国著名教育家杜威所指出的，经验告诉我们，当儿童能参与到既能激发他们天性中的好奇心又充满乐趣的活动中时，上学变成了一种乐趣。这样，管理孩子不再是一个沉重的任务，学习也变得更加轻松愉快。"寓教于乐"这一理念的精髓在于通过乐趣来促进学习，它贯穿于人类的整个教育之中，收获了广泛的喜爱和积极的反响。

（三）强化成功

每个人都渴望成功，这种渴望不仅带来快乐和自信，也激励人们不断努力。在教育中，学生的成功体验能增加他们的学习热情。苏联教育家苏霍姆林斯基曾告诫教师："请记住，成功的欢乐是一种巨大的情绪力量，它可以促进儿童好好学习的愿望。请你注意无论如何不要使这种内在的力量消失。缺少这种力量，教育上的巧妙措施都是无济于事的。"[①]因此，教师应重视对学生进行鼓励性评价，强化学生的成功体验（积极暗示），使学生更多地体验到学习的成功。

强化成功，教师需要在两方面努力：一是创设机会让学生体验成功，尤其是

① 李士萍．教育学[M]．武汉：华中师范大学出版社，2015：162.

对成绩较差、心理脆弱的学生采取细致的激励策略,有教师创造了“自然关注法”,即表面漫不经心,背后却做足文章,以此来帮助学生重拾信心;二是帮助学生设定合理的成功期望值,避免因过高的期望而产生挫败感,影响心理健康。这样,教师既保护了学生的自尊,又提高了他们的自我效能感,促进了积极的学习态度的建立和保持。

(四)化解困扰

在学习的进程中,学生常常会遇到学习态度、学习方法、人际关系、情绪管理等方面的困扰。这时候就需要教师细致观察学生的心理状态,而且要深入理解学生的情绪波动,透过学生外在行为的表现,洞察其背后可能隐藏的心理诉求,从而进行精准的评估,并提供针对性的辅导。例如,面对学生在学习中出现的疲劳、焦虑、不积极、易分心、听力下降、烦躁或厌学等问题,教师需灵活运用各种策略,进行有效的调整和引导,帮助学生及时调节情绪,以便他们能在大多数时间内保持平静、愉悦的心态。特别是对于学习上有困难的学生,教师应提供一对一的辅导,帮助他们改善学习方法,提升学习技能和自信心,让每一位学生都能在学习的道路上稳步前行,绽放属于自己的光芒。

第三节 基于经历的教学实施

具身认知理论认为，亲身经历、亲身参与是重要的学习方式和学习手段。心理健康教育课堂不应只是传统的“我讲你听”模式，而应是一个鼓励学生主动参与、主动探索、主动体验的过程。作为课堂教学的设计师，教师应尽可能地创造机会，运用各种教学策略，做好教学设计，以充分调动学生的多种感官，让学生获得更加深入和具体的理解与体验，从而更全面、更有效地学习。经历赋能心育的教学设计正是基于这样的理念，致力于培养会学习、善沟通和有视野的学生，力求基于学生的经历差异，通过唤醒、链接和交换经历，让学生亲身经历整个学习过程，从而实现经历的提升。本节主要围绕单元教学设计和课时教学设计，阐述教学设计的制定理念、制定过程和具体措施内容。

一 基于经历的心理健康教育教学设计

传统的教学设计中存在两个常见的误区，即活动导向的设计和灌输式的设计。这两种设计忽视学生的经历起点，“一刀切”的教学设计使学生不能个性化发展。通过教学设计，使更多的学生真正理解他们所要学习的知识，是我们追求的目标。通过实践，我们探索出基于经历的教学设计，强调以学生为中心，关注学生的生活经验和个体差异，通过创设与学生经历紧密相关的教学情境，引导学生主动参与、探索和实践，以实现知识的内化和个性化发展。

(一)学生经历的差异分析

有学者指出：差异是一笔宝贵的财富，直面差异是教育智慧的核心。的确，学生在成长过程中各方面都存在一定的差异。苏联心理学家克鲁切茨基用编制的实验题对学生进行测试，发现学生存在着能力水平差异，而这种能力水平差异在很大程度上源于他们各自的经历差异。当面对具有不同经历和能力水平的学生时，提供统一的学习材料往往无法达到预期的教学效果。对能力较强的学生来说,他们可能会觉得学习内容过于简单,缺乏挑战性,从而产生“吃不饱”的现象;而对能力较弱的学生来说,他们可能会觉得学习内容过于复杂,难以理解和接受,从而产生“吃不了”的现象。这两种情况都不利于学生的成长和发展。

因此,我们从课堂学习入手,采用问卷法、观察法与半结构化访谈,对全体学生经历的差异原因展开调查,结果显示:学生经历的差异主要由知识差异、生活差异和经验差异三个方面造成,现逐一分析如下。

1.知识差异

学生经历的差异很大一部分取决于知识差异,不同的学生,所掌握的知识是不同的。由于个体间的差异,他们所拥有的知识体系自然也是千差万别的,正如世界上找不到完全相同的两片叶子一样。不同的学生,虽然在学校接受的教育几乎一样,但先天智力的不同,后天学习能力、方法和努力程度的不同,身体健康状况的不同,都将导致学生的知识差异。

有研究表明,胎儿从母体中出来的方式——顺产和剖宫产也有可能影响儿童后天的行为习惯养成;上学后,有些学生在周末及假期参加各种培训班,进一步拓宽知识视野,而有些则不参加,对于不同的学生,以上两种虽说没有绝对的好坏之分,但也会在一定程度上造成学生之间的知识差异;有些孩子热爱阅读、善于思考,有些孩子喜欢动手实践,这些行为习惯也是知识差异产生的因素之一。

知识差异没有好坏之分,教师要平等对待学生的知识差异。教师不应仅凭语文、数学、科学、英语等学科成绩的高低来判断学生的聪明程度。平等对待学生的知识差异不是简单地对学生进行分类,更不是基于他们的知识差异来贴标签。在教育过程中,我们要为学生提供一个丰富多元的学习环境,让其各取所需,各展所长,使每个学生的知识优势得到充分发挥、发展。

2.生活差异

杜威指出,人的发展与形成只是天生的本能生长的过程,教育的作用就在于促成这种“生长”。[①]这种生长过程表现为社会性的活动就是生活。社会生活

① 张慧明.中外高等教育史研究[M].长沙:湖南大学出版社,1998:258.

条件在儿童心理发展中起到了决定性的作用,只有社会条件适合儿童内部的心理状态并充分调动学生的积极性,才能有效促进学生心理因素的健康发展。家庭是社会的细胞,是儿童生活的第一环境,它是一种以血缘为基础的社会关系。[①]在个人的成长过程中,家庭的影响不可避免,可以说家庭环境直接影响儿童的生活。生活中,教师应关注学生间的个体差异:有的活泼开朗,有的沉静内敛;有的热心助人,有的漠然视之;有的优柔寡断,有的做事果断;有的充满自信,有的内心自卑;有的小心谨慎,有的大大咧咧。这些表现都是学生对生活最直接的、最本真的体现。

作为教育工作者,教师肩负着塑造学生未来、启迪智慧的重任。在日常的教育教学中,教师必须敏锐地察觉并深切地关注学生之间的生活差异,同时尊重这种差异,而不是将其看成麻烦和包袱。在班级中,教师时常会遇到一些专横任性的学生,他们或许因为家庭环境、成长经历等原因而表现出这样那样的性格特征。面对这些学生,不能简单粗暴地予以压制或训斥,而应引导他们学会宽容与理解。通过耐心的教育和引导,让他们明白每个人的成长经历和性格特点都是独一无二的,只有相互尊重、包容,才能共同创造一个和谐融洽的学习环境。同时,我们也要关注那些性情怯懦、缺乏自信的学生。他们或许因为种种原因而不敢表达自己的想法和观点,甚至害怕与人交往。对于这些学生,我们应给予更多的关怀和指导,用心发掘他们身上的闪光点,并鼓励他们将这些闪光点放大。通过肯定他们的努力和进步,帮助他们找回自信,重新树立自尊和自强的意识。在此基础上,我们可以有计划地引导他们参与各种集体活动,让他们在实践中锻炼自己的社交能力,逐渐融入集体之中。总之,教师要基于差异因材施教,培养、开发每个学生良好的个性。

3.经验差异

所谓经验,就是从已发生的事件中获取的知识,是学生与环境之间交互作用的结果。在日常生活中,学生经历着对周遭世界的探索和认知。这一过程,实际上是他们不断对客观事物进行概括和总结的过程。由于每位学生所处的社会环境、家庭背景不尽相同,他们直接接触的客观事物自然各异,这便形成了经验差异。这种经验差异的来源是多元的,它既可能源自父母的言传身教,也

---

① 关达.家庭教育指导[M].长春:东北朝鲜民族教育出版社,1995:181.

可能受到社会潜移默化的影响。父母的言行举止、生活态度,都无形中塑造着孩子的世界观和价值观;而社会的多元文化和价值观念,也在孩子心中播下不同的种子。这些经验,如同一颗颗种子,被移植到孩子的心田,成为他们成长道路上不可或缺的养分。在小学阶段,班级犹如一个微缩的社会,学生们来自五湖四海,背景各异。有的生于本地,熟悉着这片土地的风土人情;有的则来自他乡,携带着异地的文化和习惯;有的成长于繁华的城市,享受着便捷的交通和丰富的资源;有的则扎根于宁静的乡村,感受着大自然的馈赠和生活的简朴。这些不同的生活经历,使他们在接受教育的起点上存在差异。然而,正是这些差异,让每个学生都拥有自己独特的视角和见解。教师应当珍视这些差异,引导他们相互学习、相互借鉴,从而拓宽他们的视野和思维。同时,我们也需要关注那些经验相对较少的学生,帮助他们弥补不足,共同成长。例如,一位老师在执教部编版四年级语文下册《文言文二则》成语"铁杵成针"一课时,对于老媪将铁杵磨成针的做法,有学生提出质疑:"为什么老媪不把铁杵卖了?那样可以买很多的针!"由于学生现有的经验不同,对问题的思考也就不一样。对学生提出的问题,教师可以引导他们进一步去了解古代的针是怎么形成的,与现代的针有哪些不同,将学生引入新一轮的学习中。

由此可知,学生经验的差异是影响其经历差异的重要因素之一。学生的生活经验是他们接受教育的起点,他们对新知识的理解,无论多么稚嫩或新奇,都反映了其独特的经验背景。基于学生经验的这种差异性,教师应从学生的经验出发,寻找学生经验的生长点,并尽可能地贴近学生的经验,重新组织教材内容,使学习内容与学生的经验实现有机融合。

(二)基于学生经历的心理健康教育教学设计

我们所研究的"基于学生经历的心理健康教育教学设计",指教师根据学生已有经历和个体特质,针对某一节具体的心理健康教育课程内容制订实施计划。它由三个部分组成,分别为教学目标、教学过程和学习评价,彼此间的关系如图5-1所示。

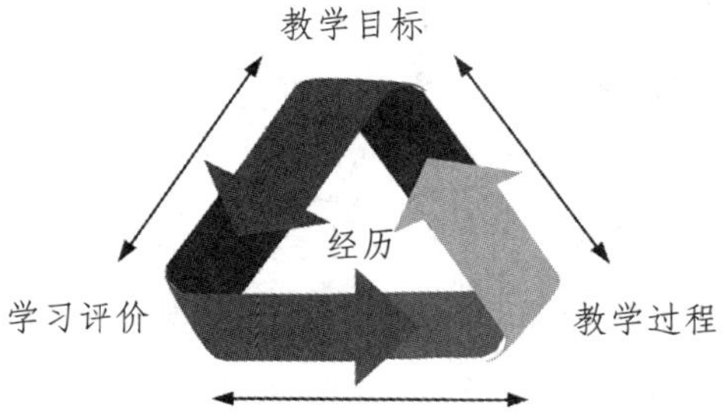

图5-1　基于学生经历的心理健康教育教学设计结构图

从图5-1可以看出，基于经历的教学设计主要围绕学生经历的构建展开：从教学目标的制定到教学过程和学习评价的实施，最后再回归教学目标，三者形成一个闭环，相互独立又相互联系，三者均指向学生经历的构建。

1.教学目标设计

心理健康教育教学目标包括认知目标、情感目标和行为目标，三者相互制约、相互联系。传统的教学中，教师习惯了从教参上摘抄教学目标。事实上，教学参考书是面向全国各地的教师出版的，目标的制定大多源自对教材的理解与把握。而实际教学中，我们都深刻地认识到，每个区域、每个学校乃至每个年级的学生存在的经历差异实在是太大了。如果没有对学生已有经历的充分了解，再优秀的教学设计也只能是纸上谈兵。因此，教师必须深入解读教材，全面分析学生的已有经历，只有基于这两方面的思考，其所制定的目标才可能有针对性、适切性，也才有达成的可能，这样的目标才可能算得上有效的目标、有意义的目标。下面从教学目标设计的原则、陈述的方法及注意事项三个方面展开阐述。

(1)教学目标设计应遵循的原则。

①系统性原则。

教学目标的设计应从系统角度出发，明确单元教学目标在课程整体目标中的位置，进而准确把握课时目标在单元教学目标中的角色定位，将知识目标与学生的经历进行有效关联与衔接，以实现教学的有效性。

②主体性原则。

基于学生经历的教学目标设计应以学生为主体，始终秉持“以学生为中心”的理念。评价教学目标设计的合理性时，应依据教学目标是否符合学习规律、是否能促进学生身心的发展来进行。在设计目标时，应采用“学生能通过……”“学生能在教师的帮助下……”这样的表述方式。

③差异性原则。

学生在学习起点、学习方法等方面存在着一定的差异，因此，基于学生经验的教学目标设计应面向全体学生，要在深入分析学生实际情况的基础上进行。这意味着教师应根据学生经历的差异性，设定不同程度的学生所需达到的标准。

④灵活性原则。

课堂教学是一个开放动态的过程，不应拘泥于预设的固定流程。因此，教学目标的设计应具有一定的灵活性，在实践过程中能开放性地融入学生的直接经历和间接经历，接纳那些始料未及的体验。同时，教师也应根据教学的实际情况，灵活地调整和运用这些经历。

（2）教学目标设计的陈述方法。

教学目标的设计离不开教师对教学内容的深入理解与把握，同时也离不开对学生经历起点的详细分析。教学目标的设计根植于教师对教学内容的领悟以及对学生既有基础的把握。因此，教师应根据具体的教学内容和学生之间的差异，灵活调整设计方法。这里我们着重探讨的是教学目标设计时所采用的阐述策略与技巧。

①行为目标陈述法。

行为目标模式的主要代表人物是美国学者泰勒，他主张对教学目标的陈述应当清晰明确，指出需要培养学生的哪些具体行为，以及这些行为将在哪些领域得到应用。一般而言，行为目标是通过具体、可操作、可观测的行为方式来表述的，它特别关注学生学习后所展现出的显性行为变化。这些行为目标主要包含四个要素：陈述的主体、行为产生的条件、具体的行为表现以及衡量行为的标准。

②内外结合的目标陈述法。

心理学家认为，教育的真正目标在于让学生能成为自己知识结构的精心的设计师，使学习者善于学习，促进其学习和认知活动。[①]因此，N.E.格伦兰提出

① 张大均.教育心理学[M].2版.北京：人民教育出版社，2004：66.

了一种将内部过程与外显行为相结合目标的陈述技术。[①]该方法首先使用描述内部心理过程的术语来阐述教学目标，随后通过可观察的行为实例将其具体化，从而使内在的心理变化变得可观察和可测量。以二年级心理健康教育课《奇思妙想》为例，教师利用真花和假花作为教学媒介，引导并激发学生多种感官参与。对于所见、所闻、所触的物品，教学目标可划分为“一般性目标”和“具体性目标”。其中，“一般性目标”是指学生能理解真花与假花之间的区别；而“具体性目标”则是指学生能带着愉悦的心情摸一摸、闻一闻、看一看，从而知道真花与假花的本质区别。

③生成性目标陈述法。

此类目标陈述法强调教学过程中的不可预测性。它注重观察学生在学习前后的兴趣变化和能力形成，适用于表述过程与方法维度的目标，有助于培养学生的探究力和创造力。例如，在音乐课、美术课等艺术领域的课程中，由于这些课程重视学生的尝试、练习与创造，因此，生成性教学目标显得尤为重要。

(3)教学目标设计的注意事项。

在实践过程中，我们对教师的备课笔记进行检查，发现教师对教学目标的制定存在不同程度的照抄照搬教参、忽视学生的主体性、指标难以测量等问题。于是，我们要求教师基于学生经历进行教学目标的设计，灵活运用教学目标陈述方法进行有效设计。在设计教学目标时应注意以下几点。

①目标应与学生成长密切相关。

心理健康教育课程旨在帮助学生解决成长中的问题。心理健康教育的活动目标应紧密贴合学生成长需求，一方面着眼于矫治性目标，诸如自我意识、情绪困扰、人际关系、学习行为等具体目标，这些都是从学生成长的问题出发，促进心理健康品质的提升。另一方面，应更多地着眼于发展性目标，从积极的一面来提高学生的心理素质。例如，“怎样提高注意力”“欣赏我自己”等。

②目标应明确具体。

心理健康教育课程活动目标应避免泛泛而谈，诸如“调整负面情绪”此类表述过于宽泛，应细化为：“明确负面情绪对个人日常生活与学习效率的消极影响，探索并实施几种有效的情绪调节策略，以提升自我情绪管理的能力，确保情绪状态更加积极健康。”这样的目标设定更为具体明确，有利于学生在实践中逐

① 毛晋平.教学心理学研究的进展[M].长沙：湖南师范大学出版社，2004：179-180.

一落实与提升。

③目标应得到学生的认同。

教师在设计活动方案时，要深入了解学生的内心需求，即他们希望在团体活动中学到什么？期望解决哪些成长中的困惑与挑战？在此基础上，教师要与学生一起商议，制定既满足实际需求又可以达成的目标，经过大家商讨制定出来的目标，更易于被学生看作是“自己的”目标。例如，一位新手班主任匠心独运，设计了一个以“我的游戏我做主”为主题的辅导活动，巧妙地将学生兴趣与成长目标相融合。教师观察到学生课间喜欢玩烟卡，并总想着如何得到烟卡，还攀比谁的烟卡更高级。于是，教师启发学生对“我喜欢什么样的游戏更有意义”这一话题进行讨论。事实表明，学生很喜欢这个活动。学生通过讨论，觉得下课去打羽毛球、跳绳、踢足球更有意义，认为烟卡这个游戏不太适合小学生玩。

总之，在制定活动目标时，教师真正立足于“教材”与“学情”，目标的把握一定能做到表述更精准，层次更清晰，重点更突出，在课堂实施时更有效。

2.教学过程设计

基于学生经历的教学过程设计是师生与周遭环境互动对话的深化，是深度分析教材、学生经历、教师教学及环境资源的全面融合。其设计流程如图5-2所示。

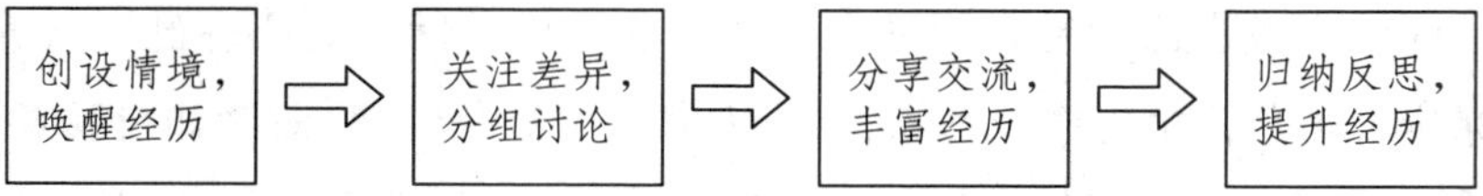

图5-2　基于学生经历的教学过程示意图

（1）唤醒·激活：创设情境，唤醒经历。

教学内容是学生学习的媒介，在选择教学内容时必须充分考虑学生经历的起点、接受水平和能力差异。因此，课程开始之前，教师首先需要编制经历前测的方案和工具，如个别谈话、经历问卷、口头访谈提纲等，通过前测了解学生的心理特点、心理矛盾和心理期待，从而创设相应情境，唤醒或再造学生有效的经历以促进知识的学习。同时，我们还需关注教师的已有经历，因为有效的学习需要教师和学生达成经历共振，两者产生共鸣后会碰撞出新的经历促进学生的意义学习。

这一环节对教师来说，主要是通过情境创设的方式，聚焦学生完成学习任务所需要的某一共性的目标需求，激发全体学生积极探索成长动力的欲望；对学生来说，主要是让学生快速了解本节课要探索的主题和达成的目标是什么。

学生的学习起点既包含逻辑起点，也包括现实起点。教师要深入了解学生的需求以及具体问题，知道他们有什么期待，期待的迫切程度如何，以及他们希望教师采用何种方式帮助解决问题，又有什么建议等等。因此，在执教《合适的音量》一课前，教师对学生进行访谈，在了解了他们知道在公共场合要小声说话的公共礼仪，实际生活中却做不到这一点时，创设了案例中的情境，让学生身临其境体验，真正解决教学难点。

在操作过程中，需注意以下几个问题：

首先，利用做小游戏、播放视频和音乐等手段，营造轻松、愉快的氛围，以增强团队凝聚力，使学生能更加集中注意力，带着轻松愉快的心情参与辅导活动，从而增进师生之间、生生之间的信任感和凝聚力。

其次，通过运用得体的体态语言，向学生传达出“关爱、接纳、尊重、倾听、真诚”等积极的辅导态度。

最后，根据学生的年龄特点，精心选择案例、游戏、情境表演等形式，将本节课的培养目标巧妙地融入富有感染力的具体情境中。同时，引导学生在这种真实且熟悉的学习情境中去观察、分析、反思自己的问题与不足，从而明确自己培养与发展的学习目标。

(2)暖身·澄清：关注差异，分组讨论。

基于儿童经历的教学过程设计要充分考虑学生不同的经历起点，多以合作小组为单位开展活动。这一环节对教师来说，主要是创设贴近学生经历现状，直接反映学生学习困难的活动或情境，按照“组内异质，组间同质”或“组内同质，组间异质”的原则分组，激发学生的学习动力，促进相互理解。在课堂教学初期，一般采用三种组织方法。

①热身方法。

热身方法又称预热方法、暖身方法，它是从体育运动中的热身活动、热身赛一类名词衍变而来的。[①]在心理健康教育课程中，热身方法通过游戏活动启动课堂，以此激发学生参与活动的积极性。为了更好地开展热身活动，在学生座

---

① 陈家麟.学校心理健康教育：原理与操作[M].北京：教育科学出版社，2002：386.

位的布局上可以采用圆形围坐方式，从而更好地促进学生间的面对面交流，营造平等自由的对话氛围，拉近彼此间的距离，增强团体动力，为活动目标的实现奠定坚实基础。

②澄清方法。

教师采取关心和尊重的态度，开场即以形象有趣且简洁有效的言辞，清晰阐述本节课的活动目标及活动流程，以消除学生的困惑，营造一种开放、愉快、接纳和尊重的氛围，提升学生参与活动的自觉性。

③介绍方法。

在课堂教学初期，面对拥有不同生活经历的学生，利用团体的力量促进学生间良好人际关系的形成，教会学生自我介绍的方法非常重要。常用的方法有三种。一是分组配对，让学生互相分享基础信息，并就特定话题交流看法或做法，之后回到集体中介绍刚才配对的伙伴，增强自我觉察能力。二是自问自答，如“我是谁”等问题，逐步说出未知的个人特点，增强自我了解。三是轮流提问，考验学生的坦诚和机智。当然，提问应避免涉及个人隐私。总之，教师应掌握方法不断激励学生，使其以积极的态度投入课堂，这对上好一节课至关重要。

在操作过程中，需注意以下几个问题：

一是精心选择一些深入探讨且与学生经历紧密相关的话题，以促进学生进一步开放自我，引导他们进行更具实质性的讨论，鼓励他们表达内心真实的经验和想法，更深入地探索自我，并更自由地给予他人反馈。

二是鼓励生生之间分享不同的经验和观点，促进思想的碰撞。在班级心理健康教育活动中，每个学生都是宝贵的资源。当教师为学生创造一个信任、包容的教学环境时，每个学生的经验、体会和应对策略都可以成为彼此共享的资源，大家在互相帮助中共同成长，分享彼此的经验、知识与技能。

三是教师应采用倾听、接纳与支持等辅导策略，帮助学生挖掘深藏的意识与潜能，当学生回避问题时，要合理采取建设性质询，促使其正面面对。

(3)交换·触发：分享交流，丰富经历。

这一环节对教师来说，主要是通过设置多个任务情境，引导学生将探索总结出来的方法和经验进行正向迁移与运用，进一步强化认知和行为；对学生来说，主要是利用获得的方法和经验完成本节课的学习目标，继而通过分享，不断充盈经历。

在教学中，教师可以运用以下五种方法。

①引导方法。

在教学过程中，为了帮助学生寻求问题的答案，教师要适时给予一定的启发。例如，在学生思考问题之前或之后，教师可以运用诸如“你的理解是……”“你认为……如何？”“你坚信的观点是……”等指导语，引导并激发学生进行深层思考，使其敢于表达自己的见解与情感，在班级团体内形成开放、包容的交流氛围。

②反馈方法。

反馈可以帮助学生从教师与同学的视角来认识自己，借助他人的言语和态度来审视自己，从而赋予学生自发、主动“修正”自我的机会。因此，教师应敏锐捕捉学生流露的情感与思想，并将这份理解如实地反馈给学生，让学生深切感受到被他人理解的温暖，引起心灵上的共鸣。

③面质方法。

学生有时会回避自己应该承担的责任，为自己的不当行为找借口。此时，教师有必要对学生进行面质，引导学生理智地进行自我反思，勇敢地面对现实。在面质时，教师要先肯定学生的优点和长处，随后用温和的态度指出其缺点与不足。面质的谈话顺序对谈话效果影响很大，因为一个人只有在受到应有的表扬后，才能在需要批评的地方接受批评。

④明朗方法。

明朗方法主要用于教师在复述学生说的话或表达的情感之时，补充教师认为学生言而未尽的内容。换言之，教师要细腻捕捉并详尽表述学生那些模糊、没有明确表达的思想与情感，并对之进行阐述。明朗方法有助于师生之间的进一步沟通。

⑤连接方法。

连接方法犹如串珠成链，在教学过程中，由教师将零散的资料进行连接、归纳和总结，形成一条完整的学习脉络。如此，学生可以从中汲取完整的经验，让知识与能力的习得更成体系。

在操作过程中，需注意以下几个问题：

一是必须始终围绕主题开展活动。师生应共同围绕主题进行探索，总结出相应的方法与经验。同时，设置与主题相关的任务情境和问题情境，这样的强化训练才更具针对性。

二是教师需要注意调整自己的角色位置。在各个阶段，教师要把握好自己的角色位置,适时从团体的中心位置向外退移,同时引导学生让其逐渐向团体的中心位置靠拢。这样,有助于学生的独立性的培养,学生会跟随教师的辅导节奏,自觉地参与活动,主动成长。

(4)内化·建构:归纳反思,提升经历。

心理健康教育课程没有统一的教材,只有充分借助学生已有经历和课中交换生成的直接经历才可以体现《中小学心理健康教育指导纲要(2012年修订)》的理念要求。正是有了经历,教师才可以借助新经历产生的过程来点拨学生的学习方法;面对很多的学习内容,可以借助经历帮助学生理清思路;在心理健康教育缺乏统一教材时,可以借助经历丰富心理健康教育课程内容。由此可见,经历可以让学生的思维和能力融会贯通。

这一环节对教师来说,主要是对本节课的教学目标进行全面总结提升,同时引导学生将本节课的所学所得应用于未来的学习生活中。而对学生来说,这一环节的重点则是梳理自己对本节课活动主题的理解,深入思考从团体和他人身上学到了什么,并探索如何将学到的方法与技能应用于自己的学习之中。

在教学过程结束时,教师可采用以下三种方法。

①回顾与反省。

师生共同回顾所进行的活动,分享心得体会,并提出相关意见。

②计划与展望。

师生共同讨论未来的打算,制订相应计划,并对未来进行展望。

③祝福和道别。

师生之间、同学之间互赠礼物,道别时为彼此送上祝福,维持和增进相互间的友谊。

在操作过程中,需要注意以下几个问题:

一是留出充足的时间。一节课的整理总结和交流分享对整节课起着画龙点睛的作用,可以再次明确团体活动的主题、目标和意义,帮助学生达成共识,获得新的感悟。

二是鼓励学生将认知和经验进行转化。一节课的结束应该是学生发展的新起点,教师要鼓励学生将自己在团体活动中获得的经验、体会、感悟运用到实际生活中,从而产生新的学习动力。

三是设置一个富有新意和韵味的尾声。教师可以利用赠言、名人名言或歌曲等作为一节课的结束部分,营造深刻而美好的氛围,激励学生将课堂上的活动体验与课后的生活实践结合起来。

3.教学评价设计

教学评价指的是运用科学的方法对与教学相关的信息进行系统的收集整理,形成信息集,而后再对信息集进行分析处理,从而完成对教学活动过程及其结果与预期流程和目标的相符程度的测定和衡量,借此可以对教学给予价值判断,进一步可以为修正教学设计提供依据,从而达到提高教学水平和实现教学增值的结果。[①]以下将从教学评价设计的原则、评价内容的设计及评价主体三个方面展开阐述。

(1)教学评价设计应遵循的原则。

第一,主体性原则。主体性原则强调,课堂教学评价应以学生已有的经历为基础,并依据价值主体的需求进行,这里的价值主体是指学生,他们是评价对象最直接的价值体现者。学生的发展是全面的,既包含认知层面的进步,也涵盖情感、态度和价值观的发展。因此,确立评价标准时,首要任务是明确学生的需求,以确保评价标准能满足大多数学生的发展需求,从而实现课堂教学价值的最大化。基于此,将学生放在核心位置,是对评价标准合理性的根本体现。

第二,实践性原则。实践性原则是教学评价的最根本原则。课堂教学价值是由价值主体,即学生和教师在教学实践活动中共同创造的,而学生与教师之间的价值关系也正是基于学生的实践活动而得以存在。为了满足教学价值主体对教学的多样化需求,学生在课堂教学活动中积极参与学习、交流、启发等活动,从而使他们的综合素质和各方面能力得到提升。因此,教学实践也是衡量课堂教学目标和教学过程设计成效的最有力体现。

第三,科学性原则。教学评价中的科学性原则,强调评价主体应以学生为中心,进行客观、公正且科学的评判。一方面,要在充分尊重学生发展需求的基础上进行评价。另一方面,评价主体在进行评价前,需对教学需求进行深入的分析和选择,以确保评价需求是合理的。当前,绝大多数的课堂教学评价标准采用二次量化的形式进行应用,而对学生的课堂评价也往往仅以学生答对题目的数量来衡量。这种评价方式将学生的兴趣、情感、个性等重要因素排除在课堂教学评价之外,导致课堂教学评价变得机械化、僵化,甚至可能产生对立的情况。

① 吴洪成.有效教学的技能与艺术[M].天津:天津教育出版社,2010:167.

第四，发展性原则。教学是一个由教师和学生共同参与的，旨在实现学生身心发展的双边活动。教学评价的最终落脚点是促进学生发展。学生的发展既取决于学生自身的“学”，也受到教师“教”的影响。因此，在进行教学评价时，不仅要评价教师“教”得如何，更要关注学生“学”的情况，最终应立足于评价学生“学”的效果，确立以学生发展为导向的课堂教学评价理念。

(2)教学评价的内容设计。

教学评价的内容，核心在于“评价什么”。明确教学评价的对象，是确立教学评价设计内容的首要前提。教学评价的对象主要包括教师行为和学生行为两个方面。教师行为指的是教师在课堂教学中，为达成教学目标所展现出来的行为活动过程。而学生行为则不仅涵盖学生在课堂上的表现，以及他们掌握基础知识和学习内容的水平，还包括对学生个体情感、态度、价值观发展的评价。以下从教师行为，学生课堂表现，学生情感、态度、价值观的发展三个方面展开阐述。

第一，教师行为。针对教师行为的教学评价设计内容，通常由一系列一级指标及其对应的评价要素共同构成评价指标体系。这些一级指标一般涵盖教学目标、教学重难点、教学内容、教学过程、教学方法、教学效果以及教师素养等多个方面。需要注意的是，虽然教师评价是教学评价设计内容的重要组成部分，但它并非评价的主体。基于教学评价设计的主体性原则，在制定课堂教学评价标准时，应始终贯彻以学生发展为本的理念，在评价过程中更加关注学生的学习成效以及学习体验。

第二，学生课堂表现。学生课堂表现是一个综合性的评价指标，它涵盖了学生语言、学生行为以及学生学习水平等多个方面。其中，学生语言是一项重要的评价维度，具体包括学生的话语量、表达的流畅度以及语言的灵活运用程度等。同时，在评价学生行为时，需要重点关注其行为的目的性、互动性和主动性，这些方面能充分反映学生在课堂上的参与度和学习态度。另外，教师还应密切关注学生的思考过程，判断其是否合理，并评估学生当前的学习水平与目标之间的差距，以便深入了解学生存在的学习困难及其原因。

第三，学生情感、态度、价值观的发展。学生是学习的主体，教学评价的开展有利于促进学生的全面发展。因此，我们应从学生全面发展的需要出发，科学合理地确定教学评价指标体系。在这一过程中，我们应特别关注学生的学习状态和情感体验，关心他们是否具有强烈的学习动机以及是否付出了足够的努力。同时,我们还应鼓励学生保持好奇心,勇于发现新问题,大胆质疑现有观点,并通过不断收集证据来积极寻求问题的解决方案,培养他们的创新意识和实践能力。

(3)教学评价的主体设计。

教学评价的主体是指评价活动的设计者、组织者和执行者。评价结果的可靠性在很大程度上取决于评价主体的专业水平、心理素质以及评价态度。在选择最适合的评价主体进行教学评价时,首先需要明确评价的目的,通过评价来确保课程实施的质量,促进学生的全面发展。目前,教学评价的主体主要包括教师、学生以及家长。

第一,教师评价。教师评价主要包括以下三个方面。一是教师对学生的评价。教师在教学过程中的核心作用在于通过与学生的积极互动来促进学生的学习和发展。这要求教师持续通过评价手段深入了解学生的学习状况,并据此灵活调整教学进程,帮助学生构建知识体系。教师对学生的评价不仅关注每一个学生的表现,也注重对学生整体的评估。通过及时关注并诊断学生在学习上遇到的问题,将相关信息及时反馈给学生,有效调节并提升学生的学习效率。二是教师的自我评价。教师在教学实践中,需要定期进行自我总结与反思,根据反思结果调整教学内容,改进教学方法,明确教学重难点,确保教学目标能高效达成。三是教师之间的互评。教师之间的评价也是一种重要的评价方式。由于评价双方通常具有相似的教学经历,这样的评价不仅有助于教师之间的相互成长,还能增强教学研讨的氛围,促进教师的专业发展。

第二,学生评价。学生评价主要包括学生自评和学生互评两个方面,它强调以学生为主体,对学习过程进行深入反思,并鼓励彼此间的交流与互评。一是学生自评。教师在教学过程中应有计划地引导学生培养自我反思的能力。学生需要审视自己是否对学习任务和目标有清晰的认识,评估所采用的学习方法是否得当,并最终判断自己的努力是否达到了预期的学习目标。二是学生互评。在学习过程中,学生会展现出不同的想法、不同的学习方法,产生不同的学习效果。通过学生之间的互评,学生可以相互学习对方的有效学习方法和独到见解。这种互评不仅能促进学生之间的交流与合作,还有助于他们拓宽视野,实现共同进步。

第三,家长评价。在过去,家长往往较少参与教学评价,主要作为评价信息的接收者。然而,现今许多学校已经设立了诸如家长开放日、家长开放周等活动,积极邀请家长走进校园,深入了解学生的学习状况。家长不仅有机会获取学生的学习情况,还能针对这些信息提供相应的反馈,就教师的教学和学校的整体发展提出建设性的意见和建议。通过家长的参与和评价,结合学生在校的实际表现,教学评价会更全面、更客观。

(三)基于学生经历的教学设计要点

"基于学生经历的教学设计"能否有效实施,关键在于教师能否妥善布置与创设支持性的教学环境和技术,这关乎到学生经历的教学设计能否得以落实。课堂环境是一个综合性的概念,它涵盖了影响课堂教学的各种外部条件,既包括光线、颜色、声音等自然因素,也涉及多媒体设备、教学工具等物质资源,这些因素都对教学活动有重要的影响。因此,我们提出"基于学生经历的教学设计"的两个设计要点,即课堂教学的软环境布置和教学技术的硬环境创设。

1.课堂教学的软环境布置

(1)优化课堂教学环境。

优化课堂教学环境至关重要,因为良好的课堂教学环境对教师的教和学生的学都有着显著的影响。一个宽敞明亮、干净整洁、光线柔和的教室环境,会让学生集中注意力并积极投入学习,课堂教学效果明显。在实施基于经历的教学设计时,我们除了关注教室的清净明亮外,还致力于创设一种能唤醒学生已有经历或适合学生再造经历的支持性环境,并确保这样的环境深受学生喜爱。小学生具有好奇、爱动的特点,因此,教师要借助生活中的照片、视频等丰富的教学资源,利用教具进行直观教学,将学生引入教学情境中,进行深度思考与深入探索。学生运用多种感官参与学习,就有可能获得更为充分的感知和深刻的学习体验。

(2)合理布置教室环境。

座位安排作为教室环境的一个重要组成部分,对基于经历的教学设计而言具有不可或缺的重要性。这种教学设计通常采用分组教学方式,即以小组为单位,针对教学中的某一问题进行深入探讨,或者对教学任务进行分工合作,共同完成。为了更有效地实施这种教学设计,我们采用六人小组的座位排列方式。具体来说,就是将教室内的座位分成若干个六人小组,每个小组的成员围坐在一起,形成一个紧凑而有利于交流的小组环境。在分组方式上,将同质小组与异质小组相结合,以确保小组成员之间的多样性和互补性,促进教学过程中的互动与合作。

除座位外,在布置教室环境时,教师可以将其视为一种整合性的课程资源,作为教学设计的重要补充,以充分凸显学生经历和教学要求。将教室环境看作一件师生共同精心创作的"作品",将学生个体置于中心位置,注重学生与环境的互动,为学生的自主活动预留充足的空间。与此同时,要体现学校和班级的"特色"与"个性",将班级建设成一个拥有共同愿景的学习共同体。

(3)充分开发多种教学资源。

教学环境的建设不仅体现在班级布置中,还体现在对教学资源的开发和利用上。其中,校内资源主要包括图书馆资源以及多学科整合资源。比如,我们学校与翔安区图书馆合作,周一至周五对师生开放,周末对社区开放,鼓励全民阅读。同时,简化图书借阅流程,定期更新图书,使"书尽其用"。经历赋能心育的教学要与实际生活紧密联系,因此要加强与各学科知识间的相互渗透,加强学科间的联系,其中包括各学科教师间的相互合作,科学地将知识进行整合串联,使多学科资源达到有机整合。教学资源不仅包括校内资源,也包括校外资源。如纸质媒体、网络、社区服务、假日小分队活动、家长资源等,教师在教学设计中可以结合所需,恰当使用校外资源,开展教学活动。在工作中,可以充分利用家长资源,以班级或年级组为单位开展"一家一课程"活动,发动家长到班级为学生授课,授课的主题和内容由教师和家长共同商定。围绕"经历赋能心育",以班级为单位不同程度地开展与生活、学习密切相关的心理健康活动,如心理健康游园、心理健康书画比赛、笑脸墙设计与展示等等,寓教于乐,活动润心。

2.教学技术的硬环境创设

(1)交互式电子白板的应用与探索。

随着科技的飞速发展,教学媒体也迎来了重大的变革。在众多新兴媒体中,信息技术的应用无疑是最引人注目的,它彻底改变了教学的形式,为课堂注入了新的活力。作为大数据时代的教师,我们不仅要熟练掌握现代教学媒体的使用,更要在继承传统教学媒体的基础上,充分发挥现代媒体的优势。近年来,国际上推出了一种人与计算机交互的智能平台——交互式电子白板,它集演示、书写、储存、打印等多种功能于一体,具有出色的兼容性和实用性。教师可以利用其丰富的教学资源和多样化的交互功能,创设更为真实的教学环境,生成更为丰富的教学资源。通过这一平台,可以增加教学的趣味性,增强师生间的互动性,更加注重课堂生成,启发学生的已有经历,关注学生经历的链接和产生。

(2)现代化学习工具的革新应用。

除了交互式电子白板,还可以引入平板电脑这一现代化学习工具,将其融入课堂教学之中。学生可以利用平板电脑观看教师录制的微课视频,进行自主学习和小组合作探究。通过平板电脑,学生还可以与同学实时探讨解题方法,完成教师布置的练习和作业,并且可以将学习成果实时同步到班级的大屏幕上进行展示。这种一对一的交互式学习过程,彻底改变了传统教材的呈现方式,使学生真正成为学习的主体,平板电脑也成了他们个性化的学习资源。此外,还可以使用“班级小管家”等APP,用于家校之间的沟通,发布班级活动、展示学生的学习生活动态、进行云教学,和家长积极互动,及时反馈学生的作业情况。

二 基于经历的心理健康教育教学组织

心理健康教学要关注学生的活动过程,特别是学生在活动中所积累的经验和深刻体会。在心理健康教学过程中,教师应积极引导学生将生活经验转化为学习经验,让他们经历探索与操作的过程,从而建立起学习经历、生活经历与经验经历之间的紧密联系。这样的教学方式有助于学生在心理健康学习中获得更全面、更深入的发展。

(一)基于经历的活动特征

知识的形式丰富多样,涵盖了学生所学的理论知识、操作技能以及他们在各种经历中所获得的宝贵经验。这些经历,无论是学生在日常生活与学习中自然积累的,还是在课堂上在教师的指导下获得的,都构成了他们知识体系的重要组成部分。教学活动的最高宗旨,也是学生将知识学活的理想状态,即能将所学知识在生活中有效应用。认知心理学强调,人头脑中已有的知识和知识结构对人的行为和当前的认识活动起决定性的作用。[①]而建构主义学习理论则进一步指出,学习在本质上是学习者主动建构心理表征的过程。[②]这意味着学习并非简单地将外部知识直接输入到心理中,而是一个基于已有经历,通过与外界环境的相互作用,对所学材料赋予新的理解、形成新的心理表征的过程。因此,广泛而深刻的经历不仅为学生搭建了坚实的学习基础,还有利于他们新知识、新思想的构建。

学生作为心理机能尚在发展中的个体,其学习特点具有鲜明的特殊性。只有充分关注并尊重这些特殊性,才能有效促进学生的学习进程。在学习过程中,由于前概念的不完整性和不科学性,学生往往会遇到新学知识与原有经历相冲突的情况,从而导致思维的碰撞和经历的交互。这就需要教师在学生已有经历的基础上,不断进行突破和纠正,通过同化和顺应的方式,将学生的经历转化为新的、更加科学和有益的经历。在经历赋能心育的教学过程中,这一转化过程具体表现为三个特征。

第一,以情境创设为起点。贴近生活的情境创设能帮助学生唤醒已有经历。心理健康教育课上,针对小学生好奇心强、注意力难以长时间集中的特点,教师充分挖掘教材中的情感因素,有目的地创设情境,营造良好的环境氛围,让学生进入角色,身临其境地去体验学习,从而在情绪上受到感染,在情感上产生共鸣,体验"情理交融"的境界。在进行直观教学的同时,辅以生活中的照片、视频、游戏等教学手段,将学生带进生动活泼、愉悦的情境之中,以激起学生的情思。"人创造环境,同样环境创造人。"因为只有运用多种感官参与学习,才可能使学生获得充分的感知。这一载体适用于样式一操作流程中的"再现"这一步骤,它能调动学生的多种感官,让不同形式的经历再现于眼前,创设相似情境。

【案例5-1】情绪管理小课堂

在一个阳光明媚的下午,学校的心理健康教室里,老师带领一群学生围坐在一个圆形的软垫上。

师:想象一下,你刚刚收到了一个意外的惊喜——爸爸要带你去游乐场玩。但就在这时,你发现你的作业还没完成,而且明天就是交作业的截止日期了。

---

① 李小平,赵丰年,王正宏,等.网络影视课件学教程[M].北京:北京理工大学出版社,2013:5.

② 钟水长.律动生命:问题导向下的课堂教学实施与策略[M].长春:东北师范大学出版社,2021:6.

你现在的心情怎样呢?

(学生分享自己在这个情境下的情绪,如兴奋、焦虑、矛盾等。)

师:你觉得自己的情绪是哪一种?这样的情绪是否合理?

生:我比较矛盾,想去玩又想着作业没有完成。我很后悔自己没有早点儿写好作业,这样就可以去玩了。

师:是的,你是个认真负责的好孩子,你的这种情绪是一种合理表现。

……

师:在这样的情况下,我们该如何管理自己的情绪,做到既能去游乐场,又不耽误学习呢?

(学生分组讨论,分享可能的解决方案,如合理安排时间、制订计划等。)

(教师讲解情绪调节小妙招,如深呼吸、运动、换位思考等。让学生现场进行学习与尝试。)

师小结:生活中,我们总会遇到各种情绪,关键是如何正确地识别它们,并学会管理和调节。只有这样,我们才能更好地应对生活中的挑战,保持健康的心理状态。

总之,心理健康教育课的教学中,教师精心创设一个贴近学生生活的情境,能使学生观察、感悟、晓理、思考等,引导学生认识和管理自己的情绪,从而培养他们的情绪管理能力和心理健康意识。教师要根据教学目标,结合学生生活实际,适时、适度、适切地选择情境创设方式进行教学,使学生不断提升心理品质。

第二,以已有经历做交互。学生的经历主要有亲历、阅历、听历三个方面,这三部分内容都源自学生真实的经历。亲历指的是学生亲自涉足、亲身经历过的生活片段;阅历主要指学生通过阅读报纸、杂志等媒介所获得的间接经验;听历主要指学生通过耳朵捕捉到的声音与故事内容。在教学过程中,教师需要充分了解学生的这些真实经历。只有了解了学生的实际基础,教师才有可能设计出更符合学生需求的教学方案,激发他们的学习兴趣,唤醒其内心深处的真实体验。通过引导学生回顾自己的亲身经历、分享知识积累、倾听他人故事,教师可以帮助学生建构起新的知识框架,修正原本错误的认知经历。

【案例5-2】小学生心理健康三年级上册《独一无二的我》教学前概念调查

表5-1 《独一无二的我》教学前概念调查统计表

你了解自己吗?	人数(人)
我完全了解自己	14
我对自己有一部分了解	19
不知道	8
其他	3

从调查统计表可以看出,学生对自己的认识并不像教师想的那样“肯定都知道”,教师发现很多学生对自己的认识并不是很清楚,这对新知的学习会有较大的干扰。因此,教师根据调查结果,组织有针对性的教学活动,引导学生进行真实的互动交流,从而加深对自己的了解,见表5-2。

表5-2 《独一无二的我》教学后概念调查统计表

你了解自己吗?	人数(人)
我的身份与背景	44
我的性格特点	35
我的社交能力	42
我的学习能力	44
我的爱好特长	36
我的情绪管理能力	37
我面临的挑战与困难	43
我的人生理想	44
我的职业兴趣	42
我获得的荣誉	44

第三,以建构经历为目标。在学生的成长过程中,他们不断累积的经历宛如沉睡的种子,在等待着适当的时机被唤醒。例如,当他们在科学课堂上探索杠杆原理的奥秘时,那曾经无忧无虑地在跷跷板上上下移动的童年记忆会悄然浮现;而当数学的殿堂向他们揭示圆周长的计算方法时,那些汽车车轮又会成为原有的经历。这些早期的体验,可能只是生活中的片段,但它们为新知识的构建提供了基础。当学生在课堂上接受有组织的学习,逐渐理解并掌握了这些

原理后,他们会发现,那些曾经的游戏和观察,如今都能以全新的视角去解读和应用。他们不仅能利用杠杆原理轻松地撬起重物,更能理解这一原理在日常生活和工业生产中的广泛应用;学习了车轮周长的计算,他们不仅掌握了数学公式,更明白了这一计算对于车辆设计、交通安全的重要性。这样的过程,就是他们构建新经历、新知识的历程。而这个不断构建新经历的过程,实际上也是知识迁移的过程。知识迁移不仅是对已有知识的重新组织和应用,更是对经历的更新和丰富。

因此,我们可以说,经历与学习的互动是一个螺旋上升的过程。在这个过程中,学生不断将新的知识与已有的经验相融合,形成更为丰富、深刻的认知结构。而这种认知结构的不断完善,又将为他们更高层次的学习提供有力支持。

【案例5-3】小学生心理健康五年级上册《我的成长故事》经历建构片段

师:请同学们回顾自己最深刻、重要的经历,用一句话简要概括事件。通过这个经历,在学习单上写下你对自己的认识。如:我是一个______________________的人。

师:请把积极正面的经历写在线的上方,体验不太好的经历写在线的下方。

(学生独立完成,想到什么写什么,完成多少个即多少个。)

师:通过梳理自己的成长经历带给自己的自我认识,让你有什么样的发现和感受?哪些经历至今还对你产生影响,有什么样的影响?

生:每个人都有自己的特别之处,也都有各自的长处和短处,而且每个人的发展经历不一样。

师:在刚刚的活动中,我们主要是通过自我观察来认识自己。透过时间线能直观地展示事件或经历,反思我们以往的经历,帮助我们清晰地了解自己的变化,从经历中塑造自我,不管是好的经历还是不好的经历,这些都是属于我们自己的一部分。

以上案例通过让学生填写对自己的认识的方式,唤醒了学生的已有经历,学生回忆了自己好的和不好的经历,梳理了自己的成长经历带来的自我认识,有了不一样的发现和感受。这样,既加深了对自己和他人的了解,新的经历也会迅速形成。

(二)基于经历的活动过程设计

我们深知,学习不是单纯的知识传递,而是需要学生主动参与、积极构建的过程。基于经历的活动过程设计，正是这样一种以学生为中心，强调学生主体性的教学新模式。基于经历的活动设计旨在通过挖掘和利用学生的已有经历，构建一个多主体参与、交互性强的学习环境。这就要求教师要鼓励学生大胆分享自己的经历，无论是生活中的点滴，还是学习中的体悟。这些经历不仅是学生个人成长的见证，更是他们学习新知识、理解新概念的宝贵资源。通过分享与交互，学生能更深入地认识自己，发现已有经历与新知识之间的联系与差异，从而激发出探究的欲望和解决问题的动力。

为了引导学生有效地利用已有经历进行学习，教师需要设计一系列有逻辑结构的学习活动。这些活动应当既能帮助学生回顾和梳理自己的经历，又能引导他们发现经历中的不足或矛盾点，进而思考如何运用新知识来补充完善或解决这些问题。通过这样的学习过程，学生不仅能加深对知识的理解，还能提高自我反思和解决问题的能力。同时，我们也应当注意到，学生的经历是多元、有差异的，学生的学习需求和兴趣点也不尽相同。因此，在设计活动过程时，我们需要充分考虑到学生的个体差异，提供多样化的学习资源和支持，以满足不同学生的需求。经历赋能心育的活动过程设计，不仅关注学生的活动结果，更重视他们的学习过程和体验。我们希望通过这样的设计，让学生在学习中找到乐趣，在分享与交互中不断成长，最终实现知识的内化与迁移，为未来的学习和生活打下坚实的基础。为了能达到最优化的活动效果，有效的过程设计至关重要。基于经历的活动过程设计流程如图5-3所示。

图5-3　基于经历的活动过程示意图

以上四个流程环环相扣，在实际学习中，可能各流程之间会有穿插，无论怎样，最终目的是让学生产生更好的心理体验，不断丰富经历。

1.暖身导入，传递经历，建立链接

在学习过程中，经历的传递起着重要的作用。这些经历不仅塑造了学生的世界观、人生观和价值观，还为其提供了宝贵的智慧与经验。在传递经历的过程中，通常采用三种方式：情景经历传递、参与经历传递和实践经历传递。下面就此三种传递方式进行阐述。

(1)情景经历传递，建立链接。

情景经历传递是指教师通过模拟或重现特定场景，使学生能身临其境地体验他人的经历。这种方式强调情景的再现与沉浸，使学生能直观地感受到经历者的情感与感受。通过这种情景的呈现，学生脑海里能迅速浮现这种情景，并基于这种情景传递已有的经历完成相应的学习活动。例如，在历史教学中，教师可以通过讲述历史故事、展示历史文物或利用虚拟现实技术，让学生仿佛置身于历史现场，感受那个时代的氛围和人物的心境。这种传递方式不仅有助于增强学生的学习兴趣，还能帮助他们更深入地理解历史事件和人物。

【案例5-4】小学生心理健康一年级上册《说说我自己》情景经历传递片段

暖身导入：绘本故事《不一样的“1”》。

教师讲述故事梗概：一天，棕熊老师教同学们写“1”，每个同学写出来的“1”都不一样。比如，小螃蟹写的是横着的“1”，小蚂蚁写了一个很小的“1”，小鸡写了一个歪歪扭扭的“1”，小鼹鼠写了一个像“1”的“1”，小鸟直接找了一根树枝当作“1”，小狗画了一个骨头形状的“1”，小乌龟写得很慢很慢，小蛇干脆把自己的身体当作“1”。

师：你最喜欢哪个小动物写的“1”？每个小动物表达的“1”都有不同的特点，你的特点是什么呢？

学生纷纷对自己感兴趣的小动物写的“1”发表看法。课堂气氛热烈。

师小结：是啊，每个小动物都有不一样的特点，同学们的特点也都是不一样的。今天的心理课堂就好好观察一下自己，说说自己。

(2)参与经历传递，建立链接。

参与经历传递是以语言、文字、图片或视频等方式，将部分学生参与过的亲身经历传递给他人。这种方式侧重于经历的叙述与分享，使学生能了解经历者的心路历程和成长过程。

【案例5-5】小学生心理健康一年级下册《害怕不可怕》参与经历传递片段

活动与体验：说出你的害怕。

出示活动规则：写一写或者画一画生活中让自己感觉到害怕的人、事或者物。然后以小组为单位跟同伴说一说自己的“害怕”。

学生活动后分享：当你把自己的害怕说出来时，你的感受怎么样？

生：当我画出来以后，感觉不那么害怕了。

生：我和我的同桌说了我“害怕”的事情以后，发现他也有“害怕”的事情，而且和我差不多，我们感觉每个人都有自己“害怕”的东西。

生：我感觉“害怕”是一种正常的情绪。

师小结：害怕会给大多数人不舒服的体验，当你说出来的时候会发现大多数人对害怕的感受都一样。害怕其实不可怕，我们要正确地对待它。

在团队建设中，成员们可以分享自己过去的成功经验和失败教训，让其他成员从中汲取智慧和力量。这种传递方式有助于增进团队成员之间的了解与信任，促进团队的凝聚力和向心力。

(3)实践经历传递，建立链接。

实践经历传递，是指教师设计一些实践展示活动，激发其他学生的挑战欲，促使他们主动学习，在不断的实践体验中逐步建构经历，为接下来的分享做准备。这种方式强调亲身实践与体验，使学生能在实践中获得知识和技能，并逐渐形成自己的理解和感悟。

【案例5-6】小学生心理健康三年级上册《当我生气时》实践经历传递片段

冥想练习：我的静心小瓶子。

师：现在，我们将玻璃球投入装满水的瓶子里。这些玻璃球代表着生气时产生的想法，瓶子代表着我们的大脑。接下来我们做一个冥想练习，请跟着老师的指导语静静地感受，看看如果这个大脑装满了这么多生气的想法，可能会发生什么。

指导语：请你背部挺直，身体放松，保持注意力集中，轻柔、和缓地呼吸三次(停顿)。请将视线转移到老师手中的瓶子上。

小组讨论：

1.做了冥想练习，你有什么感受？

2.当我们生气时，如果大脑装满了生气的想法，可能会发生什么？

3.刚才的冥想中，你发现怎么做可以让自己在生气的时候慢慢平静下来？

4.在生气时，你会如何做让自己暂停下来？请结合你的生活实际说一说。

师小结：当我们生气时，要允许自己生气，同时要找到各种不同的方法让自己暂停一下，不马上行动，等待比较平静之后再处理。

总之，情景经历传递、参与经历传递和实践经历传递是三种重要的经历传递方式。它们各具特色，相辅相成，共同构成了我们传递经历和经验的多元体系。在实际应用中，我们可以根据具体情况选择合适的传递方式，以达到最佳的教学效果。

2.活动体验,分享经历,质疑评估

随着现代教育技术的迅猛发展,经历分享的形式变得多元而生动,目前主要有师生共享、生生分享、人机分享。

(1)师生共享,质疑评估。

师生共享是一种高效且富有深度的学习方式。它基于特定的教学情景,鼓励学生积极参与和实践,通过师生间的交流,分享各自在学习过程中的经历与困惑。这种分享方式主要用在课前或者课后总结。

在课前,教师精心设计教学情景,引导学生进入学习状态。通过提问、讨论等方式,教师鼓励学生提出自己的疑问和见解,从而形成一个开放、包容的学习氛围。在这个过程中,教师既是学生学习知识的传授者,又是学习思维的引导者。课后总结时,师生再次共享彼此的学习成果和感受。教师鼓励学生勇敢地表达自己的观点和想法,同时也引导学生对他人的观点进行质疑和评估。这种质疑并非简单的否定,而是基于深入思考和理性分析的基础上的批判性思维。通过师生间的互相质疑和评估,学生能更加全面地理解知识,提升自我认知能力。

【案例5-7】小学生心理健康三年级下册《我的责任我做到》暖身导入片段

情境创设:在雨点音乐厅中演奏《雨声》。

师:邀请同学们一起演奏一曲《雨声》,每一组负责的雨点声不一样,请注意自己小组的声音任务。

出示规则:

1.第一大组负责小雨　　动作:食指互相敲打

2.第二大组负责中雨　　动作:手背互相拍打

3.第三大组负责大雨　　动作:手掌互相拍打

4.第四大组负责雷阵雨　动作:手掌拍打桌子

老师播报天气,学生分组下雨。

师:刚刚你有没有想要做其他组的动作,是什么原因让你忍住了?

生:我想要跟着其他组来做,幸好旁边的同学制止了我。

生:我没有跟着其他组做动作,因为我负责的就是大雨这部分,如果错了,雨声就不好听了。

师:像你们这样认真完成自己的任务就是负责任的表现。你们知道什么是责任吗?

生：责任就是做好自己的事情，对自己和别人负责。

师：《现代汉语词典》（第7版）中对“责任”有两种解释。第一种，分内应该做的事；第二种，没有做好分内应做的事，因而应当承担的过失。生活中，同学们需要承担的责任有哪些呢？如何更好地去履行这些责任呢？今天，让我们一起学习《我的责任我做到》。

在这种分享方式中，聚焦一个可以再学习的问题是关键。通过师生间的共同讨论和评估，学生能发现自己在学习中存在的盲点和不足，进而提出有针对性的再学习问题。这种问题不仅有助于学生深入理解和掌握知识，更能培养他们的批判性思维和创新能力。师生共享、质疑评估是一种富有挑战性和创新性的学习方式。它鼓励学生积极参与、主动思考，通过师生间的互动和交流，共同探索知识的奥秘，提升自我认知能力和创新能力。

（2）生生分享，质疑评估。

在心理健康教育课上，生生分享与质疑评估是促进学生进行深度学习与协作交流的重要方式。当面对一个焦点问题时，小组内的学生不再是孤立的个体，他们可以通过互相交流、动手实践和实景参观等方式，共同探索、表达并评估各自的观点。在小组内，每个成员都有机会阐述自己的见解，并通过实践来验证其可行性。这种动手实践不仅增强了学习的趣味性，更让学生在实际操作中发现问题、解决问题。同时，实景参观为学生提供了直观的学习体验，让他们能更深入地理解问题背后的真实场景。在观点表达与分享的过程中，学生可以对彼此的观点进行评价。他们基于理性思考和实际经验，分析哪些观点是切实可行的，哪些可能面临实施上的困难。这种质疑与评估的过程不仅促进了学生间的思维碰撞，也让他们学会了如何更客观、全面地看待问题。

【案例5-8】小学生心理健康二年级下册《成长吧！我的小豆芽》教学片段

活动与体验：我的豆芽，我来拼。

小组交流分享自己在培育豆芽过程中的发现以及遇到的问题。

出示小组拼图“豆芽生长记”规则：

①6人小组进行讨论、合作；

②选择合适的贴纸，在恰当位置进行粘贴（第一行贴成长过程、第二行贴/画/写成长或者是遇到困难的时候需要的东西）；

③如果没有合适的贴纸，可自己画或者用文字的方式添加进去；

④计时10分钟。

小组展示、交流与分享。

师小结:同学们合作交流,我们一起通过“豆芽生长记”拼图游戏,回顾豆芽生命成长历程,发现成长中会遇到的困难,寻找遇到困难的时候可能会出现的帮助。

师:同学们,经过这段时间的悉心照料,我们的小豆芽已经悄悄长大。今天,我们要用一个特别有趣的方式来记录和分享我们的小豆芽成长的点点滴滴。这个活动叫作“我的豆芽,我来拼”,让我们一起用智慧和创意,把豆芽的成长故事拼出来吧!

1.小组准备与规则说明

教师先组织学生进行分组,每组6人,分发事先准备好的拼图材料,包括各种代表豆芽生长阶段的贴纸、空白的拼图底板、彩笔等。

师:首先,我们要以小组为单位,一起回顾并讨论豆芽从种子到发芽,再到成长的每一个阶段。接下来,我们要用这些贴纸来创作一幅“豆芽生长记”拼图。第一行,我们要贴出豆芽的成长过程;第二行,则是记录豆芽成长中遇到的困难以及解决困难时需要的帮助或工具。记住,要选择合适的贴纸放在正确的位置哦!如果现有的贴纸不能满足我们的需求,别担心,可以用彩笔画出来,或者用文字描述(不会写的字可以用拼音代替),这样也可以让我们的拼图更加丰富多彩。最后,我们要在10分钟内完成这幅作品,所以请大家抓紧时间,相互协作。

小组活动:学生开始热烈讨论,回顾各自豆芽的成长历程,选择并粘贴贴纸,或者动手绘画、书写。教师巡回指导,鼓励学生积极交流,给予必要的帮助和建议,同时观察各组的合作情况,确保活动顺利进行。

小组进行创意展现,教师适时引导,激发学生的创造力和想象力。

小组展示与分享。

①各小组轮流上台展示他们的“豆芽生长记”拼图,并派代表讲解他们的创作思路和背后的故事。

②展示结束后,教师邀请其他小组的同学提问或发表评论,促进班级间的互动与交流。同时,教师也给予积极的反馈和鼓励,肯定学生的努力和创意。

师小结:同学们,通过今天的“豆芽生长记”拼图活动,我们不仅回顾了豆芽的成长历程,还学会了如何面对和解决成长中的困难。更重要的是,我们体会到了团队合作的力量和创意的无限可能。希望大家在生活中也能像豆芽一样,勇敢面对挑战,茁壮成长!

在生生分享与质疑评估的过程中,教师的帮助同样不可或缺。教师作为指导者,不仅要为学生提供方向性的指导,还要帮助他们梳理思路、解决问题。最终,经过一系列的活动与讨论,小组内的学生对植物生长的过程有了深入的理解,在组内及组间达成了共识。这种共识不仅是知识的共享,更是观察力、思维方法与解决问题能力的提升。通过生生分享与质疑评估,学生不仅学会了如何与他人合作、交流,更在实践中培养了批判性思维与创新能力。

(3)人机共享,质疑评估。

随着信息技术的高速发展,分享方式正经历着前所未有的变革。传统的课堂分享,如发言、师生互动和作业展示等,虽然在过去的教学中发挥着重要作用,但在时间和空间上存在着一定的局限性。而如今,人机共享模式正逐步成为教育领域的新趋势,为学生带来了全新的学习体验。这种分享方式主要用于课堂总结或课后。

【案例5-9】小学生心理健康三年级下册《不一样更精彩》学习片段

师:这是一位同学绘制的只有一朵花的"百花园",给你们什么样的感受?

生:不好看,只有一朵花就不是百花园了。

师:你们觉得用哪种方式绘制比较好?

生:我觉得可以绘图和文字相结合。

师:怎样做到图文并茂并且可以让其他人都能看到绘制的成果呢?小组之间讨论一下。

生:可以彩色打印出来,贴在学校的流光展厅里让大家欣赏。

生:可以发朋友圈、发视频号,会有很多朋友点赞。

……

师:你们觉得哪个方法好呢?

学生在小组内热烈讨论。

师:同学们说的都有道理,老师也给大家分享一个途径——新浪微博,可以这样操作(略)。

人机共享模式下的分享方式种类繁多,包括但不限于朋友圈、公众号、小视频等社交媒体平台。这些分享平台打破了时间和空间的限制,让学生能随时随地分享自己的学习成果和心得。不仅如此,这些平台还提供了丰富的互动功能,如点赞、评论等,大大激发了学生的学习积极性。在人机共享的过程中,学生可以将课堂总结或课后的学习成果通过社交媒体平台进行分享。他们可以选择以文字、图片、视频等多种形式展示自己的学习成果,与同学们进行交流和讨论。同时,他们也可以浏览其他同学分享的内容,从中获取灵感和启发。在分享的过程中,学生不仅能展示自己的学习成果,还能通过质疑和评估的方式不断提升自己的认知水平。他们可以对其他同学的观点进行质疑,提出自己的见解和看法;也可以对自己的学习成果进行反思和评估,找出不足之处并加以改进。这种质疑和评估不仅促进了学生之间的思维碰撞和交流,也让他们更加深入地理解所学知识。人机共享模式下的分享方式不仅为学生提供了更加便捷、高效的分享途径,也为他们带来了更加丰富、多元的学习体验。在未来的教育领域中,人机共享模式将继续发挥重要作用,为教育事业的发展注入新的活力。

3.讨论交流,同伴互助,建构内化

学生的学习,需要同伴间的互动交流。在思维的碰撞中,学生能发现新的视角,拓展认知的边界。同伴合作的形式多样,包括同伴异质合作、同伴同质合作、同伴随机合作等,每一种方式都能带来不同的学习体验与收获。

教师作为课堂教学的引导者,要根据学生的实际情况和心理需求,灵活调整学生的座位布局,以确保小组合作能更有效地进行。在小组中,明确的分工至关重要。教师要协助学生制定清晰的分工表格,确保每个学生都能明确自己的职责和任务。同时,也要鼓励学生在时间充裕的情况下,尝试不同的分工角色,以培养其各种能力。在小组合作的过程中,学生共享彼此的经历和知识,这种交流极大地丰富了小组内学生的学习体验。不同的经历为学生提供了多样化的知识构建平台,帮助他们从不同的角度理解和掌握知识。通过同伴互助,学生不仅能解决学习中的难题,还能在相互支持中增强学习动力和自信心。最终,这种讨论交流、同伴互助的学习方式,促进了学生对知识的共同建构与内化。在合作与分享中,学生不仅能掌握知识,还能学会如何与他人合作、如何有效地表达自己的想法和观点。这种能力的培养,对学生未来的学习和生活都具有重要意义。

(1)同伴异质合作,建构内化。

同伴异质合作是一种创新的学习方式,它将学习能力不同的学生组合成一个学习小组,展现出合作的显著优势。这种方式的主要特点是它能充分发挥不同层次学生的优势，实现优势互补，共同促进知识的建构与内化。

【案例5-10】小学生心理健康五年级下册《情绪卡片》学习片段

活动一：搭高塔

教师宣布规则：学生每5人一组，每组用20个纸杯搭高塔，在最短时间内搭得又高又直的小组获胜。

小组活动，组长进行分工：彬彬，今天你先操作，我第二个……每人操作两次。

开始实验。

彬彬：我还不太会，你先来吧！

组长：我先来吧，你看我是怎么做的。

通过组长的示范，彬彬认真操作，顺利完成操作任务。

实验快结束时，组内另外一名同学督促其他同学：赶紧记录，不然就不能获胜了，抓紧时间。

这个小组很快就完成了操作并进行了一定程度的探讨交流。

在异质小组合作中，学习能力较强的学生往往能迅速掌握新知识，并带领小组展开讨论，发挥主导作用。他们不仅能在讨论中深化自己的理解，还能通过分享和讲解，帮助学习能力稍弱的学生理解难点，掌握关键知识点。这种互动与交流不仅提升了学生的团队协作能力，还增强了他们的自信心和表达能力。同时，异质小组合作也给学习能力稍弱的学生更多的学习机会。他们可以在小组中得到学习能力较强学生的帮助和指导，及时解决疑惑，加快学习进度。在小组的合作与交流中，他们能逐步建立自信，激发学习兴趣，提升学习动力。异质小组合作充分体现了面向全体学生的教育理念。它让每个学生都能在小组中找到自己的位置，发挥自己的作用，实现个性化学习。同时，这种合作方式还能加快课堂学习节奏，使各个教学环节能顺利进行，提高教学效率。总之，同伴异质合作是一种有效的学习方式，它能促进学生之间的优势互补，共同促进知识的建构与内化。

(2)同伴同质合作，建构内化。

在教育实践中，我们基于学生的学习能力水平对学生进行分组。这种方法不仅适用于心理健康教育课程的深入研讨，而且为各学科课内外教学提供了层次化的指导框架。通过评估学生的学习能力，将水平相近的学生置于同一小组，进行个性化的教学指导，能最大化地调动学生的积极性与参与感。在小组中,学生之间的学习能力与层级相当,使得他们在交流、讨论时能找到更多的共鸣与认同,从而建立起强烈的归属感。这种归属感不仅增强了学生在学习过程中的幸福感,还进一步激发了他们深入探索、主动学习的动力。同时,对于学习能力较强的小组,学生可以通过深度的讨论与探究,不断碰撞思想、激发灵感,提升学习效果,培养团队协作与创新能力。

【案例5-11】小学生心理健康三年级上册《专注力》学习片段

情景剧:《明明的一节课》。

师:在自习课上,明明很晚才从外面回到教室。他一会儿漫无目的地翻看课本,一会儿又望着窗外,一会儿拿起尺子敲击桌子,看见没有人理睬他,就趴在桌子上直到下课铃响。

师:小明如何才能专注于学习?请同学们一起来帮帮他。

小组讨论,推选代表发言。

A组反馈:调整好学习状态,做到全身心投入,在规定的时间内完成任务。

B组反馈:上课看老师、圈记关键词、主动回答问题。

C组反馈:每个学科找一个学习对手,赶超他(她)。

……

师:同学们的建议都很有意义,请大家为明明制作攻克“分心”小卡片,送给明明。

课前,教师将学生按照同质进行分组活动。通过情景剧表演,让学生初步感知专注力要如何培养。由于各个小组的学习能力不同,所以每个组汇报的内容就各有特点,更能呈现不同学生的思维过程,让所有学生都可以获得更多的经历体验。

(3)同伴随机合作,建构内化。

课内外,将对某一问题感兴趣的学生进行自由组合,也是小组合作的一种组织方式。特别是在课外调查活动中,当面临多样化的研究话题时,学生能根据自己的兴趣点自行组队,开展深入细致的研究。这样的随机合作模式不仅充分尊重了学生的个性和选择,而且激发了他们主动探索、积极学习的热情。在随机合作的过程中,学生往往能发现彼此的共同点,形成更为紧密的合作关系。他们根据自己的兴趣进行研究,相互启发、相互支持,共同面对挑战,寻找解决方案,可以使学习研究更为深入、全面。

【案例 5-12】小学生心理健康三年级上册《兴趣是最好的老师》学习片段

师:请第四小组同学上台汇报交流课前调查了解到的情况。

…………

师:感谢这六位同学和大家分享他们的研究成果,大家还有不同的意见或其他的建议吗?

…………

师:老师也找到了一些视频资料,请同学们观看后完成相应的学习记录单。

学生从教师提供的三组视频中选择一组视频进行观看,完成记录,也可以继续学习观看其他两组视频,开展学习。

以班级为单位开展学习成果汇报。

师:现在再请大家来评价一下刚才这个小组的研究成果,你有什么想法和建议?

案例中,为了让学生对学习内容有更深入的了解,更贴近生活实际,教师让学生将课前的调查进行汇报,让每一个学生阐述自己的经历起点,同时,在全班分享中讨论质疑和互补,每个人的学习经历都有了一次提升。这时候,教师又让学生观看视频进行学习,进一步拓宽学生的视野,丰富其学习经历。

4.总结延伸,反思操练,提升经历

学习是一个不断同化、顺应的过程,它不仅仅是知识的积累,更是思维的发展、能力的提升以及经历的丰富。在这一过程中,教师通过总结延伸、反思操练来激发学生对元认知的深层次挖掘,进而建构新知,并将新的经历融入原有的知识体系中,实现经历的升华。

总结延伸是对学习内容的回顾与拓展,它帮助学生将所学知识点进行串联,形成系统化的知识体系。在这一过程中,学生需要回顾已学的知识,思考它们之间的联系与区别,发现其中的规律与趋势。同时,学生还需要将所学知识与现实生活、社会实践相结合,探索其在实际应用中的价值与意义。

反思操练是提升学生学习效果的关键环节。通过反思,学生能对自己的学习过程进行深入的剖析,发现自己的优点与不足,明确下一步的学习方向。同时,反思还能激发学生的元认知,即对自己的学习过程进行监控和调节的能力。这种能力的提升有助于学生更加自主地学习,更加有效地掌握新知识。

提升经历的三大操练方式为:新情景操练、新参与操练、新实践操练。

第一,新情景操练,提升经历。通过将学生置于新的学习情景中,让他们在新的环境下进行实践操作。这种操练方式能帮助学生适应不同的学习环境,提高他们的应变能力和适应能力。同时,新情景操练还能激发学生对新知识的兴趣与好奇心,促使他们主动学习。

【案例5-13】小学生心理健康六年级上册《霍兰德学院》教学片段

创设“霍兰德魔法学院”情境。

师:恭喜你们通过测验正式进入霍兰德魔法学院,这里一共有六个学院,每个学院都有代表颜色和动物。红学院动手能力强,绿学院善于思考,紫学院富有创造力,黄学院关爱他人,橙学院喜欢掌控别人,蓝学院十分遵守规则。你对哪个学院感兴趣?

活动与体验一:分院仪式

师:分院仪式是每年新生都必须进行的重要仪式,帽先生将通过魔法卡牌,根据你们的兴趣特点,将你们分到不同的学院。你会被分到哪呢?一起来看测试规则吧。

1.每人一套(60张)兴趣魔法卡牌。

2.请将卡牌分成两类:“喜欢”和“不喜欢”。

3.在喜欢的卡牌里数一数每种颜色的数量,绘制学院徽章。

4.时间:4分钟。

师:根据魔法卡牌的测试结果,你被分到卡牌数量最多的学院,请戴上院徽,前往你的学院。

活动与体验二:学院生活

1.分享院徽,与学院同学互相认识。

2.交流兴趣卡牌选择情况,填涂颜色。

3.完成学院任务:兴趣卡牌的神奇魔法是可以让我们变身成某些职业的人,请根据你们的卡牌,在职业魔法阵上寻找适合的职业,涂上学院颜色。

4.时间:3分钟。

5.唤醒职业魔法阵:每个同学在适合的职业中选择一个自己最喜欢的职业。当我念出变身咒,请全体同学起立,做出你选择的职业动作,定住不动。

6.师生交流与分享。

第二,新参与操练,提升经历。教师鼓励学生积极参与各种学习活动,如小组讨论、角色扮演、项目实践等。这种操练方式能提高学生的参与度和合作精神，培养他们的团队协作能力和沟通能力。同时，新参与操练还能让学生在实践中深化对知识的理解和掌握，提升他们的实践能力和创新能力。

【案例5-14】小学生心理健康四年级上册《我能写好作业》教学片段

活动与体验一：找出黑暗势力

导语：在我们的学习营里，每个人都是即将继任皇位的公主与王子，现在学习各种课程就是为了尽快学会料理国事。而这些作业，就是“落实计划”，有黑暗势力想阻止我们继承皇位，千方百计阻挠我们的“落实计划”，黑暗势力是谁？请看绘本《我没做作业是因为……》

师：恭喜大家找出了真正的黑暗势力，它使我们要么忘记了做作业，要么不会做作业，要么不想做作业，即“忘记怪”“难题怪”“拖延怪”，请大家找出并完成学习任务单。

活动与体验二：王子公主保卫记

导语：这些黑暗势力力量非常强大，渗透到我们王国内部久矣，战胜它们需要一定的难度，要投降还是要战斗，抑或是要谈判？

角色扮演：一位同学扮演王子/公主，另一位同学扮演小怪兽。王子/公主如果选择“投降”则“输离场”。如果选择“战斗”或者“谈判”，王子/公主根据小怪兽的攻击值判断自己与小怪兽的距离；王子/公主根据自己的战斗值与小怪兽的攻击值进行“前进”和“后退”；最后根据王子/公主最终站位判断输赢，若缩短则赢，反之则输。说一说：保卫过程中你有什么感受？

师小结：我们要树立信心，可能小怪兽很狡猾，但我们可以战胜自己的弱点，因为办法总比问题多。

第三，新实践操练，提升经历。通过引导学生进行新的实践操练，如实验、调查、设计等，让他们在实践中探索新知、解决问题。这种操练方式能帮助学生将所学知识应用到实际问题中，培养他们的实践能力和解决问题的能力。同时，新实践操练还能让学生在实践中发现新的问题和挑战，激发他们的创新精神和求知欲。

【案例5-15】小学生心理健康四年级上册《合作大赛场》教学片段

活动与体验：联手传球赛

1.教师讲述规则：8人为一小组围成一圈，组员面向圆心站立，每人双手朝上，限时2分钟，用手掌托球的方式传递乒乓球，传递圈数最多的小组获胜。

2.提出要求：必须一个一个地传递球，不得越人传递，乒乓球掉落一次，就从比赛结果的圈数中减去一圈。

3.师生分享:

师:在活动过程中,你们有什么感受?是否遇到阻碍,你们小组是怎么克服的?

生:刚开始的时候,我们小组的球一直掉下来,大家配合得不是很默契。

师:那你们后来是怎么做的?

生:我们经过了多次的训练,不断地进行调整,大家相互提醒,慢慢地就很默契了。

师:即使没有成功,小组成员间也不会相互责备,而是共同调整,相互支持,我在你们小组成员身上看到了包容与合作。

生:刚才在活动过程中,我觉得我们小组没有做到很好的合作,有些人不配合,自己错了还一直抱怨别人。

师:那你们觉得,想要很好地完成任务,需要小组成员做到什么?

生:大家要齐心协力,别人做得不够好的时候,可以一起想想办法,做出改进,而不是抱怨。

师:在活动过程中,有哪些同学做得比较好,他们是怎么做的?

生:我觉得晓青做得很好,给我们统一的指令,帮助我们更好地完成任务。

师:嗯,老师也发现了,我还发现了大家都非常配合,愿意听从她的指挥。

师小结:同学们,通过这个活动,我们发现,想要很好地完成任务,就要合作,大家也分享了合作过程中的一些感受,那么,生活中还有哪些事情是需要合作的呢?合作过程中又有什么注意事项?接下来,我们一起进行合作学习的大赛场。

由此可见,总结延伸与反思操练是学习效果提升和经历升华的关键环节。通过不断地总结延伸和反思操练,学生能更加深入地理解和掌握所学知识,提高自己的学习能力和创新能力。同时,通过新情景操练、新参与操练和新实践操练等方式,让学生在实际操练中深化对知识的理解,提升实践能力和解决问题的能力。

3.需要把握好的几个关键问题

(1)交互的多样性。

在设计心理健康教育活动时,交互的多样性是一个重要的考量因素。这种多样性不仅体现在交互的对象上，更贯穿于交流的过程、交互结果的达成以及交互的拓展延伸之中。

首先，交互对象的多样性为活动过程注入了活力。传统的交互模式往往局限于师生之间或学生之间，新时代教育背景下，我们倡导更为广泛的交互。这包括学生与环境之间的交互，例如通过实地考察、实验探索等方式，让学生与自然环境或社会环境进行直接对话；也包括学生与自然事物之间的交互，如观察植物的生长、动物的习性等，以此培养学生的观察力和探究精神。

其次，交流过程的多样性使学习体验更加丰富。通过小组讨论、角色扮演、辩论等多种方式，学生可以在不同的交流场景中锻炼自己的沟通能力、团队协作能力和批判性思维。这种多样性的交流过程不仅有助于知识的传递和共享，更能促进思维的碰撞和创新的产生。

再次，交互结果的多样性也体现了学习的多元价值。学习的目的不仅仅是获取知识，更重要的是通过学习过程来丰富经历、提升技能、培养情感和价值观。因此，在评价学习成效时，我们应关注学生在知识、技能、情感和价值观等多方面的成长和进步。

最后，交互的拓展性为心理活动提供了无限可能。不仅可以引导学生运用所学知识去解决问题、提出新观点，还可以将活动延伸到课堂之外更广阔的领域中去。这种拓展性的交互不仅有助于加深学生对活动的理解和知识的应用能力，更能激发他们的创造力和创新精神。

(2)交互的深入性。

学生的学习要聚焦一个明确的学习目标。为了实现这一目标，教师需要精心设计问题，这些问题不仅要聚焦学生分享的内容，还要具备足够的深度，以拓宽学习内容的广度并挖掘学生的潜力。在设计问题时，教师应考虑问题的多个层面。这包括基础知识层面的问题，确保学生对基础概念和原理有扎实的理解；同时也要涉及应用层面的问题，引导学生将所学知识应用于实际情境中，培养问题解决能力；此外，还应包含分析、评价和创造等更高层次的问题，以激发学生的批判性思维和创新能力。教师需要特别注意挖掘学生已有的知识经历，这要求教师在课前对学生的学习情况进行深入了解，分析学生的知识结构和认知特点，从而设计出能激发学生兴趣、挑战学生思维的问题。在交互过程中，教师应鼓励学生发表自己的观点和见解，通过提问、讨论等方式引导学生深入思考，不断加深对学习内容的理解。同时，加大交互的力度也是实现学习目标的重要手段。教师可以通过组织小组讨论、角色扮演、辩论等活动,为学生提供更多的交流机会,让学生在互动中碰撞思想、分享经验、共同成长。教师还应关注学生在交互过程中的表现和反馈,及时调整教学策略和方法,以确保每一个学生都能充分参与、深入学习。

(3)交互的迁移性。

学习知识的最终目的是将所学应用于实际生活,使每一分知识的习得都能为学生成长赋能。因此,在学生的学习过程中,我们必须强调交互的迁移性。

交互的迁移性体现在学生如何将过去的经历与当前所学知识进行关联和融合。这种关联不仅仅是知识的简单叠加,更是通过新旧经历之间的交互,实现知识的重构。为了实现交互的迁移性,教师需要引导学生主动回顾和反思过去的经历,寻找与当前学习内容相关联的部分。同时,教师还应鼓励学生将所学知识应用于实际情境中,通过实践来检验知识的有效性和实用性。此外,交互的迁移性还要求学生具备一种开放的心态,愿意接纳新知识和新经验,并将其与已有的知识体系进行融合。这种开放性和包容性是培养创新型人才的重要素质之一。因此,教师在教学过程中应注重培养学生的这种素质,鼓励他们勇于尝试、敢于创新。力求通过新旧经历之间的相互迁移和融合,让学生不仅能更好地理解和掌握知识,还能将所学知识应用于实际生活中,实现知识的价值最大化。

第六章

融入学生经历的心育课程学习评价

评价是学生学习成长过程中必不可少的环节，它具有检查诊断、反馈、激励、甄别等多种功能，其地位无可替代。学生在知识方面的学习，能力方面的发展，以及思想意识方面的成长都需要依赖评价来促进。基于学生经历进行的心理健康教育课程的评价过程，不仅是对课程的评价，更是对学生学业水平与心灵成长的评价。我们关注评价改革的实时动态，通过融入学生经历的方式，尊重学生身心发展的内部诉求，结合学生心理健康核心素养的培养目标，从心理健康教育课程学习评价的特点和原则、评价的功能和方法以及评价的校本化实施等方面进行全面介绍。

第一节 融入学生经历的心育课程学习评价特点和原则

2012年，教育部颁布《中小学心理健康教育指导纲要（2012年修订）》，首次把课程形式作为心理健康教育的重要实施途径予以明确，标志着心理健康教育得到了前所未有的重视。这一举措开启了心理健康教育课程快速发展的新篇章，被确立为学生成长和教育评价中不可或缺的一环。《中小学心理健康教育指导纲要（2012年修订）》颁布后，进行课程评价系统研究的并不多，导致课程的"育人价值判断"（即学生学习评价）还缺少一致的认识。[①]评价作为课程运作中不可或缺的关键环节，其重要性不言而喻。任何一门课程的建设都离不开评价的推动。其中，针对学生学习成效的评价更是课程评价体系中的核心，它不仅是反映学生学习状态与成效的重要依据，更是衡量课程实施效果、指导教学改进的重要依据。

一、课程学习评价的本质

在探讨心理健康教育课程评价的本质时，专家们虽然各执一词，且观点无不精彩独到，但大致可归纳为两种观点。第一种观点认为，心理健康教育课程的评价应全面覆盖认知、情感与行为（或称技能）三个维度。例如，有专家指出，学校心理健康教育不仅仅是知识的传授，更重要的是在此基础上，促进个人心理健康的提升和人格的完善，特别强调情感与行为的培养。又如，有学者提出，心理健康教育课程不应仅仅聚焦于知识性内容，而是要平衡认知、情感以及技能的发展，使学生在获得知识的同时，也能感受到情感的触动，掌握实用技能。更有学者认为，评价心理健康教学效果时，应以学生在知识、情感、志向、行为等

① 徐精敏，张汉强．心理健康教育课程学生学习评价方法的选择[J]．基础教育课程，2021(01)：60-67.

方面的全面提升为准则。第二种观点则认为,心理健康教育课程的评价应专注于学生的体验。如,有研究者强调心理辅导课程是一场关于学生个人成长与体验的探索之旅,重在体验和实践,评价也应侧重于实践操作的效果。总的来说,这两种观点虽然侧重点不同,但都指向了心理健康教育课程学习评价的多维性和深层价值。一方面,它不仅仅是对知识的评价,更重视情感和行为的培养;另一方面,它强调的是学生个人成长过程中的体验和实践。这些观点共同为我们提供了一个更加全面和深刻的视角,来审视和评价心理健康教育课程的真正价值。

二 课程学习评价的特点

(一)课程学习评价的整体性

针对心理健康教育的课程学习评价,我们需要采用一种全面而深入的视角。与传统学科不同,心理健康教育课程的特点在于其整体性。这意味着评价不仅覆盖了课程内容与设计、教材编排、教学设备、教师教学技巧及方法、教学环境,还包括学生的行为表现和心理状态等多方面因素。通过这样全方位、立体化的评估,我们才能真正衡量心理健康教育课程的成效。另外,心理健康教育课程的成功与否最终在于对学生是否有积极影响。评价学生时,我们必须认识到学生的心理构成是一个统一的整体,知、情、意、行四者相互依存,共同作用。学生的心理发展不仅受内在心理因素的影响,也与他们的世界观、人生观和价值观有着密切的联系。因此,一个综合性的评价体系,只有全面反映学生的学习成效,才能真实地展现心理健康教育课程的有效性。这种评价方式不仅强调了课程内容和教学方法的重要性,更重视了对学生个体心理健康的促进,体现了心理健康教育的深远意义。

(二)评价效果的间接性

学校心理健康教育旨在培养学生的健全人格。这个过程涉及的不仅是知识的习得,更是心灵的塑造和情感的培养。传统的以知识考核为主的评价方式,并不能真正地衡量心理健康教育的成效。因为健康心理的成长不像学科问题那样有标准答案,它更多的是一种看不见的内在进步。我们通常通过观察学生的行为表现来推测他们的心理状态，这种评估的方式本质上是间接的，这也就决定了心理健康教育课程的学习评价具有间接性。

（三）评价对象的发展性

在设计心理健康教育课程时，我们的教学对象是正处于生长发展变化中的学生。每一个学生都在经历独特而多变的发展阶段，我们必须从发展性和全面性视角来评估他们的个人进步。要认识到，每一个学生在不同的成长阶段，无论是生理还是心理，都会展现出各自的特点和需求。即便是在相同的阶段，每一个学生的生理和心理发展也会有所不同。因此，对学生进行心理健康教育学习评价，要充分考虑学生心理发展的阶段性和差异性。评价课程效果时，我们应基于每一个学生现有的心理状态和心理特征，体现评价的发展性。

（四）评价方法的多样性

在评价心理健康教育课程的效果时，我们通常采用两种方法：测验评价和非测验评价。测验评价通过心理测验工具来评估学生的心理发展，非测验评价通过观察、访谈和个案研究等方式深入了解学生的心理发展。鉴于学生的心理具有内隐性，并且易受环境等多种因素的影响，仅依靠单一的评价方式难以全面把握学生的真实心理状态。因此，设计一个综合多元的评价体系显得尤为重要。此外，心理健康教育课程的评价还要采取教育主管部门评估、校际互评以及学校内部自我评估等多种形式，以形成一个全方位的评价机制。这样不仅能更精准地把握心理健康教育成效，还能促进心理健康教育资源的优化配置和有效利用。

三　课程学习评价的原则

融入学生经历的心理健康教育课程学习评价的原则是开展课程评价时所遵循的基本要求。这些要求既反映了学习评价的一般规律，也体现了心理健康教育课程的特点。心理健康教育课程学习评价遵循“以人为本”的理念，是以促进学生健全人格的发展为宗旨，因此课程学习评价要以人为中心，既要关注教师的经历，更要关注学生的经历。

(一)客观性原则

心理健康教育课程学习评价应全面、准确地反映课程建设的成效,教师要采取实事求是的科学态度,制定客观的评价标准与细致的评价指标体系,确保评价过程的公正性。评定时,应尽量减少评价人员主观因素以及其他影响评价的外部因素的干扰,力求评价结果真实反映客观事实,从而精准把握心理健康教育课程建设的实际效果。

(二)发展性原则

心理健康教育课程学习评价要着眼于促进学生健全人格和心理素养的发展,在评价时要用发展的眼光看待课程学习的各个要素,包括学生的发展、教师的发展、课程的发展以及评价工作自身的发展,充分考虑学生个体的发展水平、教师的教学能力、不同学校课程发展的差异以及社会发展对评价工作的要求等问题。

(三)主体性原则

为了让心理健康教育课程的学习评价真正有效,要充分调动师生的主观能动性,高度重视学生的主体地位,发挥教师的主导作用。这意味着教师要坚信学生拥有自我提升、自我发展的无限潜力,鼓励学生对课程内容进行客观评价,认真听取他们对课程设计和实施方面的看法和建议,确保学生能通过心理健康教育课程的学习找到解决心理问题的途径。

(四)过程性原则

心理健康教育课程的总目标是提高学生的心理素养,培养学生的健全人格。这需要经历一个较长的发展过程,因此,对心理健康教育课程学习的评价要避免急功近利,应聚焦于学生在活动中的领悟与成长,重视学生经历学习的过程。这样,不仅可以在学生的心灵播下成长的种子,也可以引导他们主动投入学习,积极思考、实践。

四 课程学习评价的实施

对融入学生经历的心理健康教育课程学习的评价，可以从以下五个方面实施。

（一）教学目标的达成：目标要清晰、具体

心理健康教育课程必须有清晰且具体的目标。这些目标不仅应紧跟时代脉搏，还应贴合学生的年龄特征、生活经历及学习经历等实际状况，课程目标应是具体的、有层次的，聚焦细节，且贯穿课程始终。只有这样，才能保证在有限的40分钟内，教学目标得以贯彻与达成。反之，如果目标设定过于宏大或抽象，那么课程就会失去中心和主题，难以达到预期效果。

（二）教学内容的适切：内容要适宜、贴切

教学内容是为教学目标服务的，因而教学内容必须是紧紧围绕既定的教学目标而精心挑选的。在选择教学内容时，要注意所选内容的适应性、针对性、即时性和有效性。具体来说，适应性体现在教材的选择上，它不仅要紧扣教学主题，还应展现出鲜明的时代特点，满足时代发展的需要；针对性是指选取的教学内容要符合学生的年龄和心理特点，确保能被学生轻松理解并掌握；即时性强调关注学生成长过程中的即时需求，选取学生当下需要急切了解的内容和解决的问题；有效性是指教学内容应该贴近学生的生活经历、学习经历，触及他们的心灵，激发他们的兴趣，鼓励他们积极参与，以此活跃思维，热烈讨论，提高学习效果。

（三）教学方法的有效：方法要适合、多元

教学方法的采用要符合学生的年龄特点和心理发展需求，为教学内容服务。为了激发学生参与学习的热情和积极性，教师应围绕教学目标，依托教学内容，采取有趣味、有意义的活动作为教学的主要方法，调动全体学生参与，营造良好的学习氛围，让学生在轻松愉快的气氛中，通过同伴互助和自我探索，获得体验和感悟，实现成长和提升。课上，教师的教学方法和形式要灵活多样，做到动静相宜，以免学生因教学方式单一而失去学习的兴趣。但这种多样化并不

意味着无限制地堆砌,而是指精心设计活动内容,确保每一次变化都紧紧围绕教学主题,精准掌握教学节奏和策略的调整。同时,在教学媒介的制作和选取上,也要确保其可以辅助教学内容,服务于学生的学习。

(四)教学效果的呈现:效果要明显、即时

评价心理健康教育课程的重要标准,在于学生的参与热情和表现水平,以及学生表现出来的对教学内容的满意程度。第一,我们需要观察学生的投入程度,了解他们对讨论活动的关注与投入是否全心全意。第二,要看学生的参与度,判断每一位学生是否都融入了活动之中,是否已经从旁观者转变为积极的行动者,一节课如果只是让多数学生充当观众,这节课不论教师设计了多少富有创意的活动,都不能算是成功的。第三,还要关注学生的积极性,包括学生参与活动的热情、思维的活跃度、对活动的浓厚兴趣、情感的表达和坦率的交流等,这些都是衡量课堂教学效果显著与否的关键指标。不仅如此,学生在活动中展现的人际交往、语言沟通、协调合作、自我管理以及创新思维等能力,都是重要的评价维度。

当然,课堂的氛围是否充满安全感、接纳性、温暖与尊重,是否营造出了民主、平等与合作的关系基础,以及是否存在活跃的生生、师生之间的互动,都是影响教学效果呈现的关键因素。

(五)教学能力的体现:能力要强、素养要高

要成功地上好心理健康教育课,心理健康教师面临着很高的要求。教师展现出的共情、真诚和对学生的积极关注是心理健康教师必备的人格特质。教师的个人修养、专业素养以及教学能力如何,在一节心理健康教育课中都会得到全面的展示。评价一名心理健康教师的表现,首先,要看他们是否做足了课前准备,包括备课和教学材料的准备是否充分。其次,教师是否能深入了解并熟悉自己的学生。再次,我们还要观察教师的教学风格——他们的教态是否自然得体,是否能以公正、宽容、平等和亲切的态度赢得学生的喜爱与信任。最后,评价的焦点将转向教学的组织过程,要看教师是否能清晰地表达思路、条理分明地安排教学内容,以及他们是否能自然流畅地连接教学环节,灵活有序地组织教学过程。在应对突发情况时,教师是否展现出了敏捷的应变能力和驾驭课

堂的教学能力，也是我们评价的重要方面。

简而言之，一节优质的心理健康教育活动课，不仅要求教师具备深厚的专业知识和教学技能，还要求他们能以真正关怀的心态去理解和引导每一位学生，通过丰富的情感交流和有效的教学策略，共同营造一个温馨、开放的学习环境。

在具体评价一节心理健康教育活动课时，我们认为，不仅要参考以上五方面的因素，还要考虑它们各自的权重因子，如此才比较合理。表6–1是小学心理健康教育课程学习评价记录表。

表6–1　小学心理健康教育课程学习评价记录表

学校________________　　班　　级________________

主题________________　　执教老师________________

评价目的	评价要素及要求	评价等级及分值				评价要素总分（满分20分）
		A	B	C	D	
目标	目标清晰　聚焦细节 贴近实际　贯穿全程	5	4	3	2	
内容	选材恰当　主题突出 贴近生活　关注经历	4	3	2	1	
方法	形式多样　方法多元 灵活多变　动静相宜	3	2	1	0	
效果	全体参与　思维活跃 真诚交流　积极分享	4	3	2	1	
能力	教态自然　语言贴切 思路清晰　灵活组织	4	3	2	1	
评价要素总分						

评价人：

年　　月　　日

第二节 融入学生经历的心育课程学习评价功能和方法

《厦门市中小学心理健康教育教学指导意见(试行)》指出，中小学心理健康教育教学评价的目标是："改进和完善教学设计，改进教师的教学方法和策略，改进学生的学习方法和策略，优化教与学的过程，提高教学质量，提升学生心理健康素养。"由此，我们明晰了评价的目标，在此基础上，我们根据"经历赋能心育"理念，围绕学生有意义经历的获得与否，思考学习评价的功能及方法，以此来指导我们的教学。

一 课程学习评价的功能

(一)导向功能

心理健康教育课程学习评价具有指引方向的功能，通过对心理健康教育课程目标的评价，可以分析课程的指导思想是否正确、课程的现状与目标之间的差距。在确保课程理念正确的基础上，学习评价成为一种动力，激励着课程不断向既定目标迈进，从而为心理健康教育课程的发展指明了方向。

(二)监督检查功能

为了解心理健康教育课程的发展状况，评估学生心理健康教育的情况，教育行政部门和学校必须采用一种有效的监督与评估机制，即课程学习评价。利用课程学习评价的功能，不仅能实时监控和指导课程建设的方向，还能迅速发现并解决存在的问题，确保课程质量受到严格把控。更重要的是，课程评价促使教师不断优化和发展课程内容，以更好地满足学生对心理健康教育的学习需求。

（三）激励发展功能

一方面，通过对不同学校心理健康教育课程的评价，学校在心理健康教育课程中实施的好的经验和做法可以推广和借鉴，激励学校在心理健康教育课程建设中不断升级教学资源，改善教学环境和条件，促进心理健康教育课程的发展。另一方面，通过评价还可以激励教师深化对心理健康教学的理解与实践，鼓励他们不断探索和创新教学方法，在提高心理健康教育课程教学质量的同时，提升心理健康教师的专业能力，推动心理健康教育的进步与发展。

（四）诊断改进功能

通过对心理健康教育课程的评价，可以发现课堂教学过程中存在的问题和不足，如学习目标是否科学，教学内容是否具有针对性，组织方式是否合理，实施过程是否切合实际等。针对这些问题，组织研讨并提出具体的改进措施和意见。另外，对课程在不同时间段的评价结果进行对比分析，能帮助教师识别之前教学活动中的不足和优势，为课程的修订与优化提供依据。这种周期性的评审和调整，能显著提升课程实施的效果，让心理健康教育更加贴近学生的需求，也更加生动有效。

二　课程学习评价的方法

课程评价的方法大体可分为两类：一类是量化课程评价，一类是质性课程评价。[①]所谓量化评价，就是通过数据的分析与对比，揭示评价对象的成效高低。所谓质性评价，就是通过自然地调查，细致地观察和分析，全方位地展现评价对象的独特面貌和内在价值，加深我们的理解和认识。量化评价因其简洁直观的特性，适用于某些结构简单、单纯的教育现象，能直接地反映评价对象的基本特性。反观质性评价，则因其深刻、全面的特点，更适合对复杂教育现象进行深入分析。在实践中，可以将两种评价方法有机结合，这样不仅能获取更全面、更准确的评价信息，还能根据心理健康教育课程评价的具体目标，选择最适合的评价手段，确保评价的有效性和实用性。

---

① 张立昌.课程设计与评价[M].长春：东北师范大学出版社，2015：74.

（一）问卷调查法

问卷调查法通过设计一系列问题，以问卷的形式探究关注的话题，让被调查对象填写研究所需的信息。问卷调查法的评价主体可以是教师，也可以是学生，一般以学生为主体，目的是了解学生对心理健康教育课程的看法、态度和偏好，了解学生对课程内容的理解、感悟和启发，以及心理健康教育课程学习对其个人思维和行为的影响。由于问卷设计中的问题可能存在一定的主观性，所以将其与质性评价相结合时，能有效弥补这些不足，为研究提供更全面的视角。

（二）心理测量评价法

心理测量评价法，是运用科学的心理测验量表，测量学生的心理健康状况，诊断学生的心理发展水平，从而收集心理健康教育课程评价信息的方法。①教师在运用心理测量评价法时，要合理选择测验量表，结合施测条件和施测环境进行规范施测。这样，才能获得真实、准确的心理健康数据，为学生的心理成长提供有力的支持。

（三）协商对话式评价法

协商对话式评价法将教师与学生置于平等的立场，通过双方的协商对话来评价学校心理健康教育课程。这一评价方式的特点在于视评价为一个由评价者和被评价者共同参与、共同构建的心理过程。在这个过程中，学生是评价的主体，教师则从评价的操控者转变为参与者，更准确地说，是“平等者中的首席”。这样的评价方式，促进了一个以学生为中心，教师和学生共同参与的多元评价体系的形成，使得评价更加全面、公正，做到了以人为本，形成了以“一元”为主导的多元评价格局，促进了心理健康教育课程的有效实施和不断优化。

（四）情景式评价法

情景式评价法是通过设计紧密贴合学生日常学习和生活的真实场景，为学生提供一个自然而然地展现自我内心世界的舞台，进而深入观察学生的心理成

---

① 李国强，谢平英．心理健康教育课程设计与开发[M]．湘潭：湘潭大学出版社，2017：106.

长状况。在这个过程中，教师是情景式评价的主体，他们的任务不仅仅是观察，更重要的是创设出一系列激发和鼓励学生展现出所期望行为的情景，让学生有机会在最真实的状态下展示自己。这种评价方式不仅操作简便，而且深受学生的欢迎，是一种有效促进学生个性化发展和心理成长的课程评价工具。

（五）档案袋评价法

档案袋评价法是教师根据教学目标和计划，让学生在一段时间内主动搜集、整理并反思自己的学习成果，以评定其成长情况。这一过程不仅衡量了学生的努力和进步，也记录了他们的成长历程。档案袋评价法实施的主体可以是学生也可以是教师。无论是学生自评，还是教师和同伴的互评，档案袋评价法都提供了一个多维度的评价视角。作为质性评定的重要手段之一，它强调评价的深度和广度，更注重学习过程和个体成长，使评价更加全面和生动。

第三节 融入学生经历的心育课程学习评价的校本化实施

融入学生经历的心理健康教育活动课程既推广普及心理健康知识，提高学生心理自护的能力，更凸显学生在认知、情感、行为方面的深度体验，特别强调学生在学习过程中对其经历的分享与呈现。心理健康教育课程学习评价不能沿袭其他学科采用统一的纸笔测试的方式，还应充分考虑自身的特点，将表现性评价与目标达成评价结合，从教学设计、教学过程、教学效果和教师素养四个方面采取多维度的方式进行评价。①

心理健康教育课程学习评价的实施过程包括评价体系的指标构建和实践操作两个方面。如何确定融入学生经历的心理健康教育课程的学习评价对象？又如何构建学习评价指标？评价中的程序及注意事项等都是本节需要讨论的问题。

一 课程学习评价指标构建

确定心理健康教育课程学习评价的对象是评价工作启动的关键一步。只有当我们清楚地界定了评价的对象，才能制定出有针对性的评价指标，有的放矢地开展工作。在心理健康教育课程的学习评价过程中，可以将课程视作一个统一的评价对象，亦可细化到课程的各个运行环节，进行更具体的评价。这样的方法既保持了评价的全面性，又增加了评价的针对性和实效性。

① 刘秋香.心理健康教育活动课："三动四步"教学法理论与实务[M].武汉：湖北科学技术出版社，2022：6.

(一)教学设计评价

1.主题鲜明

心理健康教育活动课的设计应紧密贴合各年龄段学生的身心发展特性与个性化需求,精选主题以确保内容的丰富性、层次性。这些层次应涵盖知识传授、情感体验、技能培养、心理品质塑造及行为引导等多个维度。在选择主题时,切入点要小,既要考虑不同年龄段学生间不同的心理状态,又要兼顾多数学生面临的共性问题。以一年级新生为例,课程设计应聚焦于帮助他们顺利过渡至学校生活,具体涵盖适应新学习环境、建立和谐人际关系、培养自我管理能力等关键方面。

2.目标准确

在设置教学目标时,应全面融入认知、情感与行为三个维度,确保这三个维度在同一课程设计中相互关联,形成直接的逻辑关系。这些目标不仅要遵循学生身心发展的自然规律,还需符合社会公认的道德和行为准则,展现出发展性、调适性和可操作性。应避免将目标设定得过于宽泛,如简单地提及"提升心理素质"或"培养心理品质",而应将这些抽象概念细化为具体、可量化、可训练、可评估的目标,直接融入心理健康教育活动课的各个环节中。教学目标要做到小而精准,要能直接指导教学实践,以便于师生在活动中实施与反馈。

3.思路清晰

心理健康教育活动课的显著特点在于其教学结构的完整性与逻辑性。课程应设计得简洁而高效,各环节紧密相连,形成一条清晰的主线。每个活动都是这条主线上的重要节点,紧扣主题展开,层层递进,推动教学深入,而非简单地平行罗列。这样的设计能确保教学过程的流畅性和有效性。

4.形式丰富

教学形式的选择要紧密贴合教学目标与内容,旨在全方位、多角度地展现教学意图。同时,这些形式应充分考虑学生的身心发展特点与日常生活经验,以激发学生的参与热情和积极性。不同形式之间应体现出层次性,既有各自独立的特点,又相互关联,形成内在的逻辑性和延续性,共同作用于学生的认知、情感与行为发展,同时要能产生积极的累积效应,让学生在丰富多彩的活动中获得成长与提升。

(二)教学过程评价

让学生在“动”的过程中“活”起来,是心理健康教育活动课不同于一般学科教学的特点。教学过程评价应从以下六个方面进行。

第一,情境性。情境是心理健康教育活动课构建的心理场,它巧妙地将教学根植于学生的日常生活之中,让学生深切感受到心理健康教育的亲近与实用,仿佛心理学知识就环绕在他们身边,触手可及。具体而言,生活化情境的创设搭建了一座桥梁,连接了心理健康教育活动课与学生的真实生活体验,让学生身临其境,促进了学生对知识的吸收与智慧的启迪,提升了他们的心理调控能力与素养,触动了学生的心灵深处,激发了他们的内在动力,为教学的深入展开提供了鲜活的生活“原型”,让心理健康教育活动课更加生动、有趣且富有成效。

第二,活动性。活动性是心理健康教育活动课的显著标志。在心理健康教育活动课中,学生积极参与活动,亲身实践、亲身体验,激活了他们的思维、情绪和人际交往能力。这种全方位的活跃状态不仅促进了学生个体的全面发展,还强有力地推动了教学主题的深入展开与教学过程的不断深化。活动性为心理健康活动课注入了生机与活力,让学生在实践中学习,在学习中成长。

第三,主体性。学生的主体地位是心理健康教育活动课的核心。[①]在心理健康教育活动课中,学生不仅是学习的中心,更是活动的主体,他们积极参与、自主操控活动流程,通过深入的自我反思与分享交流,充分展现其主动性、自觉性、创造力及想象力。学生主动调整自身活动节奏,独立思考问题,勇于探索未知领域,不断深化自我认知,将所学心理健康知识内化为个人成长的力量,实现自我提升与超越。

第四,体验性。体验性的强弱是心理健康教育活动课成败的关键。心理健康教育活动课的成功与否,关键在于学生能否在活动中获得深刻而真实的心理体验与感悟。鉴于人的内心世界具有高度的私密性和复杂性,单纯依靠口头传授难以触及并塑造学生良好的心理素质,因此,必须通过精心设计的活动,让学生在亲身体验中触动心灵深处,从而引发心理与行为层面的积极变化,这才是实现心理健康教育活动课教育目标的关键所在。

---

① 刘秋香.心理健康教育活动课:“三动四步"教学法理论与实务[M].武汉:湖北科学技术出版社,2022:7.

第五,互动性。在心理健康教育活动课中,教师应秉持价值中立的原则,巧妙运用提问与引导技巧,为学生敞开心扉搭建桥梁,促进师生之间、生生之间的深入交流与互动。同时,教师应展现出高度的尊重与专注,耐心倾听每位学生的心声,敏锐捕捉课堂中的即时生成资源,并适时给予正面强化与积极反馈。在这一过程中,教师关注全体学生,让每位学生都能感受到被重视与鼓励,共同营造一个温馨的学习环境,确保互动的效果。

第六,感染性。基于团体动力学原理,教师致力于构建一个民主和谐、安全开放且充满接纳与包容氛围的课堂环境,以此激发师生双方的积极参与与多元互动。在这样的课堂氛围中,学生产生积极的情绪体验,促进情感共鸣与心理层面的深度交流,形成师生之间、生生之间的心理默契与共鸣,推动教学过程的一步步深化。心理课堂感染力的强弱,直接映射出教师的综合素质与教育智慧的高低,是衡量教学质量与效果的关键指标。

(三)教学效果评价

心理健康教育活动课的成功与否,关键在于其实效性的体现程度。实际效果可以用“贴切、参与、体验、分享、动情、走心、发展”七个关键词来概括,具体表现为以下几个方面。

第一,成效显著,体现在至少90%的学生能掌握并运用自我调控、自我疏导及自我消解的有效方法与技巧,显示出他们对课程核心观念及问题解决策略的深刻理解与灵活应用。

第二,教学触动心灵深处,有效激发学生的情感共鸣与内心体验。学生不仅能充分利用课堂资源,还能经常自我反思,现场生成自己的感悟与体会,使教学真正触及学生的心理世界。

第三,学生在活动过程中展现出高度的参与热情与兴趣,问题回答既合理又富有创造性,充分实现了知识与技能、过程与方法、情感态度与价值观的三维教学目标。

第四,课堂教学影响深远,学生不仅收获了知识、感悟与体验,更能在这些基础上实现自我认知与情感的积极转变,掌握心理调适的实用技能,并在未来的生活中持续完善自我行为,不断塑造更加健康的心理品质。

(四)教师素养评价

第一,教师应具备扎实的专业知识与卓越的教学掌控能力。这要求教师能敏锐地洞察学生的心理状态,拥有准确的判断力,以便根据学生的即时反应与参与度,灵活而恰当地调整课堂节奏与教学环节。此外,教师还需具备敏锐的洞察力,能迅速捕捉并有效利用课堂内外各种有价值的教学资源,如学生的突发情况、环境的不期变化以及新信息源的涌现等,以此增强教学的针对性和实效性,确保课堂教学的高效与深入。

第二,教师要真诚地对待每一位学生,构建和谐的师生关系。尽管师生在角色与地位上存在差异,但在人格、价值观及尊严层面上,双方应保持平等。因此,教师应以语言和行动展现对学生的平等与尊重,摒弃传统权威形象,转而以朋友的姿态亲近学生,倾听他们的心声,感受他们的视角,深刻理解他们的喜怒哀乐与内心期盼。通过自身洋溢的热情与真诚的微笑,激发学生的积极情感,激活其思维,激发其学习动机,使学生从中获得真实的体验与成长。

二 课程学习评价实践探索

心理健康教育课程学习评价体系建立之后,我们还需要了解心理健康教育课程学习评价的具体工作流程,按照流程开展评价工作。

(一)融入学生经历的课程学习评价模型

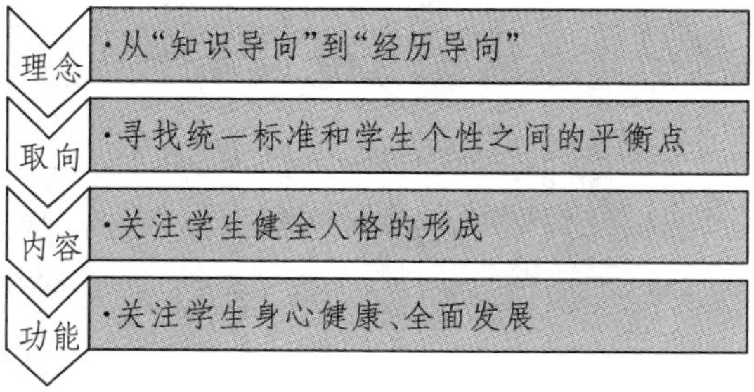

图6-1 融入学生经历的课程学习评价模型

如图6-1所示,经历赋能心育的学习评价是基于学生经历的前提所开展的一种评价方式。它的评价理念是从“知识导向”到“经历导向”,评价取向在统一标准和关注个性之间寻找平衡点,评价内容从关注学生的学习表现转向关注学生健全人格的形成，评价功能要做到关注学生身心健康、全面发展。

（二）融入学生经历的课程学习评价实践探索

在小学教育中，心理健康教育扮演着不可或缺的角色，它不仅是学生健康成长的重要保障，也是培养其健全人格、增强其社会适应能力的重要途径。为了更有效地实施心理健康教育课程，并将其真正融入学生的日常生活与成长经历中，我们需要探索一种以学生经历为核心的学习评价操作模式。可从理念转变、评价内容、评价方法及实施策略四个方面，探讨如何在小学心理健康教育课程中融入学生经历进行学习评价。

1.理念转变：从"知识导向"到"经历导向"

传统的学习评价往往侧重于学生对心理健康知识的记忆与理解，忽视了学生将知识转化为实际行动、解决实际问题的能力。在融入学生经历的评价体系中，我们应树立"经历即学习，体验即成长"的理念，将学生的日常生活经历、情感体验、行为变化等作为评价的重要依据。这意味着，评价不再仅仅关注学生的学习成果，更关注学生在学习过程中的成长与变化。

2.评价内容：聚焦学生健康人格的形成

（1）情感体验的评估。

心理健康教育的核心在于引导学生认识自我、管理情绪、建立积极的人际关系。因此，评价应关注学生在课程中的情感体验，如情绪识别与表达的能力、情绪调节的策略运用等。通过自我反思、同伴互评、教师观察等方式，收集学生在不同情境下的情感反应与应对策略，作为评价的重要依据。

（2）行为改变的追踪。

心理健康教育的最终目的是促进学生的行为改变与习惯养成。评价应关注学生在课程学习后，是否在现实生活中展现出更加积极、健康的行为模式。例如，是否更加自信地面对挑战、是否学会了有效沟通与合作等。通过家长反馈、班主任观察、学生自我报告等多种渠道，持续追踪学生的行为变化，评估课程的有效性。

（3）解决问题的能力。

心理健康教育课程还应注重培养学生解决问题的能力。评价应关注学生在遇到心理困扰或生活难题时,是否能运用所学知识进行分析、判断与决策。通过案例分析、角色扮演、模拟演练等活动,观察学生在解决问题过程中的表现与策略,评估其问题解决能力的发展。

3.评价方法:多元化与情境化相结合

(1)多元化评价主体。

引入学生自评、同伴互评、教师评价、家长评价等多元化评价方式,形成全方位、多角度的评价网络。不同评价主体从不同视角出发,能更全面地反映学生的学习情况与成长变化。

(2)情境化评价任务。

设计贴近学生生活实际、具有挑战性的情境化评价任务,让学生在真实或模拟的情境中展示自己的能力与素质。例如,组织班级心理剧表演、开展心理健康主题演讲等,让学生在参与中展现自我、体验成长。

(3)过程性评价与终结性评价相结合。

重视学生在学习过程中的表现与进步,采用过程性评价的方式记录学生的成长轨迹。同时,结合终结性评价对学生的学习成果进行总结与反馈,确保评价的全面性与准确性。

4.实施策略:确保评价的有效性与可持续性

(1)加强师资培训。

提升教师的专业素养与评价能力,确保教师能准确理解评价理念、掌握评价方法、有效实施评价操作。通过定期培训、研讨交流等方式,不断提升教师的专业水平。

(2)建立完善的评价机制。

制定科学合理的评价标准与流程,确保评价的公正性、客观性与可操作性。同时,建立评价结果的反馈与运用机制,将评价结果作为改进教学、促进学生发展的重要依据。

(3)营造积极的评价氛围。

鼓励学生积极参与评价过程,勇于表达自己的想法与感受。同时,营造一种开放、包容、鼓励的评价氛围,让学生在评价中感受到尊重与信任,从而更加积极地投入学习与生活。

总之,融入学生经历的小学心理健康教育课程学习评价,需要我们转变评价理念、丰富评价内容、创新评价方法、完善实施策略。只有这样,我们才能更准确地评估学生的学习成效与成长变化,为学生的心理健康发展提供有力支持。

三　课程学习评价实施应注意的问题

在小学心理健康教育的实施过程中,融入学生经历的课程学习评价已成为一种趋势,旨在通过关注学生的个人体验与成长历程,促进其心理健康的全面发展。然而,在这一过程中需要注意一系列的问题,以确保学习评价的准确性、有效性和人文关怀。

(一)尊重个体差异,避免标签化

每个学生都是独一无二的个体,他们的心理发展轨迹、情感表达方式及应对策略各不相同。在融入学生经历的学习评价中,首要问题是尊重并理解这些个体差异。评价者应避免用统一的标准去衡量所有学生,更不应轻易给学生贴上“问题学生”或“优秀学生”的标签。相反,应关注每个学生的独特之处,理解其背后的原因与动机,给予其个性化的评价与建议。

(二)保护学生隐私,确保安全性

心理健康问题往往涉及学生的敏感信息与隐私。在评价过程中,教师应严格遵守职业道德与法律法规,确保学生的隐私得到充分保护。对涉及学生个人隐私的评价内容,应采取适当的方式进行处理,如匿名评价、单独沟通等,避免在公开场合讨论或泄露学生的个人信息。

(三)注重过程评价,避免结果导向

融入学生经历的学习评价强调对学习过程的关注,而非仅仅关注学习结果。因此,在评价过程中,教师应注重观察学生在课程学习中的表现、情感变化及行为调整等过程性指标,而非仅仅以成绩或分数作为评价标准。通过持续的过程性评价,教师可以更全面地了解学生的学习状态与成长轨迹,为后续的教

学与辅导提供更有针对性的指导。

(四)建立积极反馈机制,促进正向发展

评价不仅是对学生学习效果进行检验的方式,还是促进学生全面发展的重要手段。在融入学生经历的学习评价中,教师应建立积极的反馈机制,及时给予学生正面、具体的反馈与鼓励。这些反馈应基于学生的真实表现与成长变化,帮助学生认识自己的优点与不足,激发其内在的学习动力与潜能。同时,教师还应引导学生学会自我反思与自我评价,使其树立正确的自我意识。

(五)关注情感联结,增强师生互信

心理健康教育的特殊性在于其需要建立在良好的师生情感联结的基础之上。在融入学生经历的学习评价中,教师应注重与学生建立深厚的情感联结,通过倾听、理解与支持等方式赢得学生的信任与尊重。这种情感联结不仅有助于评价过程的顺利进行,更能为学生的心理健康发展提供有力的情感支持。

(六)持续专业培训,提升评价能力

融入学生经历的学习评价对教师的专业素养与评价能力提出了更高的要求。为了确保评价的有效性与人文关怀,教师应持续参加专业培训与学习,不断提升自己的心理学知识、评价技能与人文关怀能力。通过不断学习与实践,教师可以更好地把握评价的核心要义与操作要点,为学生的心理健康成长提供有力支撑。

总之,融入学生经历的小学心理健康教育课程学习评价是一个复杂而细致的过程,需要教师在尊重个体差异、保护学生隐私、注重过程评价、建立积极反馈机制、关注情感联结及持续专业培训等方面付出努力。只有这样,我们才能确保评价的准确性、有效性和人文关怀,为学生的心理健康成长保驾护航。

第七章

经历赋能心育的支持条件

经历赋能心育教学主张的实施需要一系列外部和内部条件与因素的支持,这些条件与因素共同构成了经历赋能心育教学主张得以实现的土壤和养分,学校和教师要利用多种教育力量,为其建立具有支持条件的环境,维护学生心理健康。经历赋能心育的支持条件涉及多个方面,本章主要从学校支持、家庭支持、社会支持三个方面进行介绍与诠释。

第一节 经历赋能心育的学校支持

近年来,国家和教育部门多次发布关于推进儿童青少年心理健康工作的相关文件与政策。2019年底,国家卫生健康委等十二部门联合印发《健康中国行动——儿童青少年心理健康行动方案(2019—2022年)》,提出在2022年底,基本建成有利于儿童青少年心理健康的社会环境,形成学校、社区、家庭、媒体、医疗卫生机构等联动的心理健康服务模式。2023年4月,教育部等十七部门印发《全面加强和改进新时代学生心理健康工作专项行动计划(2023—2025年)》,提出以习近平新时代中国特色社会主义思想为指导,全面贯彻党的教育方针,坚持为党育人、为国育才,落实立德树人根本任务,坚持健康第一的教育理念,切实把心理健康工作摆在更加突出位置,统筹政策与制度、学科与人才、技术与环境,贯通大中小学各学段,贯穿学校、家庭、社会各方面,培育学生热爱生活、珍视生命、自尊自信、理性平和、乐观向上的心理品质和不懈奋斗、荣辱不惊、百折不挠的意志品质,促进学生思想道德素质、科学文化素质和身心健康素质协调发展,培养担当民族复兴大任的时代新人。在基本原则中指出,要"坚持系统治理。健全多部门联动和学校、家庭、社会协同育人机制,聚焦影响学生心理健康的核心要素、关键领域和重点环节,补短板、强弱项,系统强化学生心理健康工作"。

一 学校支持的概念

学校支持是指学校为促进学生心理健康发展而提供的一系列有计划、有组织的教育活动和服务。它旨在帮助学生建立正确的自我认知、情绪管理、压力应对等能力,提高其心理素质,预防和解决心理问题,促进学生全面健康成长。

二 学校支持的现状分析

随着心理健康教育的持续推进,人们在实践中积累了许多宝贵的经验和成功案例。但也应该看到,一些学校目前仍处于起步和探索阶段,再加上受到地域、经济以及文化发展不平衡的影响,各个学校在师资配备、教学设施等方面存在显著差异。这也造成了不同学校对心理健康教育工作的支持和理解也各有不同,甚至出现了一些误区,存在着一定的差异。

(一)对心理健康教育认识不足

我国正处在社会转型期,竞争的加剧使每个人都感受到了前所未有的压力,这种压力在学生群体中的表现尤为明显,学生不仅要应对日益加重的学习负担,还需面对未来就业的不确定性以及复杂的人际交往问题。这种多重压力的叠加,使近年来学生心理疾病的发病率呈现出明显的上升趋势。心理健康教育工作越来越受到全社会的广泛关注,部分学校也意识到学生心理健康教育的重要性,将其纳入了学校整体工作的规划中,确保了心理健康教育的持续性和有效性。但受教学工作压力大、经验不足、缺乏专业人员等各种因素影响,很多学校心理健康教育工作还停留在表面上,无论在方法上还是在内容上都存在着这样或那样的问题,主要原因是一些学校对学生心理健康教育工作的认识深度不够,没有抓落实,没有厘清心理健康教育与学校总体工作的关系。

(二)把心理健康教育与德育混为一谈

一些学校和教师没有厘清心理健康教育与德育的关系,无论在认识上还是在实践上都出现了这样的误区——把心理健康教育等同于德育,用简单的说教、传统的德育方法代替心理辅导。例如,在课堂上有的学生用违反课堂纪律、跟教师唱反调等不正确的方式来表现自己。从表面上看似乎应该对这样的学生进行思想品德教育,但实际上他们内心深处存在着被人尊重、被人认可的心理需求,这种需求如果从正常途径得不到满足,他们就会通过不恰当、不正确的手段来实现,这样的学生更需要的是心理帮助,而不是思想品德教育。

(三)对心理健康教育课的片面认识

学生心理健康的全面发展依赖于多重因素的协同作用,这要求学校内部各学科教师紧密合作,同时整合学校内外的教育资源,包括家庭教育与社会教育,共同营造一个有利于学生健康成长的宽松和谐环境。这一过程远非单独设立心理健康教育课程或进行几次心理辅导活动所能达成。鉴于此,学校在开展心理健康教育时,必须充分发挥课堂教学主渠道作用,树立“两全”意识。第一,树立全体教师参与的意识。在当代教育背景下,教师的职责已超越传统的教学与知识传授,更应成为学生心理健康成长的引导者和支持者。每位教师都应认识到,在传授知识的同时,也要关注学生的心理健康,促进学生形成正确的价值观、社交技巧和积极的人生态度,确保学生在学业与生活中都能展现出乐观、自信、向上的精神风貌,实现身心的和谐统一。第二,坚持面向全体学生的原则。当前,部分学校存在心理健康教育的被动应对模式,即先出现问题后寻求解决,这不仅低效且可能错失最佳干预时机。我们应转变思路,采取积极主动的预防策略,针对全体学生可能遇到的普遍性心理挑战,及时组织团体辅导活动。同时,对个别学生的特殊需求,及时提供个性化的心理咨询与辅导,确保问题在萌芽状态即被妥善处理。这种结合预防、发展与补救的综合心理健康教育模式,能更加全面有效地促进学生的心理健康发展。

(四)教师的心理健康被忽视

教师,作为引领学生心理健康成长的关键角色,首要任务是维护自身的身心健康,这是有效推进学校心理健康教育不可或缺的前提。然而,遗憾的是,部分学校将心理健康教育的视野局限于学生层面,忽视了教师自身的心理健康状况。事实上,众多学生心理问题的出现,往往与教师的心理健康状态息息相关,因为教师的心理健康状态直接影响着他的教育方式和教学行为。拥有健康心理素质、能正确运用教育科学知识于教学实践的教师,能为学生营造出一个充满愉悦、鼓舞、宽容与自信的学习环境。相反,若教师心理素质不足,可能会出现情绪波动大、教育方法失当等问题,这种无形的压力会让学生感受到紧张、焦虑、自卑、抑郁、恐惧,乃至滋生怨恨与敌对情绪,给学生心灵带来深远且难以弥补的伤害。因此,每位教师都应自觉承担起自我提升的责任,深入学习并实践教育学与心理学的知识,既关注学生的心理健康成长,也注重自我心理状态的稳定与平衡,增强心理韧性,不断完善自身的心理素质。同时,学校应秉持“以人为本”的原则,努力为教师构建一个人性化、有支持条件的工作与生活环境,积极关注教师的需求,倾听他们的心声,为他们提供必要的心理支持与释放空间,促进师生双方的心理健康与和谐发展。

(五)心理健康教育方法简单化、课程化、形式化

当前,由于一些学校对教师进行心理健康教育的专业理论与实操方法培训的缺失,教师对学生进行心理健康教育的实施过程往往呈现出简单化、课程化和形式化的趋势,这不仅不利于学生的心理健康,反而会在某些情况下产生适得其反的效果。比如,有的教师随意使用缺乏信度和效度的量表对学生进行所谓的心理测试,在测试过程中又缺乏科学的操作流程和准确的解释,学生可能会接收到错误的反馈信息,如“我精神异常”或“我智力低下”等,这些标签无疑会给学生的心灵带来沉重的打击。还有的学校心理健康教育课程被简化为传统的记笔记、背诵和考试等模式,这无疑背离了心理健康教育的初衷。这种应试教育的方式,不仅不能给予学生必要的心理支持和辅导,反而会增加他们的学业压力,这是心理健康教育实施过程中不得不正视的问题。此外,一些学校根据国家和教育主管部门的要求,设立了心理咨询室、团体活动室等,但这些设施往往只是为了应付检查和验收而空有其表,并未真正发挥其应有的功能。这种应付性的做法,既浪费了教育资源,也忽略了学生心理健康的实际需求。造成这种局面的原因,部分是由于学校对心理健康工作的重要性认识不足,部分则是受到升学率等外部因素的影响,使心理健康教育工作处在边缘化、可有可无的境地。

三 学校支持的途径和方法

学校支持是由校内各方面教育资源集合而成的一个网络,包括人力资源、信息资源和心理环境等方面。

（一）学校支持的途径

1.在各科教学中渗透心理健康教育

课堂学习是学生在学校的主要活动。[①]教师是学生知识的传授者，更是学生心灵的引路人，具有了解学生、教育学生的便利条件。心理健康教育应充分利用课堂教学这个主要阵地，倡导全体教师共同参与，面向全体学生。教师应将心理健康教育纳入课堂教学目标体系之中，结合每节课的具体教学内容，关注学生的心理状态和情感体验，渗透相应的心理健康教育，以更好地实现培养学生身心全面发展的总目标。

教师必须重视自身的心理健康。教师的心理素质直接影响学生的心理健康，一个心理素质差、心理不健康的教师，容易冲动，容易迁怒于学生，从而伤害学生的自尊心和上进心，使学生产生焦虑、自卑、恐惧、怨恨等消极心理，甚至对学生一生的发展造成难以挽回的消极影响；反之，一个心理素质好、心理健康的教师会给学生创造一个稳定、愉快、宽松、友爱的学习环境，使学生形成乐观向上的积极心态，为学生终身发展奠定良好的基础。

在和学生的日常交流中，我们发现学生的许多烦恼都与学习有关，其中，学习方法不当是主要原因。随着学习内容的不断拓展与知识难度的加深，对学生的学习能力的要求也越来越高。若学生未能及时适应这种变化，调整自己的学习策略，很可能会面临学业上的挫折。这种挫折不仅会导致其学习成绩的下滑，更可能引发一系列的心理问题，如自卑、焦虑、厌学等，对学生的身心健康造成不良影响。因此，各学科教师在传授学科知识的同时，更应肩负起教授学习方法的重任。教师应根据学生的个体差异和学习特点，有针对性地指导他们掌握本学科的学习方法，帮助他们形成有效的学习策略。这样，学生不仅能更好地理解和掌握知识，还能在学习的过程中学会自我监控和自我管理，培养积极自觉的学习态度。

2.开展心理健康教育课程

心理健康教育课程是学校课程体系中的一个重要组成部分，通过明确列入教学计划并以显性课程的方式实施，旨在有目的、有计划、有系统、有组织地促

---

① 中国教育报校长周刊部.现代学校制度与治校方略[M].北京：开明出版社，2005：165.

进学生的心理健康发展。随着我国心理健康教育的不断发展与完善,心理健康教育课程逐渐统一为两类:陈述性知识与体验性活动。[①]心理健康教育陈述性知识,即系统传授心理发展与心理健康的说教活动,可以通过心理健康教育知识讲座等形式,为学生提供全面、深入的心理健康知识教育,帮助他们建立对心理健康的正确认识。心理健康教育体验性活动,即围绕学生身心发展的阶段性特征,以小组或班级为单位,巧妙融合心理学与教育学的原理,采用以学生为主体的活动形式,让学生在参与中感受、体验、反思,有效提升他们的心理健康素养和自我调适能力。

3.开展心理辅导

心理辅导可分为个体心理辅导和团体心理辅导。个体心理辅导是针对个别学生心理发展中出现的问题有针对性地加以引导。团体心理辅导主要是指以一定的学生群体为单位,教师与学生共同就某一个问题展开讨论与研究,明辨是非,弄清方向。无论个体辅导还是团体辅导都要注意学生的年龄特点,通常小学阶段的心理辅导应强调教师与学生一起开展活动,在活动中表现,在活动中体验,在活动中学习,在活动中矫正,在活动中提高。

心理辅导的实施通常遵循一个精心设计的流程,以确保其有效性和针对性。这一流程主要包括以下三个阶段。

第一,前期调查与准备阶段。在这一阶段,教师要广泛收集学生的个人发展资料,通过细致的日常观察、深入的家庭访问以及专业的心理测量工具,全面分析学生的心理发展状况。这一过程旨在了解学生的心理特点、需求和可能存在的问题,为后续的辅导工作提供有力依据。同时,教师还需识别出个别学生可能存在的特殊心理问题,以便确立团体辅导与个别辅导的具体内容和方向。

第二,辅导方案的设计阶段。在充分了解学生的基础上,教师需要根据辅导的内容和目标,精心设计出个体辅导和团体辅导的具体方案。这些方案应充分考虑学生的年龄、性格、兴趣等因素,采用多样化的辅导手段和形式,确保辅导活动的针对性和实效性。

第三,辅导后的评估与跟进阶段。在辅导活动结束后,教师需要进行后续

① 王道阳.学校心理健康教育课程原理与操作[M].芜湖:安徽师范大学出版社,2014:87-88.

的调查和评估，以了解辅导效果和学生的心理状态变化。对于仍需进一步关注的学生，教师应继续进行个体辅导或咨询，以帮助他们解决心理问题，提升其心理健康水平。同时，教师还应根据评估结果反思辅导过程中的得失，不断优化辅导方案，提升辅导质量。

4.开展心理咨询

心理咨询是学校心理健康教育的重要形式。学校开展心理咨询活动旨在运用心理学的原理和方法，为学生提供在学习和生活中遇到的一般心理问题的专业辅导与帮助。与医学模式不同，心理咨询采取的是教育模式的视角，它强调来访者是正常的个体，而非病人。咨询过程中，咨询师的任务是深入探索来访者在日常学习与生活中遇到的挑战或压力，引导来访者发掘并采纳有效的策略或行为模式，通过最大化利用现有资源，帮助他们达成预期的目标。在咨询过程中，咨询师的基本技能之一是倾听，通过耐心倾听来访者的心声，理解他们的困惑和需求，从而提供更精准、更有效的心理支持。

从广义的视角来看，学校心理咨询属于学校教育体系的一个方面。它涵盖了学生心理成长的各个方面，致力于提供心理支持、辅导和干预，以促进学生全面发展。从狭义的角度分析，学校教育在传统意义上更侧重于社会和群体的需求。它期望学生能按照成人社会的模式和规范来塑造自己，这一过程往往是“自上而下”的，即教育者制定标准，学生则努力符合这些标准。这种教育模式强调外在的规范性和统一性，重视整齐划一的效果。然而，心理咨询则采用了不同的视角。它以学生个人为出发点，关注学生的内心世界、独特性和个体需求。心理咨询的目标是帮助学生解决他们面临的个人问题，满足他们的独特需求，并激发他们的个人潜能。这是一个“自下而上”的过程，常常是学生说教师听的过程。在心理咨询中，学生是主动的表达者和参与者。他们通过倾诉、分享和反思，与咨询师建立起信任和沟通的关系。咨询师则通过倾听、理解和反馈，协助学生找到问题的根源，探索解决方案，鼓励他们发挥自己的潜力和优势。

5.开展心理评估

心理评估是一种运用心理学原理和方法，对学生个体和群体的心理状况进行科学鉴定、分类与诊断的过程。通过心理评估，教师可以深入洞察学生的内心世界，了解他们的心理活动、情绪状态及心理健康水平。心理评估不仅关注学生的当前心理状态，还能预测其潜在的心理发展趋势，从而为学校和家庭提供更加准确的教育指导建议。

心理评估的方法很多，学校常用的方法有观察法、谈话法、问卷法、个案法和心理测验法。目前，心理测验法运用得越来越多，学校常用的心理测验有智力测验、人格测验、学习诊断测验和心理健康测验等，但心理测验不能滥用，要选用信度、效度较高的量表，由受过专业培训的人员在必要的情况下进行，以确保评估的准确性和有效性。

在使用心理评估方法时，应综合考虑学生的个体差异、评估目的以及可用资源等，选择最适合的方法进行评估。同时，也应注意保护学生的隐私和权益，确保评估过程的安全和可靠。

6.建立心理健康教育档案

为了有效推进心理健康教育工作，建立健全学生心理健康教育档案尤为关键。一份完整的学生心理健康教育档案不仅有助于教师全面了解学生的心理状态，还能为其制定个性化的教育方案提供有力依据。学生的心理健康教育档案一般包括学生本人概况、家庭状况、身体状况、在校学习情况以及心理测验记录、个别辅导记录等。

在建立和管理学生心理健康教育档案时，必须严格遵守保密性原则。心理健康教育档案应由专人负责，存放在安全的地方，并设置适当的访问权限。尤其是心理测验资料，通常只供专业人士参考，学生本人和其他无关人员不得随意翻阅。这样做可以保护学生的隐私，避免可能的心理伤害。

（二）学校支持的方法

学校作为学生学习和成长的主要场所，对学生心理健康的支持和促进起着至关重要的作用。学校要通过不懈努力，为学生提供一个健康、和谐的学习和成长环境。

第一，建立完善的心理健康教育体系。学校要将心理健康教育纳入教育教学总体规划，将其作为一门重要的课程来对待。通过设置专门的心理健康教育课程，让学生学习心理健康知识，了解心理发展规律，掌握基本的心理调适技巧，提升自我保护能力。同时，通过开展丰富多样的心理健康教育活动，如心理健康主题班会、心理健康知识竞赛、心理剧表演等，提高学生对心理健康重要性的认识，增强学生注重心理健康的意识。

第二，打造专业的心理健康教育团队。学校应当聘请专业的心理健康教育老师或心理咨询师，为学生提供专业的心理健康教育和心理咨询服务。这些专业人员不仅可以在课堂上教授心理健康知识，还可以在学生遇到心理困扰时提供及时的心理支持和干预，帮助学生有效地解决心理问题。此外，学校还应加强对普通教师的心理健康教育培训，提升他们的心理健康教育意识和心理问题干预能力，使他们在日常教学和管理过程中能及时发现并关注学生的心理健康状况。

第三，营造开放包容的校园文化。学校应倡导尊重、理解、关爱的校园文化氛围，鼓励学生之间、师生之间进行开放、诚实的沟通与交流。通过举办家长学校、师生座谈会及心理健康讲座等，加强学校、家庭与社会的联系，共同关注和支持学生的心理健康成长。在这样的校园文化氛围中，学生能感受到来自各方的支持和理解，有利于他们树立积极的人生观和价值观，提高抗逆能力和社会适应能力。

第四，开展个性化的心理健康教育活动。每个学生的心理特点和需求都不尽相同，因此，学校在进行心理健康教育时应注重个性化，根据学生的不同特点和需求提供有差异性的心理健康教育和服务。学校可以通过心理测评、个别咨询等方式，了解学生的心理健康状况，制定心理健康教育计划和干预措施，帮助学生有效应对成长过程中遇到的心理难题，促进其健康成长。

总之，心理健康教育是学校教育的重要组成部分，学校应通过建立完善的心理健康教育体系、打造专业的心理健康教育团队、营造开放包容的校园文化、开展个性化的心理健康教育活动等，为学生提供全面、有效的心理健康支持，共同促进学生的健康成长和全面发展。

第二节 经历赋能心育的家庭支持

《中小学心理健康教育指导纲要(2012年修订)》指出："密切联系家长共同实施心理健康教育。学校要帮助家长树立正确的教育观念，了解和掌握孩子成长的特点、规律以及心理健康教育的方法，加强亲子沟通，注重自身良好心理素质的养成，以积极健康和谐的家庭环境影响孩子。同时，学校要为家长提供促进孩子发展的指导意见，协助他们共同解决孩子在发展过程中的心理行为问题。"因此，帮助家长掌握家庭教育的先进理念和技术，并在此基础上转变家庭教育的行为，是学校开展心理健康教育的重要任务。心理学认为，小学生许多心理行为问题、心理障碍与行为异常本身就来源于消极的早期经验或成人的错误指导。[①]家庭是小学生最重要的成长环境之一，只有家校携手，才有可能早发现、早干预和早治疗，有效预防心理问题的发生，维护学生的心理健康。

一 家庭支持的概念

学校心理健康教育离不开个体的家庭支持，家庭是个体成长的首要环境，其支持作用对于学校心理健康教育的成功实施至关重要，缺乏家庭教育的支撑，学校的心理健康教育工作成效会大打折扣。

所谓家庭支持，就是个体所在的家庭所提供的一种支持。小学心理健康教育的家庭支持是指通过家庭教育的积极影响，构建一个温馨、积极的环境，以全面维护学生的心理健康。家庭支持是小学生成长过程中最重要的支持之一，这种支持源自父母及其他监护人给予孩子有形或无形的帮助。其中有形的支持最关键的部分之一是经济支持，无形的支持则侧重于情感支持。父母或其他监护人的经济支持能满足学生日常生活与学习的基本需求，为其参与各种活动提供可能；情感支持是家庭支持的根基，当孩子遇到挫折、困惑或挑战时，家人通过倾听、理解、鼓励与陪伴，给予孩子情感上的滋养与慰藉。

---

① 陈寒.小学生心理健康教育[M].长春：吉林出版集团股份有限公司，2022：127.

二　家庭支持的现状分析

(一)家庭结构

家庭结构是指家庭中的人员组成。由于每个家庭在规模与成员组合上的独特性,家庭形态自然而然地呈现出多样化的面貌,主要包括但不限于以下家庭:核心家庭,由一对夫妇及其未独立生活的子女,共同构成一个紧密相依的生活单元;主干家庭,由祖父母、父母及子女三代人组成,有着更为丰富的家族传承与情感联结;此外,还有扩大家庭,即包括主干家庭成员和其他家庭成员的大家庭。

(二)父母教养方式

父母的教养方式对个体的心理发育、人格的形成、归因方式及心理防御能力等都有着极其重要的影响。[①]家庭教育中,父母应采取积极、温暖的教养方式,注重与孩子的情感联结与有效沟通,通过正面肯定与合理引导,激发孩子的内在动力与探索欲,培养其独立性与自我管理能力。同时,父母应树立良好榜样,表现解决问题与应对困难的积极态度,为孩子营造一个充满爱与支持、民主与尊重的家庭环境,促使其心理健康与全面发展。

(三)家庭环境

家庭环境涵盖了家庭的物质生活条件、社会地位、家庭成员之间的关系,以及成员间交流所使用的语言、日常行为模式与情感互动。这包括四个主要方面:物理环境、语言环境、人际环境以及心理环境。物理环境具体指的是家庭内部物品的布局与摆设所营造出的居住氛围;语言环境侧重于家庭成员间沟通的语言是否文明礼貌,是否体现了民主与平等的原则;人际环境强调家庭内部成员间的相互尊重与关爱,如尊老爱幼的传统美德以及各成员各司其职、和谐共处的状态;心理环境则聚焦于父母与子女之间情感交流的质量与态度,包括彼此的理解、支持与情感纽带。家庭环境的好坏对孩子的心理健康发展具有直接且深远的影响。

---

① 陈寒.小学生心理健康教育[M].长春:吉林出版集团股份有限公司,2022:128-129.

三 家庭支持的途径与方法

(一)家庭支持的途径

学校心理健康教育家庭支持的途径可以分为直接途径和间接途径。直接途径指的是家庭与学校携手,共同推进心理健康教育;间接途径指的是家庭独立开展有益于孩子心理健康的教育活动。两者相辅相成,相互促进。

1. 直接途径

在了解学校心理健康教育家庭支持的直接途径时,首先要强化家长的参与意识。由于受传统思想的影响,绝大部分家长认为学校教育与自己无关。他们认为,家长把孩子送到学校,学校就应担起全部的责任,这显然是错误的。学校心理健康教育开展的时间较短,很多家长还很陌生。更何况,很多家长更多的只是关心孩子的学业成绩,根本没有意识到孩子心理健康的重要性。因此,很多家长还没有为学校心理健康教育提供家庭支持的意识。尽管如此,学校心理健康教育的家庭支持现象早已存在,只是许多家长没有意识到而已。

(1)家长会。

家长会是学校教育的重要组成部分,也是家庭与学校沟通的平台之一。根据学校工作安排,一般在期中、期末考试结束或举行大型活动前,会召集家长到校进行沟通。一方面,家长通过家长会可以了解子女在学校的表现,就子女的学习、生活与心理健康等情况与教师进行交流,有利于教师综合学生的家庭生活与学校生活表现,调整教育方法。另一方面,学校可以就子女的家庭教育,包括家长的教养方式、对子女的期望以及家庭的心理环境等,与家长进行沟通,为家长提供相应的指导,提高家长对学校心理健康教育支持的力度。

(2)家访。

在构建全面而深入的家校合作体系中,学校应当巧妙地融合普访、随访与定期访问三种家访模式,以形成一套高效实用的沟通机制。通过面对面的交流与互动,家长能感受到自己是孩子成长道路上不可或缺的重要角色,从而更加主动地参与到孩子的教育中来,与学校形成合力,共同为孩子的健康成长保驾护航。这种从依赖到自主参与的转变,不仅是家长教育观念的升级,更是家校合作走向成熟与深化的重要标志。

(3)家长来访或约访。

必要的时候,家长主动来学校,找相关教师约谈,就子女的相关问题面对面地沟通交流,这样针对性更强。家长主动来访能发挥家长教育子女的主观能动性,同时也为教师减少一定的工作量,减轻教师的工作负担。然而,由于时间和学生数量的限制,这种支持方式所涉及的面较窄,无法覆盖到所有学生及其家庭。

(4)电话访谈。

相较于家长亲自来访或预约面谈,电话访谈无疑更具有独特的优势。在双方时间允许且条件具备的情况下,电话访谈能迅速搭建起家校沟通的桥梁,使信息传递变得及时且高效。它不受地域限制,无须家长前往学校,极大地便利了双方,尤其对那些日程紧凑、难以抽身的家长和教师而言,电话访谈成为首选的交流方式。然而,电话访谈的隐蔽性也带来了一定的挑战。在缺乏面对面交流的非语言信号辅助下,教师有时难以全面、准确地捕捉家长的真实情绪与深层意图。此外,电话访谈往往受限于通话时长,难以深入探讨复杂问题或制定详细的解决方案,这在某种程度上限制了沟通的深度和广度。再者,时间上的限制也是电话访谈不可忽视的一个方面。虽然电话访谈相较于其他方式更为灵活,但仍需双方提前约定合适的时间段,以确保通话的顺利进行,这可能会影响沟通的及时性和有效性。

(5)网络平台。

较其他方式而言,网络平台具有较大的优势。随着社会的发展,网络的发展越来越迅速,网络的覆盖率越来越高,这给家庭支持学校心理健康教育提供了更多的可能。通过网络,家长可以随时登录学校的学生管理平台,了解孩子的相关情况。同时家长可以与教师在线交流,及时反馈并知悉孩子的情况。另外,家长还可以通过教师建立的微信群、QQ群等媒介,与其他家长进行在线交流,为子女的成长提供相应支持。当然,网络平台作为家校沟通的重要工具,其有效运用不仅需要学校的技术支持和平台建设,还受到学生家庭经济状况、家长教育观念等多方面因素的影响。

家庭直接支持学校心理健康教育的方法多样,需要家长在具体的实施过程中灵活运用。值得注意的是,家长要不断转变观念,增强参与意识,这样家庭支持学校心理健康教育才有可能成为现实。

2.间接途径

家庭在开展心理健康教育的过程中，家长起着主导作用。因此，家长要不断地学习有关心理学和教育学方面的知识，同时尽量争取学校心理健康专业方面的指导。在实际操作过程中，可以采取以下几种方法。

(1)无条件积极关注。

著名心理学家罗杰斯提出了“无条件积极关注”这一概念。他认为，当父母无条件地给予孩子关怀、喜爱和认可，而不以孩子的行为表现是否符合自己的价值标准来评判孩子，这样，孩子就会始终感觉到自己是被父母所关爱的，他不用担心会失去这种关爱，会更加有安全感和自我价值感。[①]在亲子教育过程中，我们发现，当孩子的行为满足了父母的期望时，父母就会给予孩子关爱和支持。当孩子的行为不能满足父母的期望时，父母就会收回给孩子的关爱和支持。经历的多了，孩子出于本能就会明白，他们需要的关注是以自己的行为作为条件的，这就导致孩子学会只按照父母的期望来表现，只接受父母赞许的那一部分自我，而拒绝自己的弱点或错误，不愿接受真实的自我。无条件积极关注是指父母对孩子的积极关注是无条件的，无论孩子的行为如何，父母都会给予其关注。虽然父母可能并不赞同孩子的某些行为，但他们会一直关心孩子、激励孩子、接纳孩子。在这种条件下，孩子就可以自由地体验全部的自我，包括把错误和弱点全部纳入自我概念中，全身心地体验生活，有利于孩子身心健康成长。

(2)同理心。

所谓同理心，就是与他人的经历相连，对他人的感觉感同身受。[②]这要求家长设身处地地体会子女的内心感受，从他们的视角去观察并理解周遭的事情。现实生活中，许多家长往往以权威者的身份自居。在我们的身边经常可以看到这样的情况：当父母与子女意见不合或有冲突时，许多家长会说出“我吃的盐比你吃过的饭还多”“我经历的比你多得多”等等类似的话语。这时候，如果家长能换位思考，放下身段，尝试走进子女的内心世界，从他们的角度来探讨问题，就不会出现“孩子大了，什么话都不跟父母讲了”这样的感叹。这一现象的背后，除了青少年阶段特有的心理变化外，更深层次的原因往往和父母同理心的缺失有很大关系。

---

① 李雄鹰.大学生心理健康教程[M].西安：西安交通大学出版社，2019：161.

② 米歇尔·斯凯恩.嘿，反常的我[M].陈玉嫦，译.成都：成都时代出版社，2020：254.

(3)尊重。

在家庭教育中,一些父母在教育子女的过程中,凭借着长辈的身份,觉得打骂子女是再正常不过的事情,觉得理所当然。这种观念从根本上忽视了亲子关系中最为宝贵的要素——尊重与平等。父母尊重子女,对子女来说尤为重要。很多时候,父母在教养子女时,亟须转变视角,学会“蹲下身来”,用平等的姿态与子女进行交流。这方面,也许美国家长的某些做法可以为我们提供宝贵的启示。艾琳在她的著作《美国式家庭教育》一书中通过《蹲下你的身子》这一故事展现了美国家长与孩子之间平等的伙伴式的关系,家长尊重孩子,从小就培养孩子的自尊心与自信心,在日常生活中对孩子的意见予以尊重与倾听。另外,科学合理使用宣泄、转移、暗示等方法,也都是以父母尊重子女、学会从子女的角度看待世界为前提的。

(二)家庭支持的方法

实现家校协同育人,家长学校是一个很好的平台。学校要通过家长学校引导家长更好地了解儿童成长的经历,理解家庭在孩子成长历程中的重要作用,了解家庭结构、教养方式和环境对儿童身心发展的影响,指导家长加强亲子沟通,明确家长和孩子在家庭与社会中所扮演的角色,转变教育观念,提高教育能力,更好地与学校教育形成合力,共同维护学生心理健康。

1.教师队伍专业化

要让家长和学校充分发挥引导心理健康教育的作用,必须有一支业务素质过硬的专业教师队伍。为此,除了专职心理健康教师要精通发展心理学、教育心理学、教育学等专业知识外,还需要聘请校外专家(尤其是高校心理专家)担任家长学校的兼职教师,也可以利用现有的家长资源,邀请熟悉儿童心理和教育方法的家长担任兼职教师。

2.培训内容时效化

家长学校的培训内容必须选择符合学生年龄特点,贴近学生当前生活实际的问题作为培训素材。如新生入学时,应从幼儿园到小学的衔接,良好学习习惯的养成,如何正确对待学生的考试成绩等方面选择内容;中年级主要从学习兴趣的激发、自我意识的发展与培养、良好亲子关系的建立等方面选择内容;高年级则主要从青春期心理特点与心理卫生、小学到初中的衔接等方面选择内容。除根据学生的年龄特点和学校心理健康教育计划的要求设计内容外,还需要了解家长的现实需求,据此安排内容才能收到效果。可通过与家长、班主任、学科教师交流,或通过文献资料、报纸、电视、网络等渠道了解学生与家长关心的热点问题,或通过问卷调查、心理信箱、电子邮件等了解家长的心理需要和兴趣。针对不同的年段,可以进行家长培训前的问卷调查,如表7-1。培训教师根据家长的问题和困惑设计培训课程,基于家长的亲身经历,进行有针对性的讲授、答疑。

表7-1　家长培训前的问卷调查表

问题	内容
现阶段,您的孩子出现了哪些问题?	
现阶段,您的孩子的学习表现怎样?	
针对本次家长会,您有哪些困惑需要得到专家的解答?	
对家长会的形式,您有什么意见和建议?	

3.培训方式多样化

为了达到效果的最优化,讲座无疑是帮助家长获得心理健康教育知识的最佳形式。除此之外,学习心理健康教育指导手册也是一种好方法。作为领衔人,笔者曾带领市级名师工作室中的30多位心理健康专职教师,结合每所学校家长学校讲座的精华内容以及一些成功的案例,汇编成《学校家庭心理健康教育指导手册》,作为家长学校的阅读材料提供给家长,确保每一位家长都能接收到相关信息。另外,在家长学校开展活动期间可以聘请心理咨询师到校为家长、学生进行现场咨询,满足个别家庭的特殊需要。还可以定期举办经验交流会,搭建分享平台,引导家长交流家庭心理健康教育成功的经验,实现共同成长。

4.培训对象全员化

家庭是一个系统,每一个成员都在这个系统中占有特定的位置并发挥着特定的功能,且每一个成员都对其他成员的心理健康发生着作用。因此,家长学校的培训对象不应仅限于父亲或母亲,而应覆盖到家庭中的所有成年人,尤其是那些由(外)祖父母承担主要教养责任的隔代教养家庭,更应成为家长学校关注的焦点。

5.培训手段信息化

随着信息化的快速发展,可以以网络信息为平台,构建起一个家校互动的支持系统。网络环境下的家校互动平台打破了物理与时间的桎梏,让学校与家庭之间的信息沟通变得前所未有的顺畅、即时、全面且深刻。心理健康教师可以通过学校微信公众号或个人视频号,建立"心灵成长驿站""成长的烦恼""特殊求助""亲子悦读时光"等特色栏目,定期更新,弥补传统家校合作的空白,激发家长的主动参与,实现家校深层次、无障碍的对话交流,强化家校合作的纽带,显著提升教育成效。与此同时,为了进一步拉近家校距离,还可以开通网络心理咨询热线与心理信箱,由心理健康专职教师或特邀心理专家担任咨询工作,为家长提供专业、高效的在线指导与即时解答,确保心理健康教育能深入家庭,为孩子健康成长保驾护航。

第三节 经历赋能心育的社会支持

《中小学心理健康教育指导纲要(2012年修订)》指出:"充分利用校外教育资源开展心理健康教育。学校要加强与基层群众性自治组织、企事业单位、社会团体、公共文化机构、街道社区以及青少年校外活动场所等的联系和合作,组织开展各种有益于中小学生身心健康的文体娱乐活动和心理素质拓展活动,拓宽心理健康教育的途径。"总而言之,就是要求学校加强与社会、社区等单位的互动,实现学校心理健康教育的社会支持,为学校探索开展心理健康教育开辟新路径。

一 社会支持的概念

所谓社会支持,主要是指来自家庭、亲友、社会各方面的人给予情绪上和物质上的帮助。[①]根据社会支持的定义,将学校心理健康教育的社会支持界定为:通过整合各种社会力量,使学校心理健康教育工作能得到更多资源和支持,学生可以从中获益,提升心理健康水平。[②]

学校心理健康教育是一个系统工程,必须调动各方面的力量为学生创造良好的心理发展环境。[③]这需要学校、家庭和社会紧密协作,三者相辅相成,缺一不可。当前,心理健康教育的主要阵地虽在学校,但家校合作模式正逐步深化,而整合社区、企业及公共机构资源以强化心理健康教育的举措,尚未得到学校充分重视。为构建更为完善的心理健康教育体系,加强学校与社会的互动变得尤为迫切。这种互动不仅能促进社区资源的有效挖掘与利用,还能加强学校与社区的合作,实现资源的优化配置。学校要主动联系社区,借助社区的丰富资源,逐步架设起社区学生心理健康教育网络。同时,学校与企业合作开展社会

① 王效道.心理与健康[M].桂林:广西师范大学出版社,1999:56.
② 张天清.青少年心理健康教育工作手册[M].南昌:百花洲文艺出版社,2017:264.
③ 陈寒.小学生心理健康教育[M].长春:吉林出版集团股份有限公司.2022:123.

适应性教育，能让学生提前接触社会，显著增强其社会适应能力。此外，学校还应积极与各类组织机构合作，利用其资源开展多样化的心理健康教育活动，以丰富教育手段，完善教育体系。当前部分学校心理健康教师面临的培训机会匮乏、专家指导不足、难以胜任工作等问题，亟须引起重视。心理健康教师的知识储备不足，需要不断“充电”。[①]考虑到专业社会机构汇聚了心理健康教育领域的专家资源，学校应充分利用这些合作机会，邀请专家进校开展讲座，为教师提供专业指导，从而弥补知识短板，提升学校心理健康教育的专业性和实效性。

二　社会支持的现状分析

目前，在学校管理中，青少年心理健康管理体系日趋成熟，涵盖了机构、制度、师资以及课程等多个方面的持续优化与完善，这些都为青少年的心理健康发展提供了重要支撑。然而，在构建全方位支持体系的过程中，仍面临若干短板，主要体现在以下几个方面。

1.学校的主体作用发挥不足

学校在家、校、社协同育人实践中拥有组织优势和资源优势，然而，当前以学校为主体的家、校、社协同育人模式尚显薄弱，还未形成协同育人新格局。主要表现在两个方面：一是学校的主动作用与主体意识有待加强，未能充分利用其组织优势与资源整合能力；二是家、校、社之间的教育观念存在分歧，对教育责任与边界的界定模糊不清，导致在实际合作中难以形成合力，影响了协同育人的深度与广度。

2.家长的心理健康知识储备不足

家庭是青少年成长不可或缺的重要场所，家长的心理健康素养对子女的心理状态有着深远的影响。当前，家长群体在心理健康知识上存在明显不足，其家庭教养方式无形中对孩子的心理健康构成了潜在的影响与威胁。这种认识的缺失导致家长在面对子女心理问题时，往往缺乏科学的理解和应对策略。在

① 何元庆，王永辉，郝代伟，等.芜湖市中小学心理健康教育教师工作现状调查[J].中国卫生事业管理，2012，29(07)：542-543+556.

应试教育的大背景下,家长群体普遍表现出“重智轻德体美劳”的倾向,过分强调学业成绩和升学率,将分数视为评价孩子的首要乃至唯一标准,忽视了孩子的情感需求、品德培养、体质健康、审美教育及劳动实践。这种单一的评价方式不仅给孩子带来了巨大的学习压力,也削弱了家长对孩子心理健康的关注度,使得情感关怀变得稀缺。此外,面对自身的工作与生活压力,许多家长难以抽出足够的时间给予孩子高质量的陪伴与关注,进一步加剧了亲子关系的疏离感。当子女遭遇心理困境时,部分家长因缺乏足够的认识和重视,可能采取忽视或不当的处理方式,这不仅无法有效缓解孩子的心理问题,反而可能加剧其心理负担,甚至引发更严重的后果。因此,提升家长群体的心理健康素养,加强家庭心理健康教育,已成为当前亟待解决的问题。

3.社区心理健康服务机制不健全

社区是学生生活、学习的基本单元,也是学生健康成长的基础阵地。当前,我国社区服务体系在心理健康领域的覆盖与深化仍存在明显不足。具体而言,心理健康服务尚未被明确纳入社区工作的核心范畴,缺乏系统性的制度设计与刚性约束,导致在实际操作中缺乏明确的指导与规范。此外,社区在心理健康服务方面的资源投入不足,无论是财政经费的分配还是专业人员的配备,都难以满足日益增长的服务需求。这直接影响了心理健康服务的质量与可持续性,使相关服务往往停留在表面,难以深入,尤其是难以满足青少年的实际需求。另外,由于缺乏有效的宣传与引导,青少年与社区心理健康服务之间的情感纽带尚未建立,导致青少年对社区心理健康服务的认知度低,参与相关活动的积极性不高。

4.网络环境的支持作用被忽视

随着互联网的发展与应用,网络环境已经成为青少年重要的生活空间,对他们的学习、生活以及社会交往都产生了重大的影响。一方面,网络的多样与新颖为青少年开辟了全新的生活体验与学习路径;另一方面,网络的错综复杂与隐蔽特性则对青少年心理健康构成严峻考验。譬如,长时间凝视电子屏幕,既有损视力,更有可能引发焦虑症状。此外,由于家长对孩子过度使用电子产品的干涉引发的亲子冲突,也会间接影响青少年的心理健康。面对复杂的网络信息,青少年的自制力相对不足,极易受到不良内容的侵害,甚至可能沉迷于网络世界，遭遇网络欺凌，陷入非理性消费等困境，从而对身心造成双重伤害。因此，重视网络环境对青少年心理健康的支持作用，已成为当前不容忽视的重要课题。

5.社会服务机构专业水平有待加强

社会服务机构是指为青少年提供心理健康服务的医院、心理咨询机构及其他以青少年为主要服务对象的社会公益组织。当前，社会服务机构专业效用尚未得到充分体现：一方面，没有形成一定的社会服务体系，心理健康专业人员的数量不能满足需求，专业水平也有待提高，难以满足青少年群体的需求；另一方面，随着人们对心理健康服务需求的增长，社会服务机构的运营模式欠佳，宣传力度亦不充足，导致很多家庭和青少年在遇到心理健康问题时找不到正确的解决途径，往往做出错误的决策。

三　社会支持的途径和方法

（一）社会支持的途径

学校心理健康教育社会支持的途径主要由直接途径和间接途径两个部分组成。

1.直接途径

学校心理健康教育社会支持的直接途径主要是社会（指校外资源，主要包括基层群众组织、企事业单位、社会团体、公共文化机构、街道社区等）协助学校开展心理健康教育。[①]换言之，就是社会采用合适的方式协助学校开展心理健康教育，这种社会支持主要由社会来负责实施。

2.间接途径

学校心理健康教育社会支持的间接途径主要是依托社会成员的力量，主动推动心理健康教育的普及与开展。相比而言，间接途径实施难度更大，既对活动策划与执行者的能力提出更高要求，也亟须心理学专家以及相关专业人士提

① 张天清.青少年心理健康教育工作手册[M].南昌：百花洲文艺出版社，2017：264.

供指导。因此,在实际推行过程中,需要社会与学校及专业心理健康服务机构建立协作机制,确保资源共享与协同努力,共筑心理健康防线,为青少年的健康成长保驾护航。

(二)社会支持的方法

学校心理健康教育支持的方法多样,这里主要从与社区合作、与企业合作以及与机构合作三个方面对其进行简要概述。

1.与社区合作

学校联合派出所、社区街道、医院、妇联以及正规的公益组织等社会组织开展心理健康教育,构建全方位的心理健康教育网络。比如,优化学生成长的社区环境,联合相关部门、社区对校园周边环境实施综合治理,有效减少或限制可能对学生产生消极影响的场所,为学生创造一个健康的成长环境。学校联合医院开展心理健康知识宣传,采用线上线下相结合的方式,对学生和家长做好心理障碍预防与识别的宣传,提醒家长和孩子理性面对心理障碍的治疗与康复过程,消除社会偏见与误解;对有较严重心理困扰与心理障碍的学生及其家庭进行进一步的心理评估诊断,个性化地开展心理援助,开通就医绿色通道。

2.与企业合作

开展校企合作。为了给学生创造与企业对话的条件,学校定期组织学生参观知名企业。例如,我校部分家长在厦门航空工作,假日,教师和家长带领学生走进厦门航空,登上飞机模型进行模拟飞行体验,让学生感受到航空科技的力量,激发学习热情;同时,潜移默化地引导学生理解厦门航空“一鹭高飞,探索蓝天”的文化精髓,提升学生的积极心理品质。

开展特色训练营活动。冬令营、夏令营是很好的主题训练营,深受学生的喜爱。训练营汇聚了一群经验丰富、专业素养高且富有耐心的导师团队,他们精心策划了一系列旨在促进学生全面发展的课程。通过这些课程,学生能接触到与日常学校教育和家庭生活不同的学习与生活模式,在实践中提升自我管理能力,塑造健康的生活习惯,增强体质,增进团队意识。同时,活动还提升了学生的自我控制能力,帮助学生树立面对挑战、克服困难的信心,培养自强不息、独立自主、自尊自爱等优秀品质。

3.与机构合作

让心理咨询热线走进校园。2020年8月，厦门市24小时学生心理援助热线作为厦门市为民办实事项目，采取政府购买服务方式，由厦门市爱恩心理咨询有限公司提供专业服务。热线接受师生家长的心理咨询，协助师生家长心理援助的后期衔接工作，结合工作实际对师生家长心理援助协同应急处置。有需要者也可以预约面谈咨询。持续跟踪学生的成长历程，为他们提供公益性咨询服务，提升心理健康水平。

自2020年以来，厦门市开展了一系列主题心理健康教育活动，如“自强不息 积极向上”主题心理护航计划，对全市中小学心理健康教育状况进行调研，依据调研结果，组织开展一系列心理健康教育活动，做到了推动线上咨询和线下推广的良性循环。同时，让专业的心理服务机构走进校园、走近学生。近些年来，学校定期联系专业的心理专家入校开展心理健康教育指导活动。如邀请家长与子女一起参加心理辅导活动，让家长学习亲子沟通方法与技巧，改善亲子关系，改进家庭教育模式，为孩子健康成长营造良好的家庭环境。同时，学生积极参与各项活动，学习如何认识自我、改善行为、控制情绪，尽早形成理性思维方式。

在学生的成长历程中，难免会遭遇各种各样的心理困扰，学校虽肩负重任，却难以独自承担所有责任，因此，强化学校、家庭与社会的三方协同育人至关重要。鉴于当前社会支持心理健康教育的路径形式多样，且各地具体情况各异，学校应因地制宜，积极寻求与本地资源的有效合作，充分发挥优势，量身打造符合本校特色的心理健康教育，以更好地服务于学生的健康成长。

第八章

经历赋能心育的成效思考

“经历赋能心育”这一教学主张的提出，缘于笔者多年来对学校办学理念的思考与心理健康教育教学实践。2022年，我们以省级课题“引领学习经历重构的小学育人模式变革研究”为载体，开展实践研究，全面推动“经历教育”理念在学校落地生根。我们秉持这一理念，不断探索，修正，再探索。今天，经历赋能心育的实践成效初显，与之同步进行的课程建设促进了学生的个性发展，教师亦同步成长，形成了“羽成文化”的品牌及其相应的办学特色。截至2024年6月，经过访谈和发放调查问卷了解，我校多数学生对学习充满兴趣，能将所学知识融入日常生活解决实际问题。他们不仅愿意在书本上学习，更愿意借助课外读物、实践体验等方式进行学习，学业质量在全区综合测评中名列前茅，师生在省市区各项比赛中获得一、二等奖多次，初步实现了学校办学品质的全面提升。

第一节 经历赋能心育带来的显著成效

“经历赋能心育”是一种新的教育方式，它关注儿童作为人的成长需求以及关注儿童心理成长的规律。一方面，“经历赋能心育”根据不同年段学生的特点，借助经历提高学生的思维开放程度；另一方面，教师为学生富有个性的主动学习提供开放、和谐、愉悦的学习环境，充分调动学生的自觉性、独立性和创造性。这样的学习方式使学生的主体地位得以彰显，使教师的教育观念得以更新，使学校的办学地位得以提升。

一 学生的主体地位得以彰显

（一）学生的学习主体地位得以实现

科学研究表明：儿童潜在的智慧并非已成为现实，这是一种“沉睡的力量”。儿童这种“可能能力”若得不到及时开放，便产生“递减现象”。[①]儿童在学习过程中只有积极参与，投入学习，才能使儿童“沉睡的力量”得到开发。

“经历赋能心育”以学生的体验式学习为主，让学生由被动学习转为主动学习，由单纯的“学会”向有意识的“会学”过渡。“学会”是对知识和技能的简单记忆和掌握，“会学”则是学生将知识和技能内化为实践的自觉学习行为。我们发现，对学生有关的经历进行主动研究，将学习延伸至社会、生活，更能打动人的心灵。“香橙园夏令营”“微课10分钟”“校长信箱”等都是我们做出的积极尝试，有效地激活了学生的主体意识，拓展了学生的兴趣特长，使他们学会学习，学会探索，学会创造。

（二）学生的学习兴趣得以激活

在“经历赋能心育”教学主张的探索实践中，我们欣喜地发现学生的学习兴

① 李吉林.学习科学与儿童情境学习——快乐、高效课堂的教学设计[J].教育研究，2013，34(11)：81-91.

趣变得浓厚了，他们乐于学习，学习的态度实现了从被动接收到主动接受的巨大转变。主要变化在于，当他们面对学习上的困难时，展现出了前所未有的自信，他们会借助以往的经历来尝试解决问题。而在解决问题的过程中，他们学会了自我反思与策略调整，学习对他们来说不再是那样的“遥不可及”。

在调查中发现，被调查的学生中有74.5%喜欢这种借助自己看过的、听过的事件进行学习的方式，因为他们觉得这样的学习更加形象生动。事实表明，结合自己经历的学习更容易促进对知识的理解，成功的愉悦感和兴奋度也会不断增强。研究前后，我们还对一些学生在学习主动性和积极性上进行了问卷调查和访谈，结果如表8-1所示。

表8-1　研究前后问卷调查情况对比

项目	研究前	研究后
学习主动性	68.2%的学生遇到不会的题目等着老师讲解或请同学帮忙，不会独立研究	45.3%的学生会借助与本次学习内容有关的经历进行主动研究
学习积极性	71.5%的学生觉得靠自己的能力没法解决的问题，基本选择放弃	68.5%的学生会想办法去主动学习，会借助同伴帮助，向家长、老师求助等方法，对学习有很强的欲望

从调查的情况看，学生借助已有的知识，借助其他渠道解决问题的能力有了提高。“经历赋能心育”理念的践行，对大部分学生来说，激发了他们学习的兴趣，让他们建立了学习的信心，尤其是位于后三分之一的学生对学习不再畏难。学生学习的兴趣来源于对自己学习行为的认定，积极的认定可以帮助其获得成就感，形成稳定的学习情绪，成为他们持续发展的动力。

（三）学生的学习活力得以激发

学习活力，一方面指儿童主动学习的动力，即内驱力；另一方面指学习能力。

1.学习内驱力得到提高

我们多次对学生进行多学科的课后访谈，初步了解学生的学习情况，由此发现，在“经历赋能心育”引领下的课堂教学实践中，学生的学习内驱力明显增强，主要表现在研究前后学生主动学习、主动提问的情况有了明显变化，具体表现如图 8-1 所示。

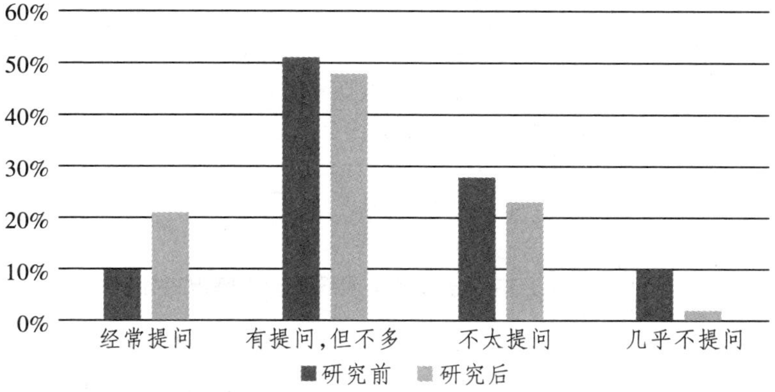

图 8-1　研究前后学生主动提问情况对比图

调查显示，实施后，学生上课主动提问比例呈增长趋势："经常提问"的学生从 10% 增至 21.2%，增量为 11.2%；"几乎不提问"的学生从 10% 减至 2%，减少了 8%。从数据的变化中，可以看出随着学生学习主动性和学习自信心的增强，学生的问题意识也在相应提高。

2. 学习能力得以提高

学习能力是指学生运用科学的学习方法去独立获取信息，加工和利用信息，分析和解决实际问题的一种个性特征。[①]研究前期、中期和后期，我们使用了华东师范大学鞠玉翠教授编制的学习力调查问卷对学生的学习能力进行调查，该问卷分别考查了学生的合作学习能力、人际交往能力和师生沟通能力。研究前后对比调查数据如图 8-2 所示。

① 陈剑云. 师道心韵——教师生涯与助人技术[M]. 北京：中国发展出版社，2015：48.

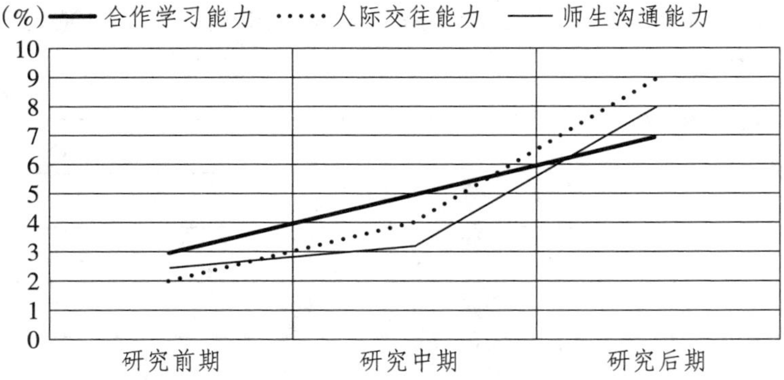

图8-2　研究前后学生解决问题的能力情况对比图

图中的分析结果显示,学生在解决问题的过程中,合作学习能力及师生沟通能力翻倍提升,与同伴间的人际交往能力也从原来的20%上升至90%,有了显著提高,说明研究措施对学生解决问题能力,特别是师生沟通能力产生了显著且积极的影响。

(四)学生的学习品质得以提升

苏霍姆林斯基曾说,小学的主要任务是教会儿童使用工具。这个工具就是教给学生学习的方法,培养学生独立学习的能力。课堂上,教师教给学生学习方式的学习,是培养学习能力的核心要义。学校通过经历赋能心育理念下的优化学生学习过程实践研究,努力实践轻负高质,学校的教学质量稳步提升,学生的学习品质全面提升。在2022年、2023年、2024年全区小学生学业水平抽测中,我校四、五、六年级学生成绩均蝉联第一,以2023—2024学年第一学期为例,我校学生成绩平均值与全区学生成绩平均值比较结果如图8-3所示。

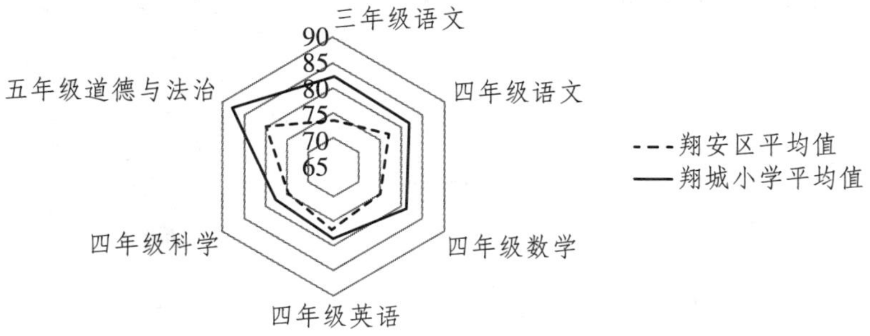

图8-3　翔城小学2023—2024学年第一学期学生成绩平均值与区成绩平均值对比图

根据图8-3的数据分析发现,我校学生抽测年级成绩平均分高于全区平均成绩,向社会交上了满意的答卷,这在一定程度上证明"经历赋能心育"理念的实施对学生的学业质量产生了良好的影响。

“经历赋能心育”使学生学习的积极心理得以激发，变“要我学”为“我要学”，在开放的学习环境中，学生真正成为学习的主人，学习能力也得到了进一步的提高。

二　教师的教育观念得以更新

随着“经历赋能心育”理论和实践的深入，我们惊喜地发现：教师的教学观和学生观发生了转变，教师更加尊重学生的经历，关注学生的能力培养；课堂教学方式也发生了改变，师生互动频率增多，师生关系融洽；教学研究的氛围浓厚，一支科研型的教师队伍在悄然兴起。

（一）教师观念的更新

由于教师在思想上认同经历在学生学习过程中的重要性，尊重经历，理解经历，并在教学行为上跟进，于是课堂教学的各个环节都在积极地为学生创造经历。“面对不同经历的学生，实施不同的教学，促进个性化的发展”成了教师的教学理念。我们欣喜地发现，教师的观念发生了转变，包括以下三个方面。

1.做到以生为本

教师关注的是学生的全面发展与个性化成长。尊重学生个体的独特体验，尊重学生个性化的认知，让每个学生都能创造性地思考和学习。积极转变教学策略，从教学“以知识记忆为核心”的模式转为“以学为中心”的模式，为“学”服务，强化学生的自主学习，实施学习意义生成、自主建构和创新能力的培养。

2.尊重学生的个体差异

每个学生都是独一无二的个体，拥有不同的学习水平、能力倾向及情绪状态。因此，在教学过程中，做到因材施教，根据学生的具体情况调整教学策略与学习目标，确保每位学生都能在适合自己的节奏中学习体验。通过个性化的引导与帮助，能有效保护和发展学生的个性倾向，让他们在成长的道路上绽放属于自己的光彩。这也是经历赋能心育理念区别于传统教学理念的最重要特征。

3.积极开展体验活动

让学生在活动中体验是经历赋能心育的重要表征之一。活动体验学习是现代学习方式的一种。如我们开展“自我意识”主题学习时，就是以活动为主线，引入并贯穿在整个学习过程中的，改变以往学生学习从书本到书本的方式，以活动为平台展开“教”与“学”的过程。在实践中充分给予活动中体验的优势，明确书本世界、生活世界与经历世界立体重塑的现实意义，提高学生的学习积极性和学习效率。

（二）教学方式的转型

在以往的教学设计中，学生是配角。而今，在日常学科教学活动中，教师能从学习体验、学习方法和学习心理等方面展开学习指导，养成了时时进行借助学生已有经历和直接经历促进学习的意识，允许学生进行差异化学习，及时进行诊断并开展针对性指导，使学生摆脱原有知识范围和思维定式的禁锢，对头脑中已有的经历进行重组，从而产生新发现、新思考，其主要变化如表8-2所示。

表8-2　传统的教学设计与基于学生已有经历或直接经历的教学设计对比表

项目	传统的教学设计	基于学生已有经历或直接经历的教学设计
学习重点	围绕“知识点”展开学习活动，偏重于掌握这个知识点	以学生已有经历或直接经历作为起点进行学习，侧重于书本世界、生活世界与经验世界的链接
学习目标	根据课程标准和教材内容制定，侧重于对知识的习得	根据单元主题，基于学生的经历起点，制定相关的教学目标，侧重于全面健康发展
学习内容	单一的知识	与主题相关、高度结构化的学习内容
学习资源	以教材为主要依托	借助多个载体，自主探究与学习内容相关的多个学习材料
学习活动	以教师的传授式为主	以学生的体验探究、感悟式学习活动为主
学习评价	侧重于对知识点掌握情况的评价和对学习结果的评价	侧重于对主题的理解及参与活动的评价，重过程性评价、发展性评价
学习效果	学生被动地获取知识，缺乏真实情境让其进行实践	可以在真实情境中探索实践，自主获取知识

续表

项目	传统的教学设计	基于学生已有经历或直接经历的教学设计
教学组织形式和教学周期	主要是进行课堂教学，教学周期以课时为单位	教学组织形式灵活多样，不局限于课堂教学，可以结合主题开展小组合作学习和项目式学习等
师生角色	教师是知识的主要传授者，学生多是被动接受知识	学生可根据自己的经历起点参与活动设计，实现知识的主动建构。教师是学习环境的创建者、资源提供者、学习活动的合作者和促进者

从表8-2可知，经历赋能心育的教学设计以学生的经历为教学起点，侧重教学目标多元化，学习内容结构化，学习载体多样化，学习活动丰富，侧重过程性评价，课堂少了预设性，多了生成性。

（三）教学研究的深入

随着课题研究的深入开展，我校教师越来越意识到“有意义的经历”对课堂教学的重要性，教师从以往遵循教材的已有编排顺序，依据教学内容制定教学目标，到深入了解学生的知识起点和学习经历，将相关联的教学内容进行有机整合，制定出更加贴近学生实际的学习目标，这样才可以让学生的经历与知识学习紧密相连。“经历赋能心育”是一种内在的深层次的变革，只有教师真正去研读学生，树立从学生实际出发的意识，学会换位思考：课堂上，学生要学什么、怎样学、学到什么程度、达到什么水平？只有这样，才能真正做到“以学定教”。

为了激活学生的课堂思维，教师开始关注并尊重学生的“经历”，把自己定位于做生成经历的鉴别者、重组者和促进者，从备课的时候就开始留足一定的空间，给予一定的弹性，课上引导学生填补空白，适当延伸、拓展、迁移、填充，甚至“重建经历”，使学生初步拥有创新的钥匙，注重创设动态生成的“土壤”，让课堂教学异彩纷呈。

（四）教育成果的形成

随着省级课题“引领学习经历重构的小学育人模式变革研究”的深入进行，我校教科研氛围越来越浓厚。教师教学观念转变，教学形式改变，课堂日趋成熟，教育智慧不断生成。近年来，学校课题研究和论文撰写成果颇丰。以备课组为单位，教师全员参与各级各类课题的立项、申报及日常研究，每人每学期撰写教学随笔、教学案例和论文，不断总结反思经验，推广取得的成果。在两个省级课题引领下，全校共创建5个子课题，纷纷在市、区级立项，课题群成效显著，在各级各类教学、科研评比中频频获奖，教育成果日益丰硕。

三 学校的办学质量得以提升

自“经历赋能心育”理念实施以来，学校以“向着阳光幸福生长”为办学理念，以轻负高质的课堂教学为重点，久久为功、持续研究，各项工作都取得了明显的进步和较好的成效。学校的教育教学质量稳步提升，学校的社会美誉度也逐年提升，得到了学生、家长和社会的认可，受到了各级领导和教育同行的好评，“经历赋能心育”的学习过程优化研究也让学校步入了良性循环的发展轨道。

（一）探索学习变革的新路径

对学习者而言，理想的学习方式在于能根据当前的学习环境及自身特点，灵活选取最适宜的方法，以此促进个人潜能的最大化，实现“自我超越”。在“经历赋能心育”教学主张中，教师尽可能为学生创造良好的环境，整合与优化学习内容，依据学生已有的学习经历开展经历学习，把学习的选择权给予学生。主要从以下三个方面进行有效探索。

1.个性化主题整合学习

个性化主题整合学习是围绕特定主题，将多学科知识与心理健康教育深度融合，并依据学生已有经历精心设计的学习过程。我们开展的绘本教学、心理剧社团活动等，正是这一混合式学习理念的生动实践。以心理剧社团为例，它不仅融合了心理学原理、学科知识，还巧妙融入了社会实践元素，创造出一种高度互动、深受学生喜欢的学习内容与形式。

2.定制化菜单学习

定制化菜单学习模式尊重儿童的个性差异与兴趣特长，允许学生根据个人喜好自主选择学习项目。学校推出的花样跳绳、合唱、舞蹈等社团活动,正是这一模式的具体体现。以合唱团和闽南童谣社团为例,学生能依据自己的音乐偏好与嗓音条件,灵活选择学习曲目与训练时段,这种高度个性化的学习方式极大地提升了学生的参与热情与学习效果。

3.灵活弹性学科教学

灵活弹性学科教学强调根据学科特性及学生的具体学习环境,灵活调整教学策略。在科学、英语等学科中,我们积极采用线上线下融合的教学模式。以英语学习为例,教师灵活运用面对面授课与在线学习平台,为学生提供多样化的学习资源与个性化指导,确保每位学生都能获得全面而深入的学习体验。这种灵活多变的教学方式深受学生喜爱,有效促进了学习成效的提升。

这样的学习新途径把更多的学习权利还给了学生,学生可以根据自己的兴趣爱好和学习需求,自主选择课程内容与学习方式。在线上学习的环境中,学生能自主掌控学习的步调与进度,通过加强与教师的互动交流,有效提升学习效率与质量。这一转变促使学习模式从传统的被动接受与机械记忆,转变为积极主动的探索式学习,鼓励学生发现并实践最适合自己的学习路径,拥有更加个性化与高效的学习体验。

近三年的探索实践成效明显,翔城小学有多名学生在各级各类学科比赛中获奖。体育类,有近300人次获奖;科技类,有近200人次获奖;少先队工作,有近80人次获奖;艺术类,有近100人次获奖,提高了学校的美誉度和知名度。

(二)形成课堂转型的新样态

我们发现,在"经历赋能心育"的课堂上,教师尊重学生的经历,大力优化学生的学习过程,大家相互学习,不断探究反思,促成了课堂教学转型,提高了课堂教学效率。

研究发现,影响学生学习成效的因素有三:已有经历,教学开展应指向学生真实经验水平;学习介入的有效机会,过早过迟介入教学有效性都会打折;学习者的学习动机,"以学定教"的课堂关注学生学习的三个因素,教师开展个性化及针对性教学,评价与过程平行,让学生在自我认知的成就中获得成功感。

以人教版五年级上册语文第五单元的综合性学习为例,陈子然老师依据学生已有学习经历,针对课文从"有趣的汉字"和"我爱你汉字"两个方面来研究我们祖国的文字，开设“遨游汉字王国”主题活动，通过双休日去参观展览“汉字源流”，组织假日分小队开展“找错字”等活动，提高了课堂教学的实效性。

在教学过程中，教师注重强化新旧知识间的关联，有效提升了学生运用已有经历促进深度学习的能力。同时，教师精心构建了一个多维度、立体化的知识框架，发展了学生的横向和纵向多元化思维能力，真正关注了学生对“学习”的学习——学习方法的迁移和学习策略的选择，切实做到了依据学生个性和经历差异进行教学，不断优化学习方法，使学生的学习状态始终保持在与自己适宜的水平，既减轻了学生的负担，又保证了学业质量。

（三）学校奠定特色品牌的新基础

学校开发了40多门拓展性课程，并将之纳入校本课程，每周四下午的社团课丰富了学生的生活，拓宽了学生的视野。

1.开展“翔城”品牌特色系列活动

学校以“翔城”设计了“翔翔橙橙”形象品牌，依据“翔城”二字的谐音“香橙”着力打造一所美丽的“香橙园”，并以此开设系列特色活动。例如“香橙园思享汇”“香橙好少年”“香橙优班”等，创作“校歌”，开展“亲子运动会”等活动，逐步形成具有翔城特色的校园文化品牌。

以“香橙夏令营”为例，每学期由班级评选的“香橙好少年”可以参加为期两天的学习活动。夏令营的活动非常丰富，意在锻炼学生的自理能力和与人合作的能力。学生参与活动后，在手册上写道：午饭后，我们进行了户外拓展。活动可丰富啦！有刺激紧张的拓展训练，有妙手魔法的花卉种植，有拔萝卜、摘青菜、挖红薯……还有团队协作活动，各种拓展游戏，以及精彩的晚会……总之，活动是那么丰富多彩。

又例如，“双减”之后，学生的学习方式发生了变化。为切实解放学生的课余生活，我们围绕育人目标开展系列特色实践活动。[①]打造以劳动教育为内容的实践特色作业，如假日小分队、亲子阅读、体育锻炼等。在文明礼仪节中开展动手实践，如一年级的自主整理书包、穿衣服，二年级的自主系鞋带、系红领巾

---

① 肖珩.“双减”背景下新办学校育人范式的实践探索[J].基础教育论坛，2024(02)：6-8.

等劳动任务，都关乎学生的身心发展。开展红色教育活动，打造行走的思政课堂，组织学生开展清明祭扫，举行红色研学活动，了解厦门的革命历史，寻找家乡的革命烈士足迹，以鲜活的教育教学资源激发学生爱党、爱国、爱人民的热情。通过这样的活动，丰富了学生的活动经历，增强了学生的主体意识和责任心，为后续的学习增添了不竭动力。

2.开设以“经历赋能”为平台的系列课程

课程是学校教育的重要内容，是实现学校育人目标最主要的载体，是学校育人目标在学校课程体系的具体体现。

(1)拓展校本课程载体，构建“羽·成”课程体系。

作为新办学校，生源质量参差不齐，考虑到学生的差异性，我们以培养“有志趣、有温度、有担当、有才识、有灵气的羽成少年”这一育人目标为导向，遵循“强本固基”“守正创新”“融合开放”课程理念，对学校的教育教学内容进行设置、开发和整合，紧扣“羽成”二字，建构了由“丰羽课程、顺羽课程、成翼课程、成和课程”组成的“羽·成”课程体系。其中，丰羽课程包含了“育德与塑品、语言与文字、数学与科技、体育与健康、艺术与审美”；顺羽课程包含了“节日课程、语言类社团课程、STEM课程、艺术类社团课程”；成翼课程包含了“劳动项目课程、综合实践活动”；成和课程包含了“文化主题课程、节日主题课程、仪式主题课程”等。这些课程更加面向实际生活，更加贴合学生发展的切实需要，也形成了包括目标、内容、实施方式、评价体系等在内的教育链条，构建起小学六年一体化育人模式，有助于全面提高学生的学业水平与综合素养。

(2)完善校园文化载体，创建幸福的香橙园。

建校之初，翔城小学围绕“羽成”核心文化，按照学生需要和学校发展趋势，对校园的功能进行整体设计，把校园建成“环境优雅的文化园、以人为本的教育园、和谐幸福的乐读园、温馨和美的生活园、走向未来的科技园”，并将“五园”合并成“一园”——“让每一个孩子‘向着阳光幸福生长’的香橙园”。优越的教育教学环境，功能多元的场馆设施以及丰富多彩的校园活动，让学校在办学之初就赢得了社会好感，具备了初始效应。①

① 肖珩.“双减”背景下新办学校育人范式的实践探索[J].基础教育论坛，2024(02)：6-8.

学校以“向着阳光幸福生长”为要,依托建设全国手球传统学校的契机,以六节一会(合唱节、体育节、科技节、文明礼仪节、读书节、艺术节和体育运动会)为载体,做好活动融合,形成学校品牌,打造一所潜能无限、生命激昂、师生幸福、社会赞誉的卓越翔小。每一个校园节日都是学生成长的展示平台。如读书节上,学生与家长亲子共读、进行好书乐购、开展“小书窝”项目式活动、进行课本剧表演等,从开幕式到闭幕式,历时一个多月,学生沉浸于阅读,收获满满。

(3)丰富课后服务载体,优化教育的主阵地。

在“双减”背景下,翔城小学不断完善教学设施,优化校内资源,开发校外优质资源,打造丰富、多元、有趣的课后服务课程,设置了棋类、陶艺、书法、篮球、足球、手球、跳绳、啦啦操、合唱、绘画、创客、乒乓球、科创实验等三十多个社团,引入校外的优秀教学资源,由学生自主选择,丰富学生的活动经历,提高学生的学习能力。此外,与省内外学校结对,定期进行各项交流活动,拓宽学生的视野,搭建多样化学习平台。

三年来,通过高质量、高标准地落实“双减”政策,学校获得快速发展,高效率的教育教学质量和全面发展的学生素养获得了家长、社会的广泛认可,学校获评“全国手球传统学校”“厦门市翔安区新办学校教学优质奖”,先后荣获“厦门市智慧校园”“厦门市绿色校园”“厦门市义务教育标准化学校”和“福建省义务教育管理标准化学校”“厦门市城市学校少年宫”“厦门市心理健康教育特色学校”等荣誉称号。

第二节 经历赋能心育带来的未来思考

构建适应21世纪人类社会发展和教育改革需求的心理健康教育体系，是时代赋予我们的紧迫而重要的课题。我们应当根植于哲学、教育学、心理学等多学科融合的视野，深入洞悉并把握心理健康教育的基本理念与未来走向，探索并寻求促进心理健康教育发展的有效策略，以确保其适应并引领时代的需求。

一　核心素养，经历赋能心育的目标方向

根据《中小学心理健康教育指导纲要(2012年修订)》和义务教育课程政策文件，在道德与法治课标修订中，心理健康教育的核心素养被概括为“健全人格”，主要表现为“自尊自信、理性平和、积极向上和友爱互助”等积极心理品质，这也是心理健康教育教学内容的一个浓缩。

培养“全面发展的人”是中国学生发展核心素养的出发点和归宿点。其内涵主要涵盖主体性、文化性和社会性三个方面。“主体性”涉及个体自我发展方面的素养，包括身体、精神、智力和个性品质；“社会性”侧重于社会交往能力的培养，指能处理好个人和他人、家庭、国家等多种社会关系的素养。以上两个特征验证了“经历赋能心育”教学主张所具有的前瞻性。随着核心素养进一步的实践，“经历赋能心育”这一教学主张必将不断充实，为学生成长赋能。

参照南京师范大学李艺、钟柏昌提出的学科核心素养的三层架构图，有学者将心理健康核心素养分为个体特质、知识和技能、态度和信念、心理能力和心理品质四个层面，见图8-4。

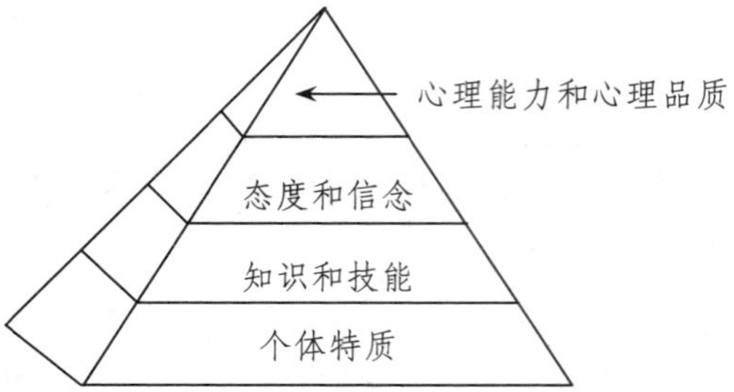

图 8-4　心理健康核心素养结构塔[①]

核心素养是指学生应具备的、适应终身发展和社会发展需要的必备品质和关键能力。它具有基础性、生长性、共同性和关键性等特点。核心素养的提出，旨在培养学生的综合能力，以满足未来社会对人才的需求。核心素养体系通常包括人文底蕴、科学精神、学会学习、健康生活、责任担当、实践创新等多个方面，涵盖了知识、技能、情感、态度和价值观等多个维度。

心理健康教育的核心素养主要涉及学生在心理层面的认知、情感、行为及社会适应等方面的综合能力。这些能力包括认识自我、学会学习、人际交往、情绪调适、升学择业和生活社会适应等方面。这些能力不仅关乎学生的心理健康，还直接影响他们的学习、生活和未来发展。

1. 内容互通

核心素养和心理健康教育核心素养在内容上有显著的交叉并存在共同部分。例如，核心素养中的“健康生活”与心理健康教育核心素养中的“情绪调适”“认识自我”等紧密相关。两者都强调了学生需要具备的健全人格、良好的学习能力以及自我管理的能力。

2. 目标一致

从目标来看，两者都致力于培养学生的全面发展。核心素养体现了全人教育的理念，心理健康教育核心素养聚焦于学生的心理健康和社会适应能力。两者在促进学生健康成长、适应社会发展方面有着共同的目标。

① 杨宝琰，贾钰桐，朱梅．心理健康核心素养及其培育[J]．中小学教材教学，2023(03)：4-9.

3. 相互融合

核心素养与心理健康教育核心素养之间是相互促进、有机融合的关系。一方面，心理健康教育核心素养的提升有助于增强学生的自信心、自控力和人际交往能力，从而促进学生更好地适应学习和生活，实现核心素养的发展目标；另一方面，核心素养的提升也为学生提供了更加广阔的视野和更加扎实的基础，有助于他们更好地理解和应对各种心理挑战。

4. 方法整合

在教育实践中，教师应将核心素养与心理健康教育核心素养的培养有机整合起来。通过课程设计、教学方法和评价体系等方面的创新，实现两者在教育实践中的相互促进和融合。例如，在学科教学中融入心理健康教育的内容和方法；在心理健康教育活动中注重培养学生的学科素养和综合能力等。

教师要充分利用学生的生活经历、交往经历，关注学生的学习历程，让知识内化，促进学生能力、素养的形成，使学习真正为生活所用，为人的可持续发展所用。

二　信息技术，经历赋能心育的发展支点

人类进入网络时代以来，经历了从IT（信息）时代到DT（数据）时代，又从DT时代到AI（人工智能）时代的发展过程。现代技术已完全改变了人类生活的方式，对教育发起了挑战和冲击，我们可以利用现代技术深度改变教学方式、教学环境和教学对象。这些都将为"经历赋能心育"理念提供新的发展支点。

（一）基于互联网引导学生丰富精神世界

在人们的认识中，学校往往是由校园、教室、教师这三者组成，教育往往就是一群人聚集在固定的地点，遵循既定的时间表，共同学习预设好的课程内容。然而，随着互联网的广泛应用，以及越来越多生动高效的学习软件的开发应用，一个全新的"校园"正逐步构建起来。在这里，学生可以不受时空的限制，随时随地学习不同知识内容。网络就是校园，移动终端就是课堂，学生个体差异就是学习资源。

随着以互联网为基础的智慧校园工作的推进,学校中的工作、学习和管理逐步一体化。互联网将人和物紧密相连,为学校校园文化建设开辟了新的路径。其主要呈现出以下两个方面的趋势。

其一,互联网可为教学提供各种虚拟空间、经历学习的场景,使学习呈现“去学科中心”的特点。古人云:“读万卷书,行万里路。”在网络时代,互联网可以将书本学习和体验探究整合统一,借助虚拟场景中的体验,理解知识的内涵并建立起新旧知识之间的链接,融会贯通,便于学生掌握,同时还可以借助虚拟场景提供的情境,运用所学的知识解决实际问题,在不断的尝试中,了解知识间的联系和概念的意义,最终形成学习的基本能力。

其二,互联网为学习提供多种信息,为经历学习提供资讯保障,使学习呈“现象化”特点。互联网为学生学习知识提供一定的保障,学生在解决问题时,遇到知识点问题,不用依靠死记硬背而是借助网络信息轻松获得,将以往知识记忆的时间与精力花在不断思考、不断尝试、不断改进上,经历真实的学习过程,在探索中,不仅学习知识,而且提高解决问题的能力。

由此可见,互联网拓宽了学生的生活经历,丰富了学生的精神世界,开辟了新的经历路径,进一步提高了学生理解和解决问题的能力。

(二)借助大数据帮助学生丰富自身经历

众所周知,当前我们正处于大数据时代,“大数据”已深深融入我们的日常学习与生活的方方面面,持续不断地为我们带来前所未有的便捷体验。在教育领域,通过对学生基础成绩数据的分析,教师能精确地识别出学生在学习上的不足,帮助教师制定并实施个性化的教学干预措施,帮助学生进步。同时,追踪学生的解题过程,可以揭示出有效解题的普遍规律,为学生找到更加高效的学习方法。此外,利用学生完成练习所需时间、正确率峰值时段等数据,能了解每位学生的学习耐力与效率模式,帮助教师制定个性化的教学策略,提升学生学习时的专注力和持久力。

第一,大数据呈现“个性化定制”的特征。查尔斯·汉迪在《疯狂的时代》一书中指出:“对教育而言,真正需要的不是国家制定的课程表,而是给每一位孩子一份私人进程表。”通过全面而深入的数据分析,教师能了解每位学生的个性特征、日常习惯、兴趣所在以及交友情况。随后,依据这些独特的个体习惯与能力差异,我们能为每位学生量身打造“专属定制”的学习任务,这些任务在时长、时段以及形式上均灵活多变，成为适合学生个体学习风格的方法。

第二，大数据呈现“同伴互助学习”的趋势。学习不仅发生在课堂上，还发生在其他各个地方；学习的同伴可以是身边的同学，也可以是网络上的学习伙伴；学习方式多元，除了传统的听讲与练习，还融入了阅读、实践等多种形式；学习的内容日益贴近学生的实际生活问题与社会现象，超越了单一学科的知识体系。通过大数据，学生不仅能清晰认识自己的学习特点与偏好，还能借助数据分析探索并借鉴他人好的学习方法。在浏览他人的学习经历数据时，学生能更客观地评估自己的优势与不足，不断优化个人的学习策略。同时，这种跨界的学习体验让学生有机会了解并学习多种学习方法和内容，极大地拓宽了他们的学习视野与经历范畴。从现实的课堂到虚拟的网络，从书本的阅读到实践的探索，从个体的独立学习到团队的协作共进，大数据正引领着学习方式的深刻变革。

随着大数据时代的到来，人们得以深入分析每个人经历中的数据，深刻地理解每个人的独特需求、习惯、喜好以及成长轨迹。这些数据集合如同一面镜子，让我们能审视并反思自身经历中的不足与缺失，并有针对性地进行补充与丰富。同时，通过借鉴他人的丰富经历，能不断完善自己的学习经历，让经历赋能学习、赋能成长。

（三）基于人工智能助力学生提升高阶能力

美国著名未来学家雷·库兹韦尔预测，在接下来100年里，我们将经历相当于两万年的进步。随着人工智能时代的飞速发展，教师职业是否会被人工智能所取代的议题引发了广泛讨论。相关研究表明，当人类工作涉及“社交能力、协商能力以及人情练达的艺术”“同情心以及对他人真心实意的扶助和关切”“创意和审美”三类技能要求时，人类工作者展现出了机器难以企及的独特优势。据不完全统计，教师职业因这些特质而被机器取代的风险极低，仅为0.4%，这强有力地证明了在教育的深层领域，尤其是在培养学生高阶能力方面，教师的价值无可替代。

事实上，人类社会的每一次教育技术革新，都是对教育生产力的又一次深度释放与显著增强。步入人工智能时代，计算机在信息处理与记忆能力上无疑远超人类，且其存储的知识日益趋于结构化和系统化。鉴于此，我们的教育重点应当发生根本性转变：从单纯注重知识的传授，即强调学生对知识的记忆、理解和基本应用,转向更加聚焦于学生高阶思维能力的培养,特别是分析、评价和创造性思维能力的发展。这样的转变,旨在培养能适应未来社会需求,具备创新思维与问题解决能力的优秀人才。

1.重视形象思维的培养

在基础教育阶段,我们要重视综合学习,注重学生思维能力的培养。这意味着,我们不仅要传授知识,更要激发学生的创造力与想象力。例如,可以通过音乐、绘画、棋艺、诗词等多种艺术形式的学习,让学生在美的熏陶中学会审美,在棋盘上领悟策略与取舍的智慧,在诗歌的海洋里遨游想象。加强学生形象思维的培养,根据自己的灵感,将不同的事物进行联系重组,在实践中不断创新与创造。

2.开展基于经历的创造性学习

随着时代的发展,"学习经历"将是锻造高阶能力的宝贵财富。在人工智能时代,人们可以从机械重复性工作中解放出来,转而发挥自身的特长,专注于创造性问题的解决。为此,学校及教师要积极推动综合性课程的开发与实施,将学生置于具体问题的情境中,引导他们亲历从问题识别到解决方案构思、实施及评估的全过程,让学生亲身经历知识的创造与应用,学会如何在实践中创造性地解决复杂问题。换言之,每一次学习都应当围绕着一个具有实际意义、值得深入探索的问题展开,将学生的真实世界与学习紧密联系,培养学生的创造力。

人工智能时代的到来,必然改变学生学习的内容,更加重视对学生形象思维与创造力的培养。教师要结合每个学生的认知背景,帮助学生在解决具体问题的情境中创造性地解决问题,不断反思创新,逐步实现创造性成长。

三 人文精神,经历赋能心育的价值取向

《教育部关于全面深化课程改革落实立德树人根本任务的意见》把人文素质培育作为目标指向之一,特别指出:"立德树人是发展中国特色社会主义教育事业的核心所在,是培养德智体美全面发展的社会主义建设者和接班人的本质

要求。”在此基础上，教育工作者需不断创新教育模式，将立德树人理念贯穿于教育教学的全过程。通过丰富多样的实践活动、寓教于乐的德育活动以及跨学科的人文素养课程，激发学生对真善美的追求，培养其批判性思维与创新精神。

（一）在关注经历学习的同时，关注人文精神的关键要素

简单地说，“人文精神”就是对人性深刻关怀与尊重的体现。在小学教育阶段，要注重学生“创造性的人格、健康的情感、正确的价值观”的培养。中华民族历经五千年沧桑而屹立不倒，正源自我们民族所独有的、丰富而深邃的人文精神传统。步入新时代，这一宝贵的精神财富更应被传承与发扬，深深植根于每一位学生的心田，成为促进学生终身发展的内在动力与核心素养。

人文精神的内涵十分丰富，其核心就是培养学生的健全人格，让学生在各种经历中提升精神涵养。主要包含以下几个方面。

1.自我意识

主体性是素质教育的核心理念，也是人文精神的基石。[①]如果一个人缺乏主体意识，就难以践行人文精神的真谛。在基础教育阶段，我们应充分尊重学生个性，激发他们的自主意识，鼓励学生通过自我管理、深入反思与客观评价，实现自我价值的探索与成长。当学生在丰富的学习与生活实践中不断历练时，他们的精神世界将因此而变得饱满且富有理想色彩，洋溢着浓厚的人文情怀。

2.文明言行

中国被誉为礼仪之邦，可见“礼仪”在我国传统文化中的重要地位。小学阶段是行为习惯养成的关键时期，学生的言行举止不仅受学校教育的影响，更在家庭与社会的熏陶下逐渐成形。学校可以通过开展“文明礼仪节”等系列活动来规范学生言行，将其生活经历与学习过程紧密相连，相互促进，共同作用于学生人格的完善，引导他们成长为遵守社会规范、具备良好礼仪修养的合格公民。

---

① 戴云，王聚元，黄一敏，等.高中历史有效教学能力提升及课型实践案例[M].北京：世界图书出版公司，2015：10.

3.社会责任感

责任意识是中华优秀传统文化中不可或缺的一部分,“天下兴亡,匹夫有责”的精神激励着无数中华儿女。对小学生而言,培养社会责任感应从自我负责做起,学会对自己的行为及其后果负责。随着年龄的增长,学生应逐渐扩展到对集体、对社会的责任承担,如积极参与集体活动、展现团队精神、热心参与公益活动等,最终成长为对社会有贡献、对他人有益的人。这一过程不仅是对学生个人品质的锤炼,更是对人文精神中责任与担当精神的深刻践行。

(二)在建构学生新经历的同时,拓宽学生的文化视野

当今世界正处在大发展大变革大调整时期,世界多极化、经济全球化深入发展,科学技术日新月异,各种思想文化交流交融交锋更加频繁,文化在综合国力竞争中的地位和作用更加凸显,维护国家文化安全任务更加艰巨,增强国家文化软实力、中华文化国际影响力要求更加紧迫。[①]中华文化博大精深,中华文明延续至今已有五千多年的历史。习近平总书记指出:“中华文化积淀着中华民族最深沉的精神追求,是中华民族生生不息、发展壮大的丰厚滋养。”学生是中华民族的未来和希望,在受教育的过程中,不仅要掌握适应未来社会的科学技术,更要拓宽文化视野,深入理解中华文化的精神内涵。

现代社会需要高素质的社会公民,他们不仅应精通基础知识与核心技能,更需拥有宽广的文化视野与深厚的文化底蕴。

第一,跨学科文化融合。不同学科背景的人坐在一起交流,他们往往因学术背景、思维方式及方法的差异而碰撞出独特的火花。以语文学习为例,它不是简单的唐诗宋词背诵,而是引导学生深入探索中国诗词背后的文化意蕴,如酒文化、诗词文化的精髓;同时,通过成语、谚语、歇后语的学习,学生还能领略到中国传统节日的丰富多彩及历史典故的深厚内涵。这种学习方式不仅让中国传统文化焕发新生,更使之与现代生活紧密相连,服务于当代社会。

第二,生活常识的积累。常识,作为我们日常生活中不可或缺的知识体系,涵盖了对自然环境、社会经济系统的深刻理解。新课程的建设,旨在创设宽松的环节,让学生学习选择;给予每个学生试错的机会,学习探索;让学生学会放

① 任雪莲.提高文化软实力关键在于深化文化体制改革[J].东方企业文化,2011(20):62.

松身心，拥有自己的爱好。每一个人，都有自己的经历，有自己的爱好，有自己的个性，这些经历、爱好、个性都是不同于他人的。一个人这样的生活经历越丰富，文化修养就越高，生活品位就越高雅，人文情趣就越浓郁。

（三）在提高综合能力的同时，培养学生稳定的心理结构

新时代背景下，随着信息技术的飞速发展，人与人之间的面对面沟通减少，不少家庭团聚的时间越来越少，误会和隔阂日益增加，离婚率不断攀升，亲子关系日益紧张，人们对未来社会的发展不确定性的担忧焦虑，引发诸多心理问题。学校是社会的一部分，社会心理问题会通过家庭生活、社会生活等多途径影响学生，因而培养他们稳定的心理结构尤为重要。

第一，悦纳自我。心理健康的核心问题就是自尊，自尊是个体对自我持有的积极、正面的评价与认同。小学生进入学校后，学习成绩往往成为衡量其表现的主要标尺之一。有的学生因成绩不够理想，可能在家遭遇家长的指责，在校遭遇同学的漠视，这样的环境容易让学生产生自我怀疑，认为自己能力不足，自尊感受挫，进而可能引发焦虑情绪，对学习产生抵触心理。这就需要教师引导学生自我悦纳，鼓励他们发现自己的优点与潜能，以更加平和与自信的心态去面对生活中的挑战。

第二，控制自我。心理学家经过长期研究发现：个体间的智商差异并不明显，但有的人之所以成功，有的人之所以失败，与各自的情商有着密切关系。而情商的高低不仅体现在人的自控能力上，还体现在对自身情绪的有效管理上。在校园中，一方面，要引导学生克制自己的情绪；另一方面，要引导学生在恰当的场合，合理发泄自己不良的情绪。如此，学生才能慢慢找到属于自己的快乐和自信。

第三，调试自我。傅雷在给儿子的回信中写了这样一段话：人的一辈子都在高潮—低潮中沉浮，唯有庸碌的人，生活才如死水一般。只要高潮不过分使你紧张，低潮不过分使你颓废，就好了。诚然，人生没有坦途，不可能永远一帆风顺，个体在学习、工作和生活中，都可能遭遇困难和挫折。作为教师，我们的责任在于引导学生从每一次经历中汲取智慧与教训，帮助他们以全新的视角审视自我，进而培养出一种积极向上、乐观豁达的人生态度，让心灵在风雨之后更加坚韧不屈，更加积极向上。

笔者深知，研究之路永无止境，没有最好，只有更好。随着信息技术的日新

月异与人工智能的蓬勃发展,以及对学生核心素养培育与人文精神研究的不断深化,笔者将持续学思践悟,通过对学习方式、课程建设、校园文化的深入研究,让经历赋能学习,赋能学校教育的高质量发展。

参考文献

标准

[1]中华人民共和国教育部.中小学心理健康教育指导纲要[S].北京:北京师范大学出版社,2012.

[2]中华人民共和国教育部.义务教育品德与生活课程标准[S].北京:北京师范大学出版社,2011:1-24.

图书

[1]闫立金.从和谐中国到和谐世界[M].北京:五洲传播出版社,2011.

[2]林崇德.我的心理学观——聚焦思维结构的智力理论[M].北京:商务印书馆,2008.

[3]石俊田.科学社会主义理论与实践案例教材[M].沈阳:东北大学出版社,2003.

[4]王雄.别输在不懂管理上[M].北京:中译出版社,2023.

[5]王健.教学实践理性及其合理化[M].南京:南京师范大学出版社,2010.

[6]卢梭.爱弥儿 论教育 上册[M].李平沤,译.北京:人民教育出版社,1985.

[7]崔丽莹,黄忆春.心理素质教育论[M].广州:广东教育出版社,2002.

[8]班华.心育论[M].合肥:安徽教育出版社,1994.

[9]C.R.斯奈德,沙恩·洛佩斯.积极心理学——探索人类优势的科学与实践[M].王彦,席居哲,王艳梅,译.北京:人民邮电出版社,2013.

[10]桑切克.教育心理学[M].周冠英,王学成,译.北京:世界图书出版公司,2007.

[11]金永梅.核心素养下的自成课堂探索——数学篇[M].徐州:中国矿业大学出版社,2020.

[12]刘凡荣.绿色的呼唤:心理健康教育校本模式研究[M].北京:光明日报出版社,2016.

[13]陈寒.小学生心理健康教育[M].长春:吉林出版集团股份有限公司,2022.

[14]陈兰萍.大学生心理健康导论[M].西安:陕西人民出版社,2013.

[15]陶行知.陶行知文集[M].太原:山西教育出版社,2021.

[16]卢梭.卢梭的民主哲学[M].刘烨,编译.长春:吉林出版集团有限责任公司,2014.

[17]武博.学校建筑教育价值研究[M].北京:北京理工大学出版社,2022.

[18]佐藤学.教师的挑战:宁静的课堂革命[M]上海:华东师范大学出版社,2012.

[19]段烨,杨雪.建构主义7D精品课程开发[M].北京:北京联合出版公司,2021.

[20]李吉林.儿童·知识·社会的和谐建构[M].北京:人民教育出版社,2006.

[21]怀特海.教育的目的[M].庄莲平,王立中,译.上海:文汇出版社,2012.

[22]张仁贤.班主任工作方法与技能[M].天津:天津教育出版社,2008.

[23]胡立卫,李辉,邓林.高校教师教学能力提升策略研究[M].长春:吉林出版集团股份有限公司,2022.

[24]王福.新时代心理健康教育教师读本[M].天津:天津教育出版社,2018.

[25]田宏忠,中小学教师继续教育工程办公室.中小学骨干教师培训研究:国家级培训一线管理者的观点[M].北京:首都师范大学出版社,2003.

[26]沈贵鹏.心育课程论[M].徐州:中国矿业大学出版社,2020.

[27]陈立钢.数字环境下的服务学习创新研究[M].南京:河海大学出版社,2017.

[28]杨惠.大学生心理健康教育:理论与实践[M].武汉:华中科技大学出版社,2022.

[29]王疆瑛.功能材料计量与质量管理[M].北京:中国铁道出版社有限公司,2020.

[30]沈贵鹏.心理教育活动论[M].北京:高等教育出版社,2005.

[31]陶继新.好家教成就好未来[M].济南:济南出版社,2022.

[32]刘宣文,赵晶.学校心理健康教育课程设计与教法[M].北京:中国人民大学出版社,2020.

[33]王思名.校园文化与大学生品格发展[M].石家庄:河北教育出版社,2013.

[34]冯晋祥,张祖斌.山东交通学院50年[M].青岛:中国海洋大学出版社,2007.

[35]叶浩生.历史上最具影响力的心理学名著26种[M].西安:陕西人民出版社,2005.

[36]于玉.特殊教育学校教科研探索[M].北京:中国轻工业出版社,2012.

[37]曾斌.班主任经营班级的智慧与策略[M].长春:吉林文史出版社,2020.

[38]杨耀明.自育·整合·发展[M].北京:中央民族大学出版社,2006.

[39]张彦云,孙淑荣,佟秀莲.中小学生心理健康教育的理论与实践[M].北京:北京师范大学出版社,2015.

[40]学习策略课题组.学习的策略——怎样学得更好,更快,更高兴[M].北京:红旗出版社,1999.

[41]杜淑贤.普通高中化学课程标准(2017年版)解读:中学化学真实情境研究与案例[M].上海:上海教育出版社,2019.

[42]李士萍.教育学[M].武汉:华中师范大学出版社,2015.

[43]张慧明.中外高等教育史研究[M].长沙:湖南大学出版社.1998.

[44]关达.家庭教育指导[M].长春:东北朝鲜民族教育出版社.1995.

[45]张大均.教育心理学[M].2版.北京:人民教育出版社,2004.

[46]毛晋平.教学心理学研究的进展[M].长沙:湖南师范大学出版杜,2004.

[47]陈家麟.学校心理健康教育:原理与操作[M].北京:教育科学出版社,2002.

[48]吴洪成.有效教学的技能与艺术[M].天津:天津教育出版社,2010.

[49]李小平,赵丰年,王正宏,等.网络影视课件学教程[M].北京:北京理工大学出版社,2013.

[50]钟水长.律动生命:问题导向下的课堂教学实施与策略[M].长春:东北师范大学出版社,2021.

[51]张立昌.课程设计与评价[M].长春:东北师范大学出版社,2015.

[52]李国强,谢平英.心理健康教育课程设计与开发[M].湘潭:湘潭大学出版社,2017.

[53]刘秋香.心理健康教育活动课:"三动四步"教学法理论与实务[M].武汉:湖北科学技术出版社,2022.

[54]中国教育报校长周刊部.现代学校制度与治校方略[M].北京:开明出版社,2005.

[55]王道阳.学校心理健康教育课程原理与操作[M].芜湖:安徽师范大学出版社,2014.

[56]李雄鹰.大学生心理健康教程[M].西安:西安交通大学出版社,2019.

[57]米歇尔·斯凯恩.嘿,反常的我[M].陈玉嫦,译.成都:成都时代出版社,2020.

[58]王效道.心理与健康[M].桂林:广西师范大学出版社,1999.

[59]张天清.青少年心理健康教育工作手册[M].南昌:百花洲文艺出版社,2017.

[60]陈剑云.师道心韵——教师生涯与助人技术[M].北京:中国发展出版社,2015.

[61]张汉军,安静伟,石明奎.数学课堂教学模式传承与创新[M].哈尔滨:黑龙江教育出版社,2018.

[62]张治.走进学校3.0时代[M].上海：上海教育出版社，2018.

[63]布赖恩·黑尔，瓦妮莎·伍兹.友者生存：与人为善的进化力量[M].喻柏雅，译.北京：机械工业出版社，2022.

[64]戴云，王聚元，黄一敏，等.高中历史有效教学能力提升及课型实践案例[M].北京：世界图书出版公司，2015.

[65]雅斯贝尔斯.什么是教育[M].邹进，译.北京：生活·读书·新知三联书店，1991.

[66]娄屹兰.让经历伴随学习：小学生学习变革新视角[M].北京：现代出版社，2018.

[67]曹成刚.学与教的心理学[M].成都：西南交通大学出版社，2010.

[68]俞国良.心理健康教育理论政策研究[M].北京：北京师范大学出版社，2020.

[69]教育部中小学心理健康教育专家指导委员会.中小学心理健康教育指导纲要(2012年修订)解读[M].北京：北京师范大学出版社，2013.

[70]陈家麟.学校心理健康教育：原理、操作与实务(修订本)[M].北京：教育科学出版社，2010.

[71]亚伯拉罕·马斯洛.人的潜能和价值[M].张积模，江美娜，译.杭州：浙江人民出版社，2022.

[72]周天梅，吴忠才.小学心理健康教育原理与实践[M].武汉：武汉大学出版社，2014.

[73]叶岚.幼儿园经历学习课程[M].南京：南京师范大学出版社，2017.

[74]吴增强，蒋薇美.心理健康教育课程设计[M].北京：中国轻工业出版社，2007.

[75]程奇.中小学心理健康教育课教学设计56例[M].福州：福建教育出版社，2018.

[76]薛保红.体验教育论[M].北京：中国质量标准出版传媒有限公司，2021.

[77]丁凤良，等."体验式"数学教学：搭建体验与经验的桥梁[M].上海：华东师范大学出版社，2020.

[78]项贤明.培育坚强的心灵：中小学生心理健康的教育支持[M].太原：山西教育出版社，2021.

[79]叶一舵.中小学心理健康教育教程[M].福州：福建教育出版社，2015.

[80]谢维兴.中小学心理健康教育课程与教学[M].福州：福建教育出版社，2008.

[81]崔景贵.心理教育范式论纲[M].北京：社会科学文献出版社，2007.

[82]张厚粲，全国高等教育自学考试指导委员会.心理学[M].天津：南开大学出版社，2002.

[83]赵志宏.体验式学习:建构儿童有意义的学习经历[M].北京:知识产权出版社,2021.

[84]邓赐平.儿童发展心理学(第四版)[M].上海:华东师范大学出版社,2023.

[85]关蔚.学会学习:小学生学习心理辅导课程[M].北京:人民日报出版社,2018.

[86]郑希付,罗品超.学校心理健康教育[M].北京:中国人民大学出版社,2016.

期刊

[1]吴远,曹芸.心理和谐对构建和谐社会的重要意义[J].毛泽东邓小平理论研究,2008(03):22-25+84.

[2]廖友国,林燕.中职生自我和谐特点及其与社会支持关系的研究[J].福建教育学院学报,2009,10(04):80-83.

[3]王登峰,黄希庭.自我和谐与社会和谐——构建和谐社会的心理学解读[J].西南大学学报(人文社会科学版),2007(01):1-7.

[4]于丽媛.马克思主义唯物史观认识论——浅析《关于费尔巴哈的提纲》[J].郑州航空工业管理学院学报(社会科学版),2013,32(01):14-17.

[5]李光宇."学习进阶"理论视域下的实验探究能力培养[J].物理教师,2015,36(10):32-35.

[6]刘广利,汤慧丽.杜威的"从做中学"教学理论及对我国基础教育的启示[J].继续教育研究,2008(05):84-86.

[7]韩琳琳.杜威实用主义教育思想对我国基础教育的启示[J].东方企业文化,2013(17):280.

[8]王建平,杨秀平.教育的原点:生活——一种基于陶行知生活教育理论的解读[J].宁夏社会科学,2010(05):132-137.

[9]王瑜,邱群.浅析杜威与陶行知德育思想之异同[J].科教文汇,2016(01):67-68.

[10]郭大俊,袁霖.何为现实[J].江汉论坛,2015(08):30-34.

[11]谌安荣.陶行知生活教育理论的内涵及其意义[J].广西社会科学,2004(09):189-191.

[12]廖婷婷.加涅的教学设计思想及其对我国教学设计的启示——《学习的条件和教学论》读后感[J].现代教育科学(小学教师),2014(04):27-28.

[13]孔凡哲.重视学生潜质的开掘与激发[J].教育测量与评价(理论版),2015(05):1.

[14]吴娟.低年级语文课堂如何进行差异性教学[J].快乐阅读(上旬刊),2012(01):80.

[15]班华.与中小学心理老师谈心理教育(之一)[J].中小学心理健康教育,2007(Z1):6-10.

[16]李婷婷,贾林祥.心理赋能及其对青少年健康成长的启示[J].黑龙江教育学院学报,2018,37(11):98-101.

[17]项传军,叶一舵,赖建华.论学校心理健康教育的实质与主要原则[J].广西教育学院学报,2001(02):6-7.

[18]崔景贵.助人自助:学校心理教师专业化的理念与策略[J].思想理论教育,2007(24):4-8.

[19]阳雨君.构建主义学习观与自主学习能力的培养[J].教育教学论坛,2013(17):106-108.

[20]娄屹兰,蔡静.让经历伴随学习:优化小学生学习过程的新探索[J].上海教育科研,2017(04):93-96+73.

[21]鲍艳双.心理活动课的三种基本活动途径[J].中小学心理健康教育,2003(02):33-34.

[22]徐精敏,张汉强.心理健康教育课程学生学习评价方法的选择[J].基础教育课程,2021(01):60-67.

[23]何元庆,王永辉,郝代伟,等.芜湖市中小学心理健康教育教师工作现状调查[J].中国卫生事业管理,2012,29(7):542-543+556.

[24]李吉林.学习科学与儿童情境学习——快乐、高效课堂的教学设计[J].教育研究,2013,34(11):81-91.

[25]肖珩."双减"背景下新办学校育人范式的实践探索[J].基础教育论坛,2024(02):6-8.

[26]杨宝琰,贾钰桐,朱梅.心理健康核心素养及其培育[J].中小学教材教学,2023(03):4-9.

[27]任雪莲.提高文化软实力关键在于深化文化体制改革[J].东方企业文化,2011(20):62.

[28]林崇德."心理和谐"是心理学研究中国化的催化剂[J].心理发展与教育,2007(1):1-5.

[29]俞国良,王浩.文化潮流与社会转型:影响我国青少年心理健康状况的重要因素及现实策略[J].西南民族大学学报(人文社会科学版),2020,41(09):213-219.

[30]勒娟娟,俞国良.从"思想品德"到"道德与法治"面向2030的德育课程[J].基础教育课程,2020(23):4-12.

[31]李水鑫,陈坤.加拿大学校心理健康教育:经验与启示[J].课程·教材·教法,2020,40(05):138-143.

[32]俞国良，琚运婷．未来学习与能力框架下的课程发展——以“思想品德”课程标准编制为例[J]．课程·教材·教法，2019，39(01)：72-78.

[33]邓晓红．每个都重要：“适切教育”三维模型构建与实践[J]．小学教学研究，2022(03)：27-31.

[34]孙向阳．“新办学校”有文化吗？[J]．江苏教育，2010(14)：35-37.

[35]王凤丽．实践“双螺旋”办学有品质——一位小学校长对办学治校的思考与实践[J]．中小学校长，2022(02)：69-71.

[36]俞国良，琚运婷．我国心理健康教育政策的历史进程分析与启示[J]．中国教育学刊，2018(10)：40-48.

[37]张金勇，赵守盈，卢晓灵．高中生家庭支持对生活事件与心理健康的调节作用[J]．教育研究与实验，2019(05)：88-92.

[38]邵晓枫，郑少飞．新形势下的家校社协同育人：特点、价值与机制[J]．现代远程教育研究，2022，34(05)：82-90.

[39]马汴京，张元峰．父母高教育期望与青少年心理健康——基于亲子间教育期望差异的视角[J]．青年研究，2022(05)：32-44+94-95.

[40]汪晓萍，刘彤．社会建设视野下社区心理健康促进价值探析[J]．西南民族大学学报(人文社科版)，2015，36(09)：206-210.

[41]季为民．社交媒体时代青少年互联网运用趋势特征及成长影响——基于2006—2020年青少年互联网运用调查的分析[J]．新闻与写作，2020(08)：43-50.

[42]姚敏，李凌鸥，陈新力．观看短视频对青年人心理健康的影响——基于2020年中国家庭追踪调查数据的分析[J]．当代青年研究，2022(05)：74-82+118.

[43]杨晓冬，李怡静，魏然．亲子间的手机博弈：家庭关系对青少年心理健康的影响研究[J]．全球传媒学刊，2022，9(03)：35-57.

[44]白学军，章鹏，李士一，等．高质量中国特色社会心理服务体系建设要贯彻好“六个必须坚持”[J]．心理与行为研究，2023，21(01)：1-6.

[45]燕凌，马克，白婧等．青少年心理健康的社会支持：问题剖析与实践路径[J]．中国校外教育，2023(04)：30-38.

[46]辛涛，姜宇，林崇德，等．论学生发展核心素养的内涵特征及框架定位[J]．中国教育学刊，2016(06)：3-7+28.

[47]李艺，钟柏昌．谈“核心素养”[J]．教育研究，2015(09)：17-23.

[48]钟志农．谈谈班级团体辅导活动的发展进程[J]．思想理论教育，2007(08)：80-83.

学位论文

[1]陈苗苗.初中生心理一致感、自我和谐和心理健康的关系研究[D].南昌:江西师范大学,2014.

[2]孙玉花.杜威“做中学”课程思想及其对中小学课程改革的启示[D].哈尔滨:哈尔滨师范大学,2016.

[3]唐斌.教育的经验诠释:杜威教育哲学疏论[D].苏州:苏州大学,2011.

[4]李锴钜.当前我国意识形态教育研究[D].成都:四川师范大学,2015.

[5]张艺耀.人性视野下学生全面发展观构建及其教学运作策略研究[D].赣州:赣南师范学院,2011.

后记

在学校工作的三十多年中，我听到最多的声音就是来自老师们的观察与思考。在与学生相处的校园生活中，老师们总是有说不完的关于学生的话题，也总会冒出很多奇妙的教育方式方法。我们所做的，就是等待、倾听与回应：等待——老师们体会到学生的学习、生活经历就是影响他们成长的重要因素，从而把自己融入学生的学习、生活；倾听——关于他们与学生共同学习、生活中发生的事件、活动后的反思与观点碰撞；回应——支持老师们的想法，引导他们进一步开展实践探索。

在撰写本书的过程中，我不断回溯自己的学习与工作经历，也重新审视了教育的本质与意义。我们常说“教书育人”，但真正的教育，不仅仅是传授知识，更是培养人的心智、情感和道德。而“经历”，正是塑造这些方面的关键因素。每个人的人生经历都是独一无二的，正是这些独特的经历，赋予了我们独特的思考方式和情感反应，让我们成为独一无二的自己。

在书中，我尝试从多个角度探讨经历如何为心育赋能，分析不同经历对个体心理成长的影响，探析如何通过教育引导学生正确面对和解读经历，以及如何利用已有经历和直接经历来培养和提升个体的学习能力。期间，我和杭州市青蓝小学娄屹兰校长深入交流，在娄校长的指导下，我深信，只有真正理解并重视儿童有意义经历的价值，才能更好地发挥学校教育的作用，培养出既有知识又有情怀的新时代青少年。

然而，写作的过程并非一帆风顺。在探索经历与心育的关系时，我遇到了许多挑战和困惑。有时，我会陷入对某个问题的深度思考中无法自拔；有时，我会因为找不到合适的表达方式而焦虑不安。但正是这些挑战和困惑，让我得以更加深入地理解了问题的本质，也让我更加珍惜每一次的突破和进步。

回首“经历赋能心育”教学主张的提炼、研究以及本书撰写、出版的过程，我衷心地感谢厦门市教育局、厦门市教育科学研究院各位领导的关心与鼓励；感谢西南大学教育学部各位领导、专家的指导与帮助，感谢我的导师——西南大学教育学部课程教学研究院院长艾兴教授的倾力指导,感谢西南大学出版社对本书出版提供的大力支持,感谢清华大学尹莉教授拨冗赐序,感谢杭州市青蓝小学娄屹兰校长的精心指点,感谢我的家人给予我的默默支持。在此,谨向对本书撰写与出版过程中提供帮助和指导的各级领导与同人表示衷心的感谢和深深的敬意!

最后,我非常希望能得到相关专家的指导,更希望能和所有关心青少年学生心理健康教育的朋友一起探讨,让经历赋能心理健康,赋能学生成长。青少年学生是我们社会的未来,他们的心理健康直接关系到未来社会的健康状况,我们应该一起努力,为青少年学生心理健康提供更多的支持,一起为培养更加健康、有爱心、有责任心的未来一代而努力。

"经历赋能心育"的研究无止境,我们始终在路上,和孩子们一起,和老师们一起!

由于本人水平有限、缺乏经验,书中难免有疏漏不妥之处,敬请各位专家、同行不吝赐教、批评指正。

肖　珩

2024年7月11日于厦门